教育部人文社科重点研究基地清华大学高校德育研究中心重大项目“社会主义核心价值观融入思想政治理论课教学研究”（项目编号：16JJD710008）结项成果

北京理工大学“青年教师学术启动计划”、北京理工大学马克思主义学院出版基金资助

社会主义核心价值观融入高校思想政治理论课教学研究

李洁 著

人民出版社

序

一个社会的价值观念总是会呈现出多元化的趋势，而在多元的价值观念中，有一些价值观念却始终居于中心或主导地位，这些价值观念与经济基础和政治制度相适应，对其他价值观念起着引导和塑造的作用，并具有相对的稳定性，能够形成全社会的广泛共识，这些价值观念就是核心价值观。党的十八大提出："倡导富强、民主、文明、和谐，倡导自由、平等、公正、法治，倡导爱国、敬业、诚信、友善，积极培育和践行社会主义核心价值观。"① 2013 年 12 月 11 日，中共中央办公厅印发《关于培育和践行社会主义核心价值观的意见》，将"三个倡导"确定为社会主义核心价值观的基本内容。对一个民族、一个国家来说，最持久、最深层的力量是全社会共同认可的核心价值观。核心价值观，承载着一个民族、一个国家的精神追求，体现着一个社会评判是非曲直的价值标准。同时，一个社会的核心价值观，其实就是一种德，既是个人的德，也是一种大德，就是国家的德、社会的德。高校思想政治理论课作为落实立德树人根本任务的关键课程，既是一门思想理论课，也是一门政治理论课，本质上更是一门价值观教育课。而社会主义核心价值观是反映全国各族人民共同认同的价值观"最大公约数"，将其融入

① 《十八大以来重要文献选编》（上），中央文献出版社 2014 年版，第 25 页。

高校思想政治理论课教学则是培育和践行社会主义核心价值观的必然选择。

社会主义核心价值观融入高校思想政治理论课教学，不是要求每一门课都要融入社会主义核心价值观各个层面的内容，也不是要将社会主义核心价值观的内容与思想政治理论课的内容一一对应。而是要做到内容上的融会贯通和价值上的统领，始终坚持整体性、层次性、实践性等融入原则，从高校思想政治理论课的整体性视角进行统一规划和部署，把握重点与关键，力求取得良好教育效果。第一，社会主义核心价值观在“思想道德与法治”课中具有重点性与整体性交错呈现的特点。社会主义核心价值观在融入“思想道德与法治”课教学时不仅要在重点讲解中阐释清楚社会主义核心价值观的科学内涵，更要以处理“小我”与“大我”的价值关系为抓手，做好社会主义核心价值观的整体性融合，引导青年大学生树立对社会主义核心价值观的信仰。第二，社会主义核心价值观融入“纲要”课教学要以历史史实为基础，抓住“民族复兴”这条主线，讲清楚“四个选择”的必然性和正确性，以历史叙事达成社会主义核心价值观教育求真求信的目标，发挥历史教育的价值认同功能以凝聚当代中国的价值共识，批判历史虚无主义以消解社会主义核心价值观的认同障碍。第三，社会主义核心价值观融入“原理”课教学要围绕“为人类求解放”这条价值主线将马克思主义理论凝聚为整体，讲清楚社会主义核心价值观是“为人类求解放”在现阶段的表现。社会主义核心价值观是中国特色社会主义共同理想的价值表达。第四，将社会主义核心价值观融入“概论”课教学，就是要融入对马克思主义中国化历史逻辑的理解之中，融入对“我们正在做的事情”的阐释之中，融入对重大理论与现实问题的回应之中。

呈现在大家面前的这部专著是教育部人文社科重点研究基地清华大学高校德育研究中心重大项目：“社会主义核心价值观融入思想政治理论课教学研究”（项目编号：16JJD710008）的结项成果，同时也是李洁博士后的出站报告。

本书从高校思想政治理论课课程体系出发，在课程的整体性上探讨了社会主义核心价值观融入高校思想政治理论课教学这个理论和实践的重要问题，根据各门课程的教学目的、教材体系等实际情况，在研究社会主义核心价值观如何融入思想政治理论课教材体系即“进教材”的基础上，进一步研究社会主义核心价值观如何融入教学体系即“进课堂”“进头脑”，针对本科生的每门思政课程，提出了各有侧重的融入方式和方法。

本书作者李洁，勤奋努力，品学兼优，工作踏实。在其本科学习和攻读硕士、博士研究生阶段，先后师从罗洪铁教授、彭庆红教授，为其成长打下了良好的研究基础。2018 年 9 月，李洁进入清华大学马克思主义学院从事博士后研究工作。两年在站期间，无论是我主讲的本科生课程，还是研究生课程，他都听了一遍，还一次不落地参加了我主持的读书会，进一步夯实马克思主义理论研究基础，并发表了多篇高质量的学术论文，其中《依法治理：新时代应对社会思潮的新取向》一文被人大复印资料全文转载，产生了较大影响。除了撰写、发表学术论文，李洁在博士后期间还主持了教育部人文社会科学研究青年基金项目“党的十八大以来意识形态问题应对策略研究”（18YJC710027）和中国博士后科学基金面上资助项目“新时代主要社会思潮的动态追踪与批判研究”（2019M650761）。

李洁在博士后出站后，进入北京理工大学马克思主义学院工作，在讲授思想政治教育课的教学实践中，结合高校思想政治教育课 2021 年版教材又对书稿进行了修改和补充，对相关理论观点进行了完善，使得书稿有了更强的理论性和实际操作性，充分体现了作者对这一课题的深入思考，也凝聚了作者的辛勤劳动和不懈努力。在此，谨以此序祝贺本书的出版。

肖贵清

2021 年 7 月 16 日于清华园 · 善斋

目　录

绪　论

党的十八大提出："倡导富强、民主、文明、和谐，倡导自由、平等、公正、法治，倡导爱国、敬业、诚信、友善，积极培育和践行社会主义核心价值观。"① 2013年12月11日，中共中央办公厅印发《关于培育和践行社会主义核心价值观的意见》又明确指出，富强、民主、文明、和谐；自由、平等、公正、法治；爱国、敬业、诚信、友善这24个字是社会主义核心价值观的基本内容。该文件中还详细阐述了社会主义核心价值观与社会主义核心价值体系的关系，指出："社会主义核心价值观是社会主义核心价值体系的内核，体现社会主义核心价值体系的根本性质和基本特征，反映社会主义核心价值体系的丰富内涵和实践要求，是社会主义核心价值体系的高度凝练和集中表达。"② 要"把培育和践行社会主义核心价值观融入国民教育全过程"③。2014年10月，《中共教育部党组共青团中央关于在各级各类学校推动培育和践行社会主义核心价值观长效机制建设的意见》明确提出：要"推动社会主义核心价值观融入教育教学……实施高校课程体系和教育教学创新计划。整体推进教材、教师、教学、评价、学科、保障等方面综合改革

---

① 《十八大以来重要文献选编》（上），中央文献出版社2014年版，第25页。
② 《十八大以来重要文献选编》（上），中央文献出版社2014年版，第578页。
③ 《十八大以来重要文献选编》（上），中央文献出版社2014年版，第580页。

创新，发掘各学科思想政治教育资源，不断提高课堂开展社会主义核心价值观教育的实效性。结合马克思主义理论研究和建设工程实施，丰富社会主义核心价值观教育的内容。促进社会主义核心价值观融入专业课程教学，打造由思想政治理论课、专业课程、社会实践、网络教学等构成的教育教学体系”①。

思想政治理论课是对大学生进行思想政治教育的主渠道，承担着青年大学生思想政治教育的主要职责，事关一代代青年价值观的形成，更关系中国特色社会主义教育能否培养出党和国家需要的社会主义建设者和接班人。从本质上讲，高校思想政治理论课就是开展价值观教育的课程，甚至有学者直接将思想政治教育的本质归结于“核心价值观教育”②。因此，研究社会主义核心价值观融入高校思想政治理论课教学既符合教育教学规律，也有着重大的理论意义和实践价值。

一、研究背景与研究意义

（一）研究背景

学术研究从来都不是一个闭门造车、孤芳自赏、自娱自乐的活动，而一定是置身于一定时代背景，契合国家和社会实际发展的需要，并且在研究者自身实际学习和研究能力、旨趣范围之内开展的探索科学真理的一项实践活动。这三个标准决定了我们的学术研究是实际的、具体的，绝不是抽象的、

① 《中共教育部党组共青团中央关于在各级各类学校推动培育和践行社会主义核心价值观长效机制建设的意见》，2014 年 10 月 20 日，见 http：//www.moe.gov.cn/srcsite/A12/s7060/201410/t20141020_177847.html。

② 张苗苗：《思想政治教育的本质是核心价值观教育》，《教学与研究》2014 年第 10 期。

游离于特定时代国家社会实际诉求的、空洞且无意义的行为。核心价值观的培育和践行在任何时代都是一项重要活动，而在新时代中国，在青年大学生群体中培育和践行社会主义核心价值观显得尤为重要，在这其中将社会主义核心价值观融入高校思想政治理论课教学是最为重要最为有效的手段。因此，本书主要是基于以下三个方面的背景开展研究的。

（1）研究“社会主义核心价值观融入高校思想政治理论课教学”是党在新时代代表青年、赢得青年、依靠青年的客观要求

中国共产党自成立之日起，就始终把青年工作作为党的一项极为重要的工作。一方面，当时参与革命工作的人大部分是青年人。1921 年，参加中共一大的代表一共有 12 名，平均年龄只有 28 岁，其中年纪最小的只有 19 岁。另一方面，无数青年受到先进思想的影响，不断地加入革命队伍。习近平总书记在纪念五四运动 100 周年大会上指出：“一代又一代中国共产党人，大多数都是在青年时代就满怀信仰和豪情加入了党组织，并为党和人民奋斗终身。党的队伍中始终活跃着怀抱崇高理想、充满奋斗精神的青年人，这是我们党历经百年风雨而始终充满生机活力的一个重要原因。中国共产党立志于中华民族千秋伟业，必须始终代表广大青年、赢得广大青年、依靠广大青年，用极大力量做好青年工作，确保党的事业薪火相传，确保中华民族永续发展。”① 党的十九大庄严宣布，经过长期努力，中国特色社会主义进入了新时代，中国社会的主要矛盾已经转化为“人民日益增长的美好生活需要和不平衡不充分的发展之间的矛盾”②。面对百年未有之大变局，中国正处于实现中华民族伟大复兴的关键时期，站在“两个一百年”奋斗目标的历史交汇点上，我们更应该明白，中华民族伟大复兴即将在我们这一

---

① 习近平：《在纪念五四运动 100 周年大会上的讲话》，人民出版社 2019 年版，第 12 页。

② 习近平：《决胜全面建成小康社会　夺取新时代中国特色社会主义伟大胜利——在中国共产党第十九次全国代表大会上的报告》，人民出版社 2017 年版，第 11 页。

代青年的手中实现。那么，把新时代中国青年培养成为德智体美劳全面发展的社会主义建设者和接班人，就是事关党和国家前途命运的重大战略任务，是全党的共同政治责任。

要代表青年、赢得青年、依靠青年就要教育青年，开展青年工作。习近平总书记曾指出："青年工作，抓住的是当下，传承的是根脉，面向的是未来，攸关党和国家前途命运。"① 而"价值观念在一定社会的文化中是起中轴作用的，文化的影响力首先是价值观念的影响力。世界上各种文化之争，本质上是价值观念之争，也是人心之争、意识形态之争，正所谓'一时之强弱在力，千古之胜负在理'"②。因此，要代表青年，就要开展思想政治工作，了解当代青年；要赢得青年，就应该从思想上、价值观上引导青年，关心关爱青年，培养青年，助力其发展；最后也只有树立了正确价值观，掌握了马克思主义基本立场、观点、方法的青年群体才能够成为可以依靠的青年。而这一切都离不开对青年的思想政治教育，特别是价值观教育。

高校思想政治理论课承担着对大学生进行系统的马克思主义理论教育的任务，对大学生进行思想政治教育，帮助大学生坚定理想信念，树立正确世界观、人生观和价值观。从思想政治理论课的课程功能定位来看，其与进行社会主义核心价值观教育的追求是一致的。高校应充分认识到思想政治理论课课程体系中各门课程在社会主义核心价值观教育中的特殊地位和作用，切实发挥思想政治理论课在培育和践行社会主义核心价值观中的主渠道作用，将社会主义核心价值观教育和高校思想政治理论课教育教学有机融合起来，这是中国共产党代表青年、赢得青年、依靠青年的客观要求。

---

① 《习近平在同团中央新一届领导班子成员集体谈话时强调　代表广大青年赢得广大青年依靠广大青年　让广大青年敢于有梦勇于追梦勤于圆梦》，《人民日报》2018 年 7 月 3 日。

② 《习近平关于社会主义文化建设论述摘编》，中央文献出版社 2017 年版，第 105 页。

（2）研究“社会主义核心价值观融入高校思想政治理论课教学”是新时代对青年大学生进行价值观教育的内在需要

青年是民族的希望、祖国的未来，“青年的价值取向决定了未来整个社会的价值取向，而青年又处在价值观形成和确立的时期，抓好这一时期的价值观养成十分重要。这就像穿衣服扣扣子一样，如果第一粒扣子扣错了，剩余的扣子都会扣错。人生的扣子从一开始就要扣好”①。那么，对青年大学生开展价值观教育就是高校思想政治教育工作者的主要任务，而高校思想政治理论课则是对青年大学生进行思想政治教育的主渠道，本质上就是价值观教育。而在众多价值观念中，社会主义核心价值观又是在社会主义社会中居于中心和主导地位的价值观念的总和，对其他价值观念有着引领、凝聚的功能。加之，社会主义核心价值观又具有抽象性，直接灌输或者要求学生死记硬背决然达不到相应的效果，与理想中的价值观教育也相去甚远。

从教育对象来说，思想政治理论课面向青年大学生，目的就是要对青年大学生进行核心价值观教育，本质上是做人的工作，但怎样才能起到良好的效果呢？习近平总书记在全国高校思想政治工作会议上曾指出：“好的思想政治工作应该像盐，但不能光吃盐，最好的方式是将盐溶解到各种食物中自然而然吸收。”② 相应地，社会主义核心价值观教育也不应该是直接地灌输，而是要找到合适的抓手，融入思想政治理论课教学之中。于是社会主义核心价值观融入高校思想政治理论课的重要性、必要性、怎样融入等就成为本书研究的重要内容。因此，从这个角度来看，对青年开展社会主义核心价值观教育，研究社会主义核心价值观融入高校思想政治理论课教学是青年成长成才、树立科学价值观的题中应有之义。

---

① 《十八大以来重要文献选编》（中），中央文献出版社 2016 年版，第 6 页。

② 《沿用好办法改进老办法探索新办法——三论学习贯彻习近平总书记高校思想政治工作会议讲话》，《人民日报》2016 年 12 月 11 日。

（3）研究“社会主义核心价值观融入高校思想政治理论课教学”也是对笔者自身多年来研究领域的一个深化和拓展

笔者本硕博一直就读于思想政治教育专业，所从事的研究也主要涉及意识形态、社会思潮及青年思想政治教育，并且也曾做过中学政治教师，目前在高校从事思想政治理论课教学，既有一定的理论研究基础，也有一定的实践经验，对于本研究的充分展开有着非常大的助益。另外，社会主义核心价值观教育这项活动本身就与意识形态工作密切相关，甚至可以把其直接视为意识形态工作的一部分，同时，在社会主义核心价值观教育的过程中也涉及对一些错误思潮的批驳和澄清。结合理论研究和教学工作的需要，研究“社会主义核心价值观融入高校思想政治理论课教学”这个课题一方面是对笔者研究领域的深化，可以将多年来在学习和研究中的一些想法和观点贯穿到本研究之中，深化本研究的同时，也推动已有研究的继续；另一方面也是对笔者研究领域的拓展，虽然从事相关研究，但对社会主义核心价值观和思想政治理论课教学的研究还相对较为陌生，没有进行过专门的研究，以此课题为契机，也可以对这两个领域进行些许探索，对自己的研究领域来说也是一个适当的深化和拓展。

（二）研究意义

“核心价值观是一个国家的重要稳定器，能否构建具有强大感召力的核心价值观，关系社会和谐稳定，关系国家长治久安。”① 那么，社会主义核心价值观怎样才能够具有强大感召力呢？除了要求自身具有科学性外，还得让人们真正认同它、使用它，特别是对一个国家的青年群体更要加强其核心价值观的培育和践行。因此，深入研究“社会主义核心价值观融入高校思

① 《习近平关于社会主义文化建设论述摘编》，中央文献出版社 2017 年版，第 106 页。

想政治理论课教学”有着重要的理论意义和实践意义。

（1）理论意义

首先，拓展培育和践行社会主义核心价值观的理论研究框架。核心价值观处于众多价值观念的核心地位，起着主导作用，具有一定的抽象性和稳定性，构建核心价值观本身就是一个难题。正因如此，学界对如何构建社会主义核心价值观，哪些价值观念是核心价值观等问题经历了一个较长时期的讨论，学界围绕这些问题从哲学层面、社会学层面、管理学层面，甚至国学层面都进行了较多的理论研究，但始终难以达成共识。自党的十八大提出三个倡导——24 个字之后，在 2013 年 12 月 11 日，中共中央办公厅印发《关于培育和践行社会主义核心价值观的意见》中又将这 24 个字确立为社会主义核心价值观的主要内容。学界又针对社会主义核心价值观的内容进行了较为具体的理论阐释。在理论阐释的基础上，如何培育和践行社会主义核心价值观也是一个重大问题，学界从宏观的理论角度进行了很多研究，但就具体如何教育，特别是关于融入高校思政课教学中进行教育的研究还相对较少，即使有相关的研究，也是专门针对某门课程的研究较多，整体研究较少。那么从整体上来研究社会主义核心价值观融入高校思想政治理论课教学，从一定程度上就拓展了培育和践行社会主义核心价值观的理论研究框架，进一步深化了关于社会主义核心价值观的理论研究。

其次，完善关于高校思想政治理论课教育教学的理论研究。“一种价值观要真正发挥作用，必须融入社会生活，让人们在实践中感知它、领悟它，达到‘百姓日用而不知’的程度。”① 同样地，社会主义核心价值观要起作用，也得让其融入社会生活，让人们在实践中感知它、领悟它，但怎样才能融入生活呢？“大街小巷贴满标语”“让人们会写会背”的作用是非常有限的，关键是通过教育，使人们能够掌握、理解并认同它。对于青年大学生来

① 《习近平关于社会主义文化建设论述摘编》，中央文献出版社 2017 年版，第 109 页。

说，高校思想政治理论课无疑就承担着这个任务。近年来，对于高校思想政治理论课的研究成果日益增多，但重形式轻内容的倾向较为严重，即对教学形式的研究多，对教学内容的研究则相对较少。高校思想政治理论课本质上是价值观教育的课程体系，而社会主义核心价值观是引领高校思想政治理论课内容发展的灵魂，怎样将其融入高校思想政治理论课教学是一个值得研究的重大理论问题。因此，本书研究致力于对在高校思想政治理论课教学内容方面如何融入社会主义核心价值观做一个深入探讨，围绕培育和践行社会主义核心价值观，促进高校思想政治理论课教材体系向教学体系的转化，完善关于高校思想政治理论课教学的理论研究。

（2）实践意义

首先，切实提升培育和践行社会主义核心价值观的实效性。培育和践行社会主义核心价值观要求人们在思想上理解它、认同它、接受它，并用其指导自身的实践活动。但由于社会主义核心价值观的抽象性，决定了它的培育和践行方式不能生搬硬套、强行灌输，其培育和践行效果的评估也不能简单地停留在“会背会写”。在现实的培育和践行中，往往出现就社会主义核心价值观讲社会主义核心价值观的方式，比如，一谈到社会主义核心价值观的教育，就将其当作一种知识性教育来开展，从其历史到内涵再到如何做，没有从根本上注重思想政治教育的潜移默化。那么，要做到潜移默化，就不能把社会主义核心价值观作为一整块内容强加给受教育者，而应该像撒盐一样，将其放进菜里，融入汤里，以社会主义核心价值观为高校思想政治理论课的主线，将其融入各门课程，从不同侧重点开展社会主义核心价值观教育。让青年大学生在解决成长烦恼，形成基本的思想道德素质和法治素养中树立正确的价值观念，在理解马克思主义基本立场、观点、方法中理解社会主义核心价值观的基本理论，在理解中国特色社会主义道路、制度、理论、文化，坚定“四个自信”的过程中理解其中蕴含的价值取向，在理解中国历史和中国人民选择马克思主义、选择中国共产党、选择社会主义、选择改革开放的必然性和正确性中理解社会主义的价值取向。进而在潜移默化中提升培育和践行社会主义核心价值观的实效性。

其次，为开好高校思想政治理论课提供切实可行的建议。高校四门思想政治理论课，虽然侧重点不尽相同，但却有着相通的价值取向。在青年大学生成长成才的过程中引导其树立坚定的马克思主义理想信念，引导其正确认识中国共产党为什么能、马克思主义为什么行、中国特色社会主义为什么好等重大理论与现实问题，进而帮助其树立科学的价值观是各门思想政治理论课的共同目标。这些问题中蕴含了社会主义最根本的价值问题，只有将这些问题贯穿于高校思想政治理论课中，才能发挥其功能，而开好思想政治理论课的关键点也在于此。将社会主义核心价值观融入高校思想政治理论课，其本质就是以社会主义社会最根本、最核心的价值观统领思想政治理论课教学，从价值层面上引导思想政治理论课教学。本书研究不仅要致力于解决如何培育和践行社会主义核心价值观的问题，也力求能为如何开好思想政治理论课提供切实可行的建议。

再次，为培养担当民族复兴大任的时代新人注入精神灵魂。学校教育的根本任务在于立德树人，而“思想政治理论课是落实立德树人根本任务的关键课程”，“办好思想政治理论课，最根本的是要全面贯彻党的教育方针，解决好培养什么人、怎样培养人、为谁培养人这个根本问题。”① 在培养什么人这个问题上，不同的时代、不同的国家和阶级有不同的看法，但肯定是要培养对社会、对国家有用的人。具体到社会主义中国来说，就是“必须培养一代又一代拥护中国共产党领导和我国社会主义制度、立志为中国特色社会主义事业奋斗终身的有用人才。在这个根本问题上，必须旗帜鲜明、毫

① 《习近平主持召开学校思想政治理论课教师座谈会强调　用新时代中国特色社会主义思想铸魂育人　贯彻党的教育方针落实立德树人根本任务》，《人民日报》2019 年 3 月 19 日。

不含糊”①。由此可见，在人才培养的问题上，方向问题、价值取向问题是至关重要的问题。而核心价值观承载着与中华民族一脉相承的精神追求、精神特质、精神脉络，“是一个民族赖以维系的精神纽带，是一个国家共同的思想道德基础。如果没有共同的核心价值观，一个民族、一个国家就会魂无定所、行无依归”②。因此，通过将社会主义核心价值观融入高校思想政治理论课传达给青年大学生，其实质就是为培养能够担当民族复兴大任的时代新人注入精神灵魂，促使其能够成为德智体美劳全面发展的社会主义建设者和接班人。

二、国内外研究现状

“社会主义核心价值观融入高校思想政治理论课教学”这个课题，虽然聚焦于社会主义核心价值观如何融入高校思想政治理论课，看似一个教学问题，但本质上属于价值观教育或意识形态教育问题，落脚点在于立德树人的根本任务，旨在解决培养什么人、为谁培养人、怎样培养人等问题。聚焦以上问题，国内外的研究都较为丰富，为本书研究提供了可资借鉴的理论成果，从中我们可以得到一定启示。

（一）国内关于社会主义核心价值观融入思想政治理论课教学的研究现状

自党的十六届六中全会提出社会主义核心价值体系以来，围绕社会主义核心价值体系的教育、社会主义核心价值观的凝练等问题，特别是培育和践

① 《习近平主持召开学校思想政治理论课教师座谈会强调　用新时代中国特色社会主义思想铸魂育人　贯彻党的教育方针落实立德树人根本任务》，《人民日报》2019 年 3 月 19 日。

② 《习近平关于社会主义文化建设论述摘编》，中央文献出版社 2017 年版，第 124 页。

行社会主义核心价值观的问题，学界进行了深入研究。其中关于社会主义核心价值观融入高校思想政治理论课教学研究取得了较为丰硕的成果，为本书研究提供了理论借鉴和现实启示。

首先，关于社会主义核心价值观融入高校思想政治理论课教学的必要性，学界普遍认为这是一个非常重要的问题。刘建军认为，思想政治理论课担负着重要的职责，要把社会主义核心价值观融入教育教学中去，并努力做到入耳入脑入心。哲学社会科学和人文学科各门课程也同样有这样的责任。① 肖贵清、武传鹏认为，将社会主义核心价值观融入高校思想政治理论课教学是回应当前高校价值观教育面临的基本形势及其挑战的必然要求。② 陈锡喜认为，高校思想政治理论课的意识形态性质，以及核心价值观作为意识形态的本质体现，决定了把社会主义核心价值观教育贯穿思想政治理论课教学全过程的必要性。③

其次，学界围绕社会主义核心价值观融入高校思想政治理论课，从总体上进行了较为深入的研究，包括教学内容、教学方式、教学理念等。肖贵清、武传鹏认为，从教学内容上将社会主义核心价值观融入思想政治理论课，不是说融入某一门思政课程，而是对四门课程的全覆盖；不是机械地将社会主义核心价值观一一对应各门思想政治理论课的每一教学内容或是一味增添社会主义核心价值观的相关内容作为章节目，而是既要保证思想政治理论课的系统完整性，又要明确社会主义核心价值观教育这个核心和灵魂。因此，必须结合“基础”课、“纲要”课、“原理”课、“概论”课之间不同的课程特点，将社会主义核心价值观切实融入高校思想政治理论课的教学内

---

① 刘建军：《高校培育和践行社会主义核心价值观的四个步骤》，《思想教育研究》2016年第3期。

② 肖贵清、武传鹏：《社会主义核心价值观融入高校思想政治理论课的重要意义及其路径》，《思想教育研究》2017年第3期。

③ 陈锡喜：《关于社会主义核心价值观教育贯穿高校思想政治理论课教学全过程的思考》，《思想理论教育》2015年第6期。

容之中。从教学内容上将社会主义核心价值观融入思想政治理论课，既要保证思想政治理论课的系统完整性，又要确保社会主义核心价值观这个核心和灵魂必须结合不同课程特点，将社会主义核心价值观切实融入教学内容。从教学方式上来说，他们认为专题教学、问题探究教学、新媒体教学、实践教学等方式值得推广和借鉴。① 薛明珠、陈树文认为，核心价值观的抽象性、概括性较强，而传统的教学方法陈旧，导致课堂沉闷，学生兴趣低，因此融入的过程中需要根据核心价值观的内涵与层次，考虑学生兴趣需求，重新定位课程体系。② 陈锡喜认为，社会主义核心价值观融入思想政治理论课需要在思想政治理论课教学中做到“三个结合”，即把理论思维能力的培养与价值评价能力的培养结合起来，把社会主义核心价值观的培育与“三个自信”的确立结合起来，把社会主义核心价值观的践行与为实现中国梦而奋斗结合起来。同时，要在理论上处理好“三个关系”，即主体问题上的国家价值目标、社会价值取向和公民价值准则的关系，内涵问题上的社会主义性质、中国特色和人类文明的关系，外延问题上的社会核心价值观、社会底线价值和公民道德规范的关系。③ 曹群、郑永廷认为，社会主义核心价值观贯穿高校思想政治理论课教学要实现思维转换。在主导思维上，要实现政治话语与学术话语的融合；在立体思维上，要坚持理性世界与生活世界的融合；在人本思维上，要促进社会价值取向与个人价值取向的融合。④ 宫丽认为，要从教学内容、教学方法、教师素质能力方面下功夫，加强核心价值观与多重教学资源的整合，增强其感染力与内生力。从教学内容上，应注重社会主义核心

① 肖贵清、武传鹏：《社会主义核心价值观融入高校思想政治理论课的重要意义及其路径》，《思想教育研究》2017 年第 3 期。

② 薛明珠、陈树文：《社会主义核心价值观融入高校思想政治理论课的思考》，《北京交通大学学报（社会科学版）》2015 年第 3 期。

③ 陈锡喜：《关于社会主义核心价值观教育贯穿高校思想政治理论课教学全过程的思考》，《思想理论教育》2015 年第 6 期。

④ 曹群、郑永廷：《社会主义核心价值观贯穿高校思想政治理论课教学的要义》，《思想理论教育导刊》2015 年第 2 期。

价值观与多重教学资源的整合；从教学方法上，应遵循价值观教育规律，不断改革和创新，努力追求思想政治理论教学和研究的“大学术”，真正走出“重科研、轻教学”的思想误区；从教师素质能力上，应追求“学术、技术与艺术”的有机统一。① 王双群认为，在教学过程中，要树立主体性教学理念，强化实践教学观念，并从提出问题的合理方式、组织学生进行更有效的课外研究、研究性学习讨论交流的方式、点评成果的正确步骤 4 方面说明研究性教学方法，详细分析了在教学实践中更好地运用实践活动加强学生对核心价值观认同的方式，在课外课内实践教学中提高学生兴趣的有效策略，以激发学生的情感共鸣。②

再次，学界对社会主义核心价值观融入思想政治理论课教学的导向、标准、规律等问题也进行了深入研究。曹中秋认为，社会主义核心价值观融入思想政治理论课的“两个导向”，一是学生中心导向，二是价值传导导向。社会主义核心价值观融入思想政治理论课的关键是社会主义价值传导，而价值传导的前提是价值认同。在社会主义核心价值观融入教材的过程中，更要根据价值传播规律和主体价值接受规律，激发价值活力，使学生在潜移默化的知识学习中树立理想自信、理论自信，实现情感认同、价值认同。③ 周琪认为，对社会主义核心价值观的认同和践行不会自发生成，它需要通过高校思想政治理论课这一主渠道向大学生传递。社会主义核心价值观融入思想政治理论课需要以教材、教学话语和多元化教学模式为依托，把思想政治理论课建设成为大学生真心喜爱、终身受益的优秀课程。并提出融入的概念，认为不能简单将核心价值观加入课程。融入是在有机加入的基础上的提升与进

---

① 宫丽：《社会主义核心价值观培育贯穿于思想政治理论课教学的几点思考》，《思想理论教育导刊》2016 年第 4 期。

② 王双群：《社会主义核心价值观融入思想政治理论课的教学方式研究》，《学校党建与思想教育》2014 年第 7 期。

③ 曹中秋：《社会主义核心价值观融入高校思想政治理论课的思考》，《学校党建与思想政治教育》2018 年第 8 期。

一步深化。思想政治理论课的实效性是判断是否融入的重要标准。也就是说，判断是否融入，关键看教学中是否全面准确地把握了教育对象；是否实现理论教育与实践教育、课程建设与学科建设、主渠道与主阵地等的有机结合；教育教学方式是否能帮助学生理解掌握核心价值观的理论知识，顺利将理论知识内化为学生的思想观点、信仰追求和道德素养，融入学生的日常生活，内化为内心的道德准则、行为规范，促进学生以正确的价值观念指导社会实践。① 陶倩对社会主义核心价值观融入思政课教学的规律进行了研究，提出社会需要与个体需要相结合的规律、叠加与渗透相统一的规律、适应与超越相衔接的规律、“知道”与“体道”相促进的规律。认为不仅要在原有思想政治理论课教学模块上增加一个新模块，即整体地将新内容全部加入，而且要在保持原有的思想政治理论课教学模块不变的基础上，将新内容对照原有模块结构，分门别类地渗透进原有模块之中，对原有模块进行整合与凝练。并且将社会主义核心价值观“进头脑”进行了深入细分，认为必须将初始阶段要求的对知识点的掌握——“知道”——提升为较高阶段，即要求将这些理论知识内化为自身的信仰，外化为具体的行为，即“体道”。认为这两个阶段是相互促进的，能够真正推动社会主义核心价值观融入思想政治理论课教学取得实效。②

最后，学界还围绕社会主义核心价值观融入思想政治理论课教学这个主题，对单独融入某一门思想政治理论课进行了研究。朱琳认为，社会主义核心价值观融入“基础”课的核心要义在于彰显价值引领，但目前社会主义核心价值观融入“基础”课还存在着教学问题意识不突出、教学方法改革

---

① 周琪：《社会主义核心价值观融入高校思想政治理论课的三个转向及实现》，《思想教育研究》2015 年第 12 期。

② 陶倩：《社会主义核心价值观融入思政课教学的规律思考》，《思想政治课研究》2015 年第 4 期。

不深入等现实问题。[①] 吴俊认为，将社会主义核心价值观融入“基础”课教学，要实现由知识传授为重心向价值观塑造为重心的转变，形成“价值塑造—能力培养—知识传授”三位一体的教学理念。把“基础”课分为理想信念、中国精神、人生价值等教学主题，针对不同教学主题，融入社会主义核心价值观不同的内容。可借助 MOOC 平台、学堂在线、网络学堂等新媒体平台，通过面对面的大班讲授、小班讨论，访谈本专业优秀校友、走访调查身边社会主义核心价值观的积极践行者等实践环节将社会主义核心价值观融入“基础”课教学过程。[②] 陶火生分析了社会主义核心价值观融入“概论”课教学的现状和问题，提出要把社会主义核心价值观与马克思主义价值观理论紧密结合起来，并探讨了在全部教学内容上的融入问题，包括在物质世界的客观实在性与人的意识的主观能动性教学、马克思主义辩证法教学、马克思主义认识论教学、唯物史观教学中的具体融入问题等。[③] 袁久红以“原理”课为例，提出以社会主义核心价值观统领思想政治理论课教育教学及其改革，是当前及今后加强思想政治理论课建设与改革的中心任务和基本方向。[④] 李海青认为，任何制度体系都以一定的价值理念作为指导，负载有特定的价值内涵。这种价值理念决定着制度建设的内容，表明了制度建设最终是为什么价值目标，最后要达到什么价值追求，要实现什么价值理想。离开了价值理念的维度，就无法理解为什么会产生这样一个制度体系，为什么一定要实现治理现代化。中国共产党作为马克思主义使命型政党，始终致力于为人民谋解放与幸福、为民族谋独立与复兴。特别是基于中国传统

---

① 朱琳：《社会主义核心价值观融入“基础”课教学要义探析》，《思想理论教育导刊》2018 年第 6 期。

② 吴俊：《社会主义核心价值观融入“基础”课教学探究》，《高校马克思主义研究》2017 年第 4 期。

③ 陶火生：《社会主义核心价值观融入“马克思主义基本原理概论”课教学探析》，《思想理论教育导刊》2017 年第 4 期。

④ 袁久红：《以社会主义核心价值观统领思想政治理论课教学改革论略——以“马克思主义基本原理概论”课为例》，《思想理论教育》2014 年第 9 期。

文化“协和万邦”“天下大同”的思想基因，基于马克思主义的国际主义精神，中国共产党也将为人类谋大同作为自觉的价值追求。我国国家制度和国家治理体系必须深刻体现这三方面的价值追求。① 贾凯认为，“纲要”课承担着使学生了解国史、国情，深刻领会近现代中国选择马克思主义、中国共产党、社会主义、改革开放的必然性的重任。这一课程的定位和属性决定了“纲要”课教学需要将社会主义核心价值观教育融入其中，只有这样才能深化学生对“四个选择”的认识，成为社会主义的建设者和接班人。但当前“纲要”课教学基本处于知识传授层次，这与课程设置初衷、课程属性是相悖的，为此必须将社会主义核心价值观融入其中，这样“纲要”课才能有“灵魂”。②

（二）国外关于价值观教育的研究现状

关于思想政治教育是不是中国所独有，或者西方国家是否有思想政治教育这个问题，曾是思想政治教育学界关注的一个重要议题，也存在较大争议。当前学界对此问题基本达成了共识，认为西方国家的思想政治教育是“有实无名”，虽然没有以“思想政治教育”为名称的课程，但从事思想政治教育实践活动的教育行为或课程体系却广泛地存在着，其中价值观教育就是西方国家普遍重视的一项教育活动。

从国家层面来说，西方国家的教育并不是某些人所宣扬的那样价值无涉，反而因为某一时期大肆宣扬价值中立而引发社会公众对儿童和青少年行为品格问题的担忧，进而将矛头指向学校教育，这也促使广大教育者开始反思，在学校道德教育中的价值无涉、价值中立等立场是否正确，进而发出在

① 李海青：《正确理解我国国家治理体系的显著优势》，《光明日报》2019年12月30日。

② 贾凯：《社会主义核心价值观融入“纲要”课程研究》，《高校马克思主义理论研究》2017年第4期。

教育活动中能否真正做到价值无涉或价值中立的疑问。价值观教育，这一概念正式产生于20世纪60年代，美国的价值澄清学派首次将“价值观教育”作为一个学术问题提出来，并进行了专门研究。

一事物的出场，也许总是与另一事物如影随形。与西方国家重视价值观教育相伴随的是价值相对主义、价值虚无主义、价值中立等观念的式微。与此相应，在当代西方学校德育理论和实践中，越来越多学者开始呼唤学校特别是公立学校应该在价值观教育中扮演更加积极有为的角色。更有甚者认为，学校必须对不断强化的文化多样性、价值观念多样性作出回应。其一，价值观教育虽然始于家庭，但学校是儿童活动的主要场所之一，贯穿其价值观形成的始终，儿童的某些价值理解盲区将在学校得到填补，促进其进一步发展。其二，学校在进行道德教育的过程中，不仅可以维系社会共同价值观，同时，通过开放、民主的讨论，还能够引导儿童抵消从社会上汲取的各种极端观点和价值观念。其三，学校能够帮助儿童认识到他们日常生活中价值的多样性问题，通过批判性反思来形成、建构和发展自己的价值观。

总之，学校对维系人类核心的价值观和社会共同价值观有着天然的责任，引导儿童认同这些价值观，并且切实通过多种教育方式来促进儿童价值观的发展完善。这种承认学校具有价值观教育功能的定位，可以说直接推动了西方国家价值观教育实践的开展。

在英国，前首相布莱尔非常重视价值观教育，同情、社会公平、消除贫困和不平等、自由、社会凝聚等价值观念被视为“工党价值观”，并将其体现在教育白皮书之中。1996年，随着英国《教育和社会价值观国家论坛》的创立，学校教育中的核心价值观得以确立。① 当时，英国有四分之一的学校都提出了符合自己学校特色的价值观。英国公立学校也愈发注重将价值观教育与道德教育、个人、社会与健康教育以及公民教育紧密结合起来。2015

① School Curriculum and Assessment Authority. The National Forum for Values in Education and the Community [R]. Final Report and Recommendations. London: SCAA, 1996.

年1月，英国教育大臣妮基·摩根（Nicky Morgan）提出，所有学校都应该像注重提升学术标准一样来提升价值观水平。按照摩根提出的标准，英国教育标准局将课程纳入了监管体系，重点检查课程是否符合“英国核心价值”，并规定只有符合要求的学校才能得到政府资助。

在澳大利亚，价值观教育作为“优先议题”被列为国家教育的重要事项，价值观教育俨然被提升到了国家战略的层面，联邦政府也在较广泛的范围内制定了系统的、卓有成效的价值观教育规划。2002年，澳大利亚联邦政府教育部联合八个州及属地教育部长，推动开展国家价值观教育研究。这项研究的目的就在于确认学校价值观，为国家价值观建设奠定基础。2004年，一项价值观教育计划在澳大利亚政府官方的推动下出台，这项计划的目标被描述为“使价值观成为学校教育的核心内容”①，政府为这项计划配备财政预算2.97亿澳元。同年，在澳大利亚政府举办的第一届价值观教育国家论坛上发布了澳大利亚学校价值观教育的框架。这一框架指出：“每个学校必须树立一个旗杆，使澳大利亚的旗帜飘扬在旗杆上，展示价值观教育框架在学校中的优先地位。”② 另外，这个框架因其较为全面地阐述了学校价值观教育的愿景、学校九大价值观、价值观教育的指导原则、具体实践的关键要素和方法等内容，被视为澳大利亚价值观教育国家战略的指导性文件之一。由政府资助的这项价值观教育计划极大地推动了在澳大利亚学校中开展价值观教育，极大地调动了教育主体进行价值观教育的积极性和参与性。试点学校计划、合作计划、论坛和资源库建设等项目受到数以千计的教育者和相关人士追捧。

2000年，南非教育部发布了价值观工作组报告，将平等、宽容、多语

---

① DEST. Joint Statement by the Prime Minister and the Minister for Education, Science and Training. The Australian Government' s Agenda for Schools: Achievement through Choice and Opportunity [R]. June 12, 2004.

② DEST. National Framework for Values Education in Australian Schools [R]. Canberra, ACT: Department of Education, Science and Training, 2005.

制、开放、责任和荣誉感等价值观念作为了重点推荐的六个核心价值观，并针对性地提出了九个培育相应价值观的方法，比如：推广非洲语、学校艺术教育计划、展示国家象征等。① 1991 年 1 月，新加坡政府发表的《共同价值观白皮书》将五组价值观念作为新加坡的“共同价值观”，即：国家至上、社会为先；家庭为根、社会为本；关怀扶持、同舟共济；求同存异、协商共识；种族和谐、宗教宽容。近年来，新加坡共同价值观教育取得显著成效，人民行动党倡导将共同价值观建设融入学校教育、家庭教育、社会教育之中，并动员全社会的力量一起推动共同价值观的建设。

从学术界研究来看，在当代西方学界，价值观教育通常与道德教育、品格教育、伦理教育、宗教教育等概念有着千丝万缕的关系。进入 20 世纪 80 年代后，随着政府和社会各界人士对价值观教育的呼吁不断高涨，国际学术界对于价值观教育的研究开始不断升温，在价值观教育研究方面，出现了很多具有国际影响的著名学者，产生了一系列代表性的学术研究成果。

美国学者威廉姆·卡明斯（W. Cummings）等人出版《亚洲和西方价值观教育的复兴》一书，该书对 90 多个国家的课程体系进行了研究，详细阐述了各国价值观教育如何融入课程体系之中，并就价值观教育这一主题进行了较为系统的国别研究和比较研究。② 随着价值观教育的复兴并持续发展，卡明斯等人对价值观教育进行了持续的跟踪研究，《变动社会中的价值观教育：个人主义或集体主义》一书就充分体现了他们的研究成果。该书以环太平洋地区 20 多个国家的价值观教育为研究对象，揭示了价值观教育

① Shirley Pendlebury and Penny Enslin. Values Education after Apartheidn In D. N. Aspin and J. D. Chapman (eds.). Values Education and Lifelong Learning [C]. The Netherlands: Spinger, 2007: 243.

② William K. Cummings, etc. (eds.). The Revival of Values Education in Asia and the West [C]. Oxford: Pergamon Press, 1989.

何以始终成为教育决策者关注的重点议题以及教育决策者如何关注价值观教育。①

与此同时，托马斯·里克纳、凯文·莱恩（Kevin Ryan）、柯申鲍姆（H. Kirshenbaum）等人，则从品格教育出发开展了较为系统的价值观教育研究。加拿大学者克里夫·贝克（C. Beck）针对价值观教育提出的价值反思模式产生了广泛影响。英国著名的道德教育学家莫妮卡·泰勒（M. Taylor），曾较长一段时间主编《道德教育研究》杂志，她在价值观教育研究领域里也颇有建树。她编辑出版的《欧洲的价值观教育：一项基于26国调查的比较研究（1993）》一书以欧洲26个国家价值观教育为研究对象，进行较为系统的调查研究，阐释了各国价值观教育的历史背景、基本目标以及不同国家价值观教育的重点内容，并为国际价值观教育的推广提出了很好的对策和建议。② 1996年，泰勒、霍尔斯特德共同出版的《教育领域里的价值观与价值观方面的教育》围绕学校如何影响青少年的价值观发展等系列问题进行了较为系统的探讨。③ 1997年，泰勒在英国开展了一项称为“You, Me, Us!”的中小学价值观教育计划，尝试从主要理念方面对价值观教育的实践活动进行某种程度的理论提升，以便为政府决策和指导提供可资借鉴的专业案例。

近年来，随着澳大利亚价值观教育研究计划的深入实施，可喜的是依托这一计划涌现出一批蜚声国际学术界的重要学者，如特伦斯·拉瓦特（T. Lovat）、大卫·阿斯潘（D. Aspin）等人。得益于政府的大力支持以及各自

① William K. Cummings, Maria Teresa T. & John Hawkins (eds.). Values Education for Dynamic Societies: Individualism or Collectivism [C]. Hong Kong: The University of Hong Kong, 2001.

② M. Taylor. (eds.). Values Education in Europe: a Comparative Overview of a Survey of 26 Countries in 1993 [C]. Dundee: Scottish Consultative Council on The Curriculum, 1993.

③ J. M. Halstead, M. Taylor. (eds.). Values in Education and Educationg in Values [M]. London: The Falmer Press, 1996.

研究团队的不断探索，他们围绕价值观教育编辑出版了系列丛书。如拉瓦特等人编写了《价值观教育与学生幸福国际研究手册》，该书从学生幸福与课程教学、学生幸福与个人品格、学生幸福与社会参与等角度，对价值观教育开展了多维度的探索，共收录了来自澳大利亚、美国、英国、新加坡等国家与地区近60名学者有关价值观教育的研究成果。① 拉瓦特还出版了《价值观教学与学生成绩：当代研究证据》一书，该书对价值观教育与学校教学之间的关系进行了深入研究，充分展示了当代价值观教育的丰富内涵。主要内容包括：价值观与教学法、价值观与美德、价值观与科学、价值观与幸福、价值观与课程、价值观与个体品格、价值观与社会参与、价值观与行为、价值观教学与学术精神、价值观教学与教师教育等。② 阿斯潘等人出版的《价值观教育与终生学习：原则、政策与方案》较为深入地研究了价值观教育与终生学习的关系。③ 在新加坡、日本等亚洲地区，郑汉文、李荣安、友田保正等学者与欧美学者在价值观教育领域开展了积极的合作，在东亚国家价值观教育研究以及价值观教育的比较研究等方面推出了较多创新性成果。

社会变迁和文化价值观念的多元化发展严重挑战着公民的价值认同，也随之提出了价值观教育这个时代课题。德国教育学者布雷钦卡（W. Brezinka）认为，很多国家对价值观教育的急迫需求与重视，是对现代社会文化转型进而引发方向性危机的现实回应。④ 瑞典皇家科学院院士、斯德哥

① T. Lovat, R. Toomey & N. Clement (eds.). International Research Handbook on Values Education and Student Wellbeing [C]. Dordrecht: The Netherlands: Springer, 2010.

② T. Lovat, K. Dally, N. Clement, R. Toomey (eds.). Values Pedagogy and Student Achievement——Contemporary Research Evidence [C]. Dordrecht: The Netherlands: springer, 2011.

③ D. Aspin, D. Chapman (eds.). Values Education and Lifelong Learning [M]. The Netherlands: Spinger, 2007.

④ W. Brezinka. Beliefs. Morals, and Education [M]. Aldershot. Uk: Avebury. Translated by James Stuart Brice, 1994: 123.

尔摩大学国际教育研究所所长托尔斯滕·胡森（Torsten Husen）认为，同传统社会的教育相比，现代转型社会和多元文化社会里的教育，在目标和价值观念上有三个基本问题需要探讨：一是在教育的目标和指导方针中隐藏着什么样的共同价值观？二是在持有相对主义价值观的公民中应当怎样采取一种更加多元的教育方法？三是学校中所传授的基本价值观如何适应家庭价值观？归结起来，就是如何将文化和社会的多元性同某种构成国际理解和宽容的更基本和更普遍的价值观结合起来。①

美国前总统吉米·卡特（J. Carter）、前教育部长威廉·贝内特（W. Bennett）等保守主义者在美国品格教育和价值观教育运动中也曾扮演着重要角色。澳大利亚前总理约翰·霍华德（J. Howard）和教育部长布兰登·尼尔森（B. Nelson）更是直接推动了国家价值观框架的出台和价值观教育计划的实施。还有很多在政治上、文化上、宗教上倾向保守的知识分子，如罗伯特·贝拉（R. Bellah）、托马斯·里克纳（T. Lickona）等人通过自身的学术研究和思想主张，直接或间接地推动着价值观教育逐渐走向学术前台。他们不仅通过价值辩论，而且通过具体的政治议程、公共辩论，将价值观教育落实到学校教育和社会建设的实践之中，成为推动价值观教育的重要推动力量。

（三）关于社会主义核心价值观融入思想政治理论课教学研究的不足及展望

通过对以上文献进行梳理，我们可以看到，对社会主义核心价值观融入思想政治理论课教学的研究成果是较为丰富的，可以为本研究提供丰富的理

① Torsten Husen. Values Education and Citizenship Education in Modern Society [A]. In Cheng H. M. Roger (eds.). Values Education for Citizens in the New Century [C]. Hong kong: The Chinese University Press, 2006: 40-47.

论借鉴和理论资源，提供诸多有益启示。但就目前的研究成果来看，也存在着一些局限性，还有待进一步拓展。

第一，研究成果虽多，但同质性成果比例较高，低效率重复研究现象严重，创新性成果较少。就宏观研究来说，大多集中在教学理念、教学方式、教学原则等重大问题上，固然在这些研究成果中，有部分研究成果是值得肯定的，但大部分成果属于低水平的重复研究。而对社会主义核心价值观融入高校思想政治理论课教学的内容、规律等深层次问题只有个别学者涉及，可以挖掘的空间还很大，也是本研究要努力探索的一个方向。

第二，从已有文献还可以看出，对于该问题的研究，各门思想政治理论课教师针对自己的课程研究较多，而对其他课程的融入问题则思考较少。如果思想政治理论课教师各自为政，围绕自己的一亩三分地大谈特谈自己的课程在融入社会主义核心价值观中是如何重要，进而讨论融入的困境、问题、策略、途径等，而没有对四门课程做一个总体的研究和规划，似乎一门课程就可以将社会主义核心价值观整体融入一样，只要有这一门课程就可以包打天下，这种研究固然重要，但在一定程度上也缺乏整体性、系统性，缺乏对高校思想政治理论课教学的顶层设计和总体规划，而且不可避免地会产生重复研究，特别是研究社会主义核心价值观融入某门课程的路径、方法都大同小异，缺乏研究的针对性和实效性。即使是就社会主义核心价值观融入某一门课程来说，当前的研究也存在着极大的不平衡，集中表现为：对社会主义核心价值观融入“思想道德与法治”课的研究较多，而融入“原理”“概论”“纲要”课的研究则较少。这也充分表明了“原理”“概论”“纲要”三门课程对社会主义核心价值观的培育和践行并没有引起足够的重视。因此，也出现一些令人匪夷所思的情况，比如，某些老师认为研究社会主义核心价值观的培育和践行不够学术，认为真正的学术一定是远离政治的，一定是以纯粹学术化、哲学化的语言写出来的文章，进而对社会主义核心价值观融入高校思想政治理论课教学这种研究嗤之以鼻。在这种思想观念的指导下，就不可能会认真地对其进行研究，也不可能在教育教学的过程中认真对待社会主义核心价值观的培育和践行。就像某些学者认为的那样，当前融入取得了一定的效果，但教师主要集中于对某一门思想政治理论课课程进行核心价值观内容的专题讲解，这种融入方式效果不佳，忽视了课程的整体优势。因此，要根据思想政治理论课各门课程的不同特点以及教材体系的差异，在教学设计时充分挖掘各门课程所蕴含的核心价值观相关内容，各有侧重地灵活开展核心价值观教育。① 所以，对社会主义核心价值观融入高校思想政治理论课教学进行总体规划和顶层设计有着重大意义。

因此，本书研究首先要明确的问题是，并非每一门课都要融入社会主义核心价值观的各个层面的内容，也不是要用社会主义核心价值观的内容与思想政治理论课的内容一一对应，至于该门课程应该融入哪些内容，应该视学生的具体情况、课程的目的和任务以及该课程设定的主要内容及教育目的而定，而不是机械地将社会主义核心价值观原封不动地移植到每一门课程之中。当然，不可避免地各门课程会涉及相同或相近的内容，这就需要我们研究各门课程在融入社会主义核心价值观时的侧重点，要思考如何来避免重复融入的问题？比如“思想道德与法治”课、“纲要”课、“概论”课、“原理”课都涉及国家及国家观的问题，但各门课对这个问题的讲解重点和方式应该是不一样的。“思想道德与法治”课应该偏重中国精神、爱国主义；“纲要”课应该偏重在讲解历史中了解中国的历史，明白社会主义在中国的必然性等；“概论”课应该偏重讲解国家制度，讲清楚中国特色社会主义制度为什么“好”，其优势在哪里；“原理”课则应该从马克思主义的基本立场、观点、方法出发，讲清楚国家及国家观的一些基本理论。因此，应该坚持以整体性视角来看待思想政治理论课，从整体上规划好社会主义核心价值观融入思想政治理论课的问题，在避免重复的同时，也避免那种认为其他课

① 邵银、余华：《思想政治理论课教学中开展社会主义核心价值观教育的侧重点》，《思想理论教育》2015 年第 6 期。

的老师会讲解，所以就列入了略讲的内容，结果造成大家都不讲的尴尬境地，出现社会主义核心价值观教育的空白区。

三、研究思路与研究方法

（一）研究思路

本书的研究力图在吸收借鉴已有研究成果的基础上，首先对“社会主义核心价值观融入高校思想政治理论课教育教学”的相关基础理论问题进行深入探讨，然后展开对社会主义核心价值观分别融入本科生的四门思想政治理论课进行研究，以整体性视角来探讨社会主义核心价值观融入高校思想政治理论课教学的问题。明确社会主义核心价值观在各门课程中的地位与内容，分析社会主义核心价值观融入各门思想政治理论课应该重点解决的问题，深入分析在融入的过程中需要讲清楚的理论问题，需要辨析清楚的错误思潮，如何引导学生形成正确价值观等问题，从社会主义核心价值观融入的理论逻辑上回答清楚社会主义核心价值观应该怎样融入这四门课程，其教材体系应该如何转化为教学体系。力争做到既能解决社会主义核心价值观融入高校思想政治理论课教学的问题，又能解决其融入效果的问题。

（二）研究方法

文献研究法。本书研究需要掌握的文献有三类：一是党和国家的文献资料，包括相关政策、法规、文件、领导人对此问题的论述等；二是学术论文、专著、研究报告等；三是关于思想政治理论课的教材、教学用书、教学视频、教学课例等。对以上文献进行广泛深入的研究、分析，以从中获得研究资料和研究启示。

访谈法。对学界知名专家、学者、名师、部分学生等进行深入访谈，既学习理论知识，也了解学生现状、课堂情况等，为研究积累一手资料，促使更有针对性地开展研究，力争该研究既能解决理论问题，又能解决实际问题。

第一章　社会主义核心价值观融入高校思想政治理论课概述

社会主义核心价值观融入高校思想政治理论课教学是一个系统工程，涉及一系列的理论问题，但从本质上来说却是一个实践问题。只有首先做到理论上的彻底，才能指导理论转化为实践，进而才有将理论转化为现实的物质力量。社会主义核心价值观是社会主义主流意识形态的本质体现，而高校思想政治理论课本质上又是进行价值观教育的课程体系，承担着价值观教育、主流意识形态传递、培养社会主义建设者与接班人的任务，二者具有内在的契合性，为社会主义核心价值观能够融入高校思想政治理论课教学提供了理论前提，奠定了理论基础。除此之外，社会主义核心价值观自身的固有特性与思想政治理论课本身的价值性要求也决定了社会主义核心价值观必然要融入高校思想政治理论课教学。

一、社会主义核心价值观与高校思想政治理论课

理论上的彻底往往从概念、范畴出发。只有明确了是什么，才能进一步

回答为什么以及怎么做的问题。对于研究社会主义核心价值观融入高校思想政治理论课教学来说，社会主义核心价值观与高校思想政治理论课自然就是两个不可回避的概念，科学理解其内涵，是进一步深化研究的前提。

（一）社会主义核心价值观是社会主义意识形态的本质体现

价值观，亦称价值观念，是指人们关于客观事物价值的总体看法和根本观点。从某种意义上说，价值观既表现为价值取向和价值追求，凝结成一定的价值目标，同时又表现为价值尺度和价值准则，较为常见的就是人们在作出行为选择过程中的价值判断标准和价值规范。可见，价值观的内涵是极其丰富的，其表现形式也与思想文化交流交融交锋形势的加剧一道而越发多元。但在这众多的价值观念当中，有一些价值观念始终居于中心或主导地位，对其他价值观念有着引导和塑造的作用，具有相对稳定性，这些价值观念我们就称为核心价值观。核心价值观是社会文化的核心内容，较一般价值观念而言，核心价值观具有抽象性、稳定性、凝聚性等特点，植根于社会内部，是引领社会及其成员进行价值认知、价值选择和价值判断的根本标准和规范，承载着社会最根本的价值追求，代表着一个社会的主流价值倾向。

社会主义核心价值观是社会主义核心价值体系的内核，体现着社会主义核心价值体系的根本性质和基本特征，反映着社会主义核心价值体系的丰富内涵和实践要求，是社会主义核心价值体系的高度凝练和集中表达。核心价值观与核心价值体系方向一致，体现了社会主义意识形态的本质要求，体现了社会主义制度在思想和精神层面的质的规定性，凝结着社会主义先进文化的精髓，是中国特色社会主义道路、理论和制度的价值表达，是实现中华民族伟大复兴中国梦的价值引领。“把握好核心价值观与核心价值体系的关系，还要认识到两者各有侧重，特别要看到相比于社会主义核心价值体系，社会主义核心价值观有这样几个鲜明特点：一是更加突出了核心要素，社会主义核心价值体系包括马克思主义指导思想、中国特色社会主义共同理想、民族精神和时代精神、社会主义荣辱观四个方面，是一个系统性、总体性的框架；而社会主义核心价值观强调的‘三个倡导’，则更清晰地揭示了这个价值体系的内核，确立了当代中国最基本的价值观念。二是更加注重了凝练表达，社会主义核心价值观倡导的富强、民主、文明、和谐，自由、平等、公正、法治，爱国、敬业、诚信、友善，明确了国家、社会、公民三个层面的价值目标、价值取向、价值准则，是社会主义核心价值体系的凝练表达，符合大众化、通俗化要求，便于阐发、便于传播。三是更加强化了实践导向，社会主义核心价值观强调的‘三个倡导’指向十分明确，每个层面都对人们有更具体的价值导向，是实实在在的要求，规范性和实践性都很强，便于遵循和践行。培育和践行核心价值观，为推进核心价值体系建设进一步明确了切入点和工作着力点，有利于更好把各项任务落到实处。”①

（1）社会主义核心价值观凝结了社会主义意识形态的精神内核

统治阶级为了维护其统治，一般采取两种措施：一是靠暴力的高压方式维持统治，但这种方式一时可以，长久则不行；二是靠精神的力量，集中体现在对被统治阶级进行某种价值宣传。每个时代都有每个时代的精神，每个时代都有每个时代的价值观念，古人就有“远人不服，则修文德以来之”的先见之明。意识形态从其本质上来讲，就是统治阶级维护其统治的一种精神力量。马克思在《德意志意识形态》中就论述道：“每一个力图取得统治的阶级，即使它的统治要求消灭整个旧的社会形式和一切统治，就像无产阶级那样，都必须首先夺取政权。”② 这就是所谓的以暴力革命取得政权，这是第一步，但取得政权之后紧接着就要做的事情就是宣传自己的主张和价值诉求。于是，马克思接着说道，取得政权“以便把自己的利益又说成是普

① 刘云山：《着力培育和践行社会主义核心价值观》，《求是》2014 年第 2 期。

② 《马克思恩格斯选集》第 1 卷，人民出版社 2012 年版，第 164 页。

遍的利益，而这是它在初期不得不如此做的”①。意识形态是统治阶级维护统治的一种精神力量，那这种精神力量来自哪里呢？“在意识形态形成过程中，价值作为一种尺度或准则，起着决定作用，使意识形态具有强烈的价值导向功能。”② 由此可以看出，意识形态的这种精神力量其实就是核心价值观的力量。“人无精神则不立，国无精神则不强。精神是一个民族赖以长久生存的灵魂，唯有精神上达到一定的高度，这个民族才能在历史的洪流中屹立不倒、奋勇向前。”③

意识形态在社会结构中处于观念上层建筑的位置，是一个社会占统治地位的统治阶级的思想观念体系。马克思曾明确指出：“统治阶级的思想在每一时代都是占统治地位的思想。这就是说，一个阶级是社会上占统治地位的物质力量，同时也是社会上占统治地位的精神力量。支配着物质生产资料的阶级，同时也支配着精神生产资料，因此，那些没有精神生产资料的人的思想，一般的是隶属于这个阶级的。占统治地位的思想不过是占统治地位的物质关系在观念上的表现，不过是以思想的形式表现出来的占统治地位的物质关系；因而，这就是那些使某一个阶级成为统治阶级的关系在观念上的表现，因而这也就是这个阶级的统治的思想。”④ 从此可以看出，意识形态的实质是对现实社会中物质力量或物质生产关系的一种反映。一个社会的意识形态是多种多样的，既包括反映旧的社会形态的生产关系的意识形态，我们可以称为旧的社会形态的思想残余，比如封建思想残余，也包括反映未来社会形态萌芽的代表生产力发展方向的新社会的意识形态。但在一个社会中占据主导地位的意识形态则是反映那个社会中处于主流的物质生产关系的思想

---

① 《马克思恩格斯选集》第 1 卷，人民出版社 2012 年版，第 164 页。

② 张骥、张爱丽：《论社会主义核心价值体系与我国意识形态安全》，《社会主义研究》2007 年第 6 期。

③ 《习近平关于社会主义文化建设论述摘编》，中央文献出版社 2017 年版，第 13 页。

④ 《马克思恩格斯选集》第 1 卷，人民出版社 2012 年版，第 178 页。

体系，也就是掌握着生产资料，在物质领域占统治地位的阶级的思想，也就是马克思讲的统治阶级的思想，亦称主流意识形态。当代中国，社会主义意识形态就是主流意识形态。

主流意识形态作为观念上层建筑，明确了统治阶级的社会理想、价值观念、政治纲领、行为准则等，由此组成了一个较为复杂而庞大的思想观念体系。意识形态的各组成部分相互联系、彼此作用、不可分割，但作为思想体系的各组成部分在意识形态中却处于不同的地位，有的处于边缘地位，发挥的力量较小，有的则处于核心地位，引领着整个意识形态的发展方向，甚至决定着意识形态的根本性质。那究竟什么样的因素可以决定意识形态的发展方向，决定意识形态的根本性质呢？无疑是一个社会的核心价值观。在社会主义中国，社会主义核心价值观当然地引领着社会主义意识形态发展方向，决定着社会主义意识形态根本性质。社会主义核心价值观从国家、社会、个人三个层面阐释了其主要内容，它很好地传递了统治阶级价值观念，解决了走什么路、举什么旗、向何处去、为什么人等价值观念问题，社会主义核心价值观凝结了社会主义意识形态的精神内核。

（2）社会主义核心价值观蕴含了社会主义意识形态的价值追求

从一定程度上说，意识形态本质上是统治阶级维护其统治的一种精神力量。但这种精神力量怎样才能发挥作用呢？怎样才能促使广大群众自觉遵守并促使社会处于一种秩序之治呢？靠的就是意识形态中所蕴含的那种精神力量。准确地说，靠的是意识形态中蕴含的核心价值观所指引的方向和目标。古语有言："礼义廉耻，国之四维，四维不张，国乃灭亡。"① 这是中国先哲对当时核心价值观的认识。这种价值观又逐渐演变成道德、文化，对当代中国人的言行仍起着非常重要的规范作用。可见，"价值观念在一定社会的文化中是起中轴作用的，文化的影响力首先是价值观念的影响力……正所谓

① 《管子·牧民》。

‘一时之强弱在力，千古之胜负在理’”①。这种价值力量蕴含了意识形态的价值指向，彰显了统治阶级的价值追求。统治阶级的价值追求通过其意识形态传递给社会大众，也是对社会大众的一种价值承诺。这种价值承诺如何得到实现或能否实现呢？这里有两个较为关键的条件。

一是意识形态所作出的价值承诺是否具有科学性，也即意识形态本身是否具有科学性，这是这种价值承诺能否实现的前提条件。空想社会主义为人们描绘了一幅美好的未来图景，但为什么我们说空想社会主义最终只能沦为空想呢？根源就在于其思想理论体系本身的不成熟、不科学，从而导致其作出的价值承诺也只能陷入空想。恩格斯曾经就此明确指出了原因，他指出："不成熟的理论，是同不成熟的资本主义生产状况、不成熟的阶级状况相适应的。解决社会问题的办法还隐藏在不发达的经济关系中，所以只能从头脑中产生出来。社会所表现出来的只是弊病，消除这些弊病是思维着的理性的任务。于是，就需要发明一套新的更完善的社会制度，并且通过宣传，可能时通过典型示范，从外面强加于社会。这种新的社会制度是一开始就注定要成为空想的，它越是制定得详尽周密，就越是要陷入纯粹的幻想。"② 马克思主义是对客观世界特别是人类社会本质和规律的正确反映，是被实践证明了的科学理论。马克思主义理论对全世界无产阶级所作出的关于共产主义的庄严承诺是建立在对社会发展规律的把握基础之上的。正如列宁曾指出的："马克思提出共产主义的问题，正像一个自然科学家已经知道某一新的生物变种是怎样产生以及朝着哪个方向演变才提出该生物变种的发展问题一样。"③

二是统治阶级为兑现其价值承诺所付出的努力程度如何，决意将其价值承诺实现到何种程度。纵观西方政党，在选举时，为了选票而向选民作出各

---

① 《习近平关于社会主义文化建设论述摘编》，中央文献出版社 2017 年版，第 105 页。
② 《马克思恩格斯选集》第 3 卷，人民出版社 2012 年版，第 645 页。
③ 《列宁专题文集　论社会主义》，人民出版社 2009 年版，第 25 页。

种承诺，甚至有的承诺根本就是脱离实际，只管许下承诺，拿到选票，至于这些承诺能否实现那又是另外一回事了。反观中国共产党，自成立以来，就将共产主义写在了自己的旗帜上，把共产主义作为自己的远大理想及最终价值目标。在新民主主义阶段也始终围绕着近代中国面临的两大历史任务——争取民族独立、人民解放和实现国家富强、人民幸福而努力。改革开放以来，以邓小平同志为核心的党的第二代中央领导集体从实际出发，对中国现代化建设的目标和步骤进行了深入的思考，提出了我国经济建设分三步走的发展战略，即“第一步，实现国民生产总值比一九八〇年翻一番，解决人民的温饱问题。这个任务已经基本实现。第二步，到本世纪末，使国民生产总值再增长一倍，人民生活达到小康水平。第三步，到下个世纪中叶，人均国民生产总值达到中等发达国家水平，人民生活比较富裕，基本实现现代化。然后，在这个基础上继续前进”①。1997 年，党的十五大，以江泽民同志为核心的党的第三代中央领导集体对三步走发展战略作了进一步细化，指出：“展望下世纪，我们的目标是，第一个十年实现国民生产总值比二〇〇〇年翻一番，使人民的小康生活更加宽裕，形成比较完善的社会主义市场经济体制；再经过十年的努力，到建党一百年时，使国民经济更加发展，各项制度更加完善；到世纪中叶建国一百年时，基本实现现代化，建成富强民主文明的社会主义国家。”② 以胡锦涛同志为总书记的党中央带领全国各族人民努力奋斗，在新的历史起点上，将中国特色社会主义进一步推向前进。进入新时代以来，以习近平同志为核心的党中央带领全国上下正在进行着具有许多新的历史特点的伟大斗争，大力实施精准脱贫，全面建成小康社会，中国共产党正在以自己的实际行动向全世界宣示我们的价值追求。党的十九大又进一步将 2020 年到本世纪中叶细分为两个阶段：“第一个阶段，从二〇二〇年到二〇三五年，在全面建成小康社会的基础上，再奋斗十五年，基本实

① 《十三大以来重要文献选编》（上），人民出版社 1991 年版，第 16 页。

② 《十五大以来重要文献选编》（上），人民出版社 2000 年版，第 4 页。

现社会主义现代化……第二个阶段，从二〇三五年到本世纪中叶，在基本实现现代化的基础上，再奋斗十五年，把我国建成富强民主文明和谐美丽的社会主义现代化强国。"① 可见，我们党和国家为了实现自身的价值承诺而作出的努力是有目共睹的，同时，我们也有充分的自信能够按时完成我们对人民所作出的价值承诺。

社会主义意识形态表达了中国共产党的价值追求和价值承诺，也集中反映了中国共产党带领全国各族人民致力于实现的国家富强、人民幸福的伟大目标。经过长期努力，我们从国家、社会、个人三个层面凝练了社会主义核心价值观。"富强、民主、文明、和谐是国家层面的价值目标，自由、平等、公正、法治是社会层面的价值取向，爱国、敬业、诚信、友善是公民个人层面的价值准则，这二十四个字是社会主义核心价值观的基本内容，为培育和践行社会主义核心价值观提供了基本遵循。"② 社会主义核心价值观蕴含了国家、社会、个人的价值追求，充分表达了我们要建成什么样的国家、建设什么样的社会、培育什么样的公民等价值目标，是能够凝聚广泛力量的精神元素。习近平总书记就曾指出："对一个民族、一个国家来说，最持久、最深层的力量是全社会共同认可的核心价值观。核心价值观，承载着一个民族、一个国家的精神追求，体现着一个社会评判是非曲直的价值标准……我国是一个有着十三亿多人口、五十六个民族的大国，确立反映全国各族人民共同认同的价值观'最大公约数'，使全体人民同心同德、团结奋进，关乎国家前途命运，关乎人民幸福安康。"③

（3）社会主义核心价值观彰显了社会主义意识形态的基本功能

一种意识形态总是向社会大众传递着统治阶级的价值目标，宣扬着统治

① 习近平：《决胜全面建成小康社会　夺取新时代中国特色社会主义伟大胜利——在中国共产党第十九次全国代表大会上的报告》，人民出版社 2017 年版，第 28 页。

② 《十八大以来重要文献选编》（上），中央文献出版社 2014 年版，第 578 页。

③ 《十八大以来重要文献选编》（中），中央文献出版社 2016 年版，第 2—3 页。

阶级的价值追求和价值承诺，但要实现这种价值追求和承诺，还取决于这种意识形态功能的发挥，特别是这种意识形态能否使整个社会在一定程度上实现价值认同、凝聚价值共识、广泛动员民众。社会主义意识形态蕴含着无产阶级政党及社会主义国家的价值追求和对人民的价值承诺。马克思主义基本原理在中国革命、建设、改革过程中不断具体化，与中国实际相结合并发展完善，形成了毛泽东思想和中国特色社会主义理论体系，构成了当代中国的社会主义意识形态。社会主义意识形态同马克思主义一样，始终坚持辩证唯物主义和历史唯物主义的科学世界观和方法论；坚持以人民为中心的政治立场；坚持一切从实际出发，理论联系实际，实事求是，在实践中检验真理发展真理的理论品质；坚持共同理想与远大理想相统一的崇高社会理想。正因如此，社会主义意识形态以其科学性和革命性，本着从实际出发、以问题为导向的原则，对现实问题有着充分的针对性和解释力。社会主义核心价值观作为社会主义意识形态的精神内核，蕴含着社会主义意识形态的价值追求，同时也彰显着社会主义意识形态的基本功能。

首先，社会主义核心价值观作为社会主义意识形态的精神内核，从国家、社会、个人层面提出了价值目标，从而促进社会实现广泛的价值认同。一个社会的健康持续发展，根源于该社会发展合规律性与合目的性的统一，并在一定制度和价值相统一的基础上形成制度化的关系性组织。任何社会制度的存在与维系都离不开对一定价值观念的阐释，甚至可以将一种社会制度的实质理解为某种价值体系的制度化。“中华民族为什么几千年能够生生不息、不断发展？很重要的原因是我们有以爱国主义为核心的民族精神，有一脉相承的价值追求。社会主义核心价值观决定着各民族共有精神家园的发展方向，一定要在全社会、在各民族中大力培育和践行。”① 社会主义核心价值观为人们描绘了中国未来发展的目标，同时也为实现这些目标对社会和公

① 《习近平关于社会主义文化建设论述摘编》，中央文献出版社 2017 年版，第 123—124 页。

民个人提出了现实的要求，凝聚了社会力量。习近平总书记曾指出："实现'两个一百年'奋斗目标，需要全社会方方面面同心干，需要全国各族人民心往一处想、劲往一处使。如果一个社会没有共同理想，没有共同目标，没有共同价值观，整天乱哄哄的，那就什么事也办不成。我国有十三亿多人，如果弄成那样一个局面，就不符合人民利益，也不符合国家利益。"① 另外，新时代中国处于深刻变革的关键时期，面对百年未有之大变局，站在实现两个百年奋斗目标的历史交汇点上，社会还面临各种深刻的矛盾，这些矛盾处理不好就会动摇社会秩序之基。要维护社会秩序，表面看是靠制度，但一种制度要发挥其作用靠的却是制度当中蕴含的基本价值诉求。意识形态在某种程度上讲是社会实现秩序之治的稳定剂，发挥着维护社会稳定，维持社会秩序的作用。社会主义核心价值观以自身的价值准则、价值理论与价值理想不断阐释社会主义意识形态，使人们能够更容易理解社会主义意识形态所要表达的但较为抽象的价值诉求，促使人们认同它、信仰它。社会主义核心价值观可以说是一种特殊的意识形态，在愈益复杂多变的新时期，依靠自身强大的解释力、凝聚力、导向力为新时代中国特色社会主义发展提供价值支撑，凝聚广泛力量。

其次，社会主义核心价值观通过引领与整合多元价值观念凝聚广泛的社会共识。随着改革进入深水区，社会利益格局、人们生活方式、文化与价值观念多元化趋势日益显著，加之东西方、国内外思想文化交流交融交锋更加激烈，思想激荡，大大增加了世界范围内凝聚共识的难度。另外，社会利益分化、网络传播技术发生大变革，人们接受信息的途径更加多元化，获取信息更加方便快捷，各种社会思潮的出现促使社会主义主流意识形态的解释框架受到不同程度的现实挑战。"社会上也存在一些模糊甚至错误的认识。有的认为马克思主义已经过时，中国现在搞的不是马克思主义；有的说马克思

① 《习近平关于社会主义文化建设论述摘编》，中央文献出版社 2017 年版，第 129—130 页。

主义只是一种意识形态说教，没有学术上的学理性和系统性。实际工作中，在有的领域中马克思主义被边缘化、空泛化、标签化，在一些学科中‘失语’、教材中‘失踪’、论坛上‘失声’。这种状况必须引起我们高度重视。”① 当前社会，对主流意识形态出现了一定程度上的认同危机。而取得全面深化改革的胜利，打赢这场具有许多新的历史特点的伟大斗争，就必须使绝大多数社会成员在价值观和行为准则方面有一个较为统一的认识，即有一种共同的价值遵循，这是取得改革成功的关键。社会主义核心价值观用24个字明确了国家、社会、个人的价值导向、理想追求、精神风尚、道德准则等，在全社会范围内具有约束与整合非主流、非主导价值观念的强大功能，进而凝聚全社会的价值共识，形成了具有中国特色的价值观念和行为准则。在西方错误思潮肆虐的今天，社会主义核心价值观在众多错误思潮对广大群众的影响中努力做到了廓清谬误、正本清源，阐述了作为社会主义国家应该追求什么样的国家发展目标，应该建设什么样的社会，又应该培养什么样的公民，在各种理论谬误中保持了自身的理论清醒和政治坚定。同时，也有效抵制了虚假宣传和理论蛊惑，使民众掌握了明辨是非的价值标准与分析工具，引领与整合了社会主义的价值观念体系，坚定了对社会主义意识形态的价值认同。

最后，社会主义核心价值观通过夯实社会主义意识形态的阶级基础实现广泛的社会动员。理论掌握了群众就会变成现实的物质力量。作为观念上层建筑的意识形态，一个非常重要的功能就在于其掌握群众之后，即凝聚起群众力量之后便能够转化为现实的物质力量。葛兰西有一个非常著名的“意识形态水泥论”②。也就是说，社会主义意识形态在夯实社会阶级基础、促进社会团结统一的过程中有着不可替代的作用。社会主义意识形态是一个庞

① 习近平：《在哲学社会科学工作座谈会上的讲话》，人民出版社2016年版，第10页。

② ［希腊］尼克斯·波朗查斯：《政治权力与社会阶层》，中国社会科学文献出版社1982年版，第213页。

杂的体系，以至于自法国哲学家、政治家特拉西提出意识形态概念以来，还没有人能够为其确定一个较为准确的内涵。意识形态关涉政治、经济、社会甚至人们生活的方方面面，这就极容易导致意识形态泛化，致使意识形态功能走向反面。因此，就需要一个能够快速又鲜明地提出价值主题，发挥社会主义意识形态凝聚功能的价值体系，这样，社会主义核心价值体系或社会主义核心价值观就应运而生了。习近平总书记曾指出："我们提出的社会主义核心价值观，把涉及国家、社会、公民的价值要求融为一体，既体现了社会主义本质要求，继承了中华优秀传统文化，也吸收了世界文明有益成果，体现了时代精神。"① "一个社会的核心价值，决定着这个社会的行为准则和努力方向。市场经济本就崇尚身份平等和规则公平，现代社会更以公正和法治为价值核心。如果公平的阳光变得晦暗、正义的空气逐渐稀薄，市场经济就可能异化为茹毛饮血的霍布斯丛林，现代社会就可能陷入你争我斗的零和游戏，社会主义的本质就难以彰显和体现。相反，当机会的大门向所有人敞开，每个人都享有人生出彩的机会，社会信任才会蓬勃生长，公民美德才会蔚为风尚，个体的绚丽人生才能绘入中国梦的美好图景。"② 社会主义核心价值观简单明了地表明了社会主义中国的价值追求，为中国广大人民绘就了未来发展的美好蓝图，有效凝聚了不同阶层的社会主义建设者和爱国者，是激励全国各族人民共同奋斗的思想基础与精神纽带。社会主义核心价值观极大地调动人们的积极性，便于人们接受、认同、践行。社会主义核心价值观还以道德的形式出现，从不同层面对人们提出具体要求。"核心价值观，其实就是一种德，既是个人的德，也是一种大德，就是国家的德、社会的德。国无德不兴，人无德不立。如果一个民族、一个国家没有共同的核心价值观，莫衷一是，行无依归，那这个民族、这个国家就无法前进。"③ 可见，

---

① 《十八大以来重要文献选编》（中），中央文献出版社 2016 年版，第 3—4 页。

② 刘云山：《着力培育和践行社会主义核心价值观》，《求是》2014 年第 2 期。

③ 《十八大以来重要文献选编》（中），中央文献出版社 2016 年版，第 3 页。

社会主义核心价值观是反映全国各族人民共同认同的价值观“最大公约数”①，不仅能够引领社会价值导向，还能促使不同层面的主体自觉将社会主义核心价值观内化为精神信仰，外化为行为追求。同时，社会主义核心价值观在社会主义精神文明建设中具有强大的精神引领作用，能够使不同阶层的广大人民群众主动融入精神文明建设的全过程中来，不断提升群众的精神境界，以社会主义核心价值观所倡导的价值要求与行为准则来规范和约束自己的行为，进而形成建设社会主义意识形态的强大阶级基础。

（二）高校思想政治理论课本质上是开展价值观教育的课程

研究社会主义核心价值观融入高校思想政治理论课教学这个课题，首先要回答的是社会主义核心价值观是什么的问题，这个问题在上一小节我们已经解决了。其次应该要回答的就是高校思想政治理论课是什么的问题，这是本书研究必不可少的因素。高校思想政治理论课，是以马克思主义、毛泽东思想、邓小平理论、“三个代表”重要思想、科学发展观、习近平新时代中国特色社会主义思想为理论指导，党和国家有目的、有计划、有组织地对学生传授以马克思主义理论为主要内容的政治理念、道德观念、法治思想等，旨在教育和引导学生掌握并自觉运用马克思主义的基本立场、观点、方法分析解决问题，形成科学的世界观、人生观和价值观，进而培育社会主义的合格建设者和可靠接班人的课程体系。习近平总书记曾强调指出：“思想政治理论课是落实立德树人根本任务的关键课程。”② 2019 年 8 月 26 日，中共中央办公厅、国务院办公厅印发《关于深化新时代学校思想政治理论课改革

---

① 《十八大以来重要文献选编》（中），中央文献出版社 2016 年版，第 3 页。

② 《习近平主持召开学校思想政治理论课教师座谈会强调　用新时代中国特色社会主义思想铸魂育人　贯彻党的教育方针落实立德树人根本任务》，《人民日报》2019 年 3 月 19 日。

创新的若干意见》也指出，要“把加强和改进思想政治理论课建设摆在突出位置”①。

反观在日常的教育教学中，在学生对待课程学习的态度中，普遍存在着这样一种错误认识。有的学生认为，高校思想政治理论课相对于专业课来说只是副科类课程，没有必要太过于认真对待，只要考试顺利过关，拿到学分即可，即使有的学生追求思想政治理论课的高分也多是迫于奖学金、保研、出国等硬性指标要求而已。对于思想政治理论课教师而言，在对思想政治理论课的认识上也存在着一定的偏差，总体来说存在着这样两种不良现象：第一种现象认为，思想政治理论课作为公共政治课，主要的作用就是宣讲党和国家的政策，缺乏真正的教学价值，学生也不认真对待，讲授思想政治理论课也不需要什么真正的学问，似乎随便拉一个老师都可以上思想政治理论课，很多学校特别是高职类院校更是将学校很多管理岗位的老师直接充作思想政治理论课教师，赶鸭子上架、堂而皇之地给学生讲起了思想政治理论课。因此，这些老师认为，思想政治理论课根本不值得深入研究，与其认真备课，还不如把时间精力用来多写两篇论文来得更实在。第二种现象是有的老师打着“研究与教学良性互动”的旗号，完全抛开“马克思主义理论研究和建设工程”教材编写组编写的思想政治理论课教材，根据自身研究特长规划讲课内容，于是在这些老师的课堂上，思想政治理论课俨然成了哲学、经济学、专门史等专业课，甚至成了大灌心灵鸡汤的生活哲学课，学生一学期下来可能就了解了马克思主义理论体系中的某一小块儿知识点，并未对学生起到思想上的引领。

这两种现象的发生归根结底是教师对高校思想政治理论课的认识发生了偏差。从高校思想政治理论课这个名词的构成来看，它至少应该是思想理论课和政治理论课，但哪个，它绝不能偏离马克思主义理论的指导，也绝不能

---

① 《中办国办印发〈意见〉　深化新时代学校思想政治理论课改革创新》，《人民日报》2019年8月15日。

忽视对青年大学生的思想引领、价值形塑，引导其掌握马克思主义的基本立场、观点、方法，形成科学的世界观人生观价值观。因此，高校思想政治理论课首先是一门思想理论课和政治理论课，但归根结底要担负价值观教育的重担，是一门价值观教育课。对青年大学生开设思想理论课、政治理论课的根本目的就在于引导其形成良好的价值观，落实立德树人的根本任务。

（1）高校思想政治理论课是一门思想理论课

习近平总书记在2019年3月18日的学校思想政治理论课教师座谈会上强调指出，要“推动思想政治理论课改革创新，要不断增强思政课的思想性、理论性和亲和力、针对性”，要“推动思政课建设内涵式发展”。① 思想政治理论课首先是一门思想理论课，这里的思想理论并不是一般意义上我们所讲的对某种客观事物的反映而形成的思想意识，而是特指马克思主义的思想理论。在此，马克思主义不仅指马克思、恩格斯创立的基本理论、基本观点和学说的体系，也包括继承者对它的充实、丰富和发展。也就是说，高校思想政治理论课所传递的思想理论既包括马克思、恩格斯创立和列宁、斯大林等发展了的马克思主义，也包括中国共产党人将其与中国具体实际、中华优秀传统文化相结合，形成的马克思主义中国化理论成果。思想寓于理论，理论传递思想，高校思想政治理论课要实现其内涵式发展，提升思想性、理论性和亲和力、针对性，首先就要做到思想性和学术性相统一。

从高校思想政治理论课教学的角度来说，所谓思想性，就是将马克思主义的基本立场、观点和方法贯穿到教育教学的过程之中，教育引导学生将其掌握并能自觉运用其分析解决问题。这就要求思想政治理论课教师在教学过程中必须要有很强的思想性，立场坚定，观点鲜明，把重点放在育人上。所谓学术性，并不是把简单的问题复杂化、理论化，语言越玄妙、越哲学化就越学术，也不是一般意义上的关于学术研究的理论性和规范性，而是相对思

① 《习近平主持召开学校思想政治理论课教师座谈会强调　用新时代中国特色社会主义思想铸魂育人　贯彻党的教育方针落实立德树人根本任务》，《人民日报》2019年3月19日。

想性而言的一种客观、科学的学理性、真理性，融科研于教学中的学术研究。这就要求思想政治理论课教师要加强研究，做到政治立场坚定、观点鲜明的同时不能流于形式，空喊口号，而要加强学术论证，做到讲道理科学严谨。一堂思想政治理论课能有多大的说服力和感染力，固然离不开其立场和观点的正确性，但与其能否以科学严谨、符合逻辑，并经得起学术推敲的论证，并用有较强的针对性和解释力的方式呈现出来也有很大关系。因此，思想政治理论课教学中有没有学术性，就成了能不能增强思想说服力和感染力的关键因素。所以，好的思想政治理论课就应该要做到思想性与学术性相统一。

但在实际的思想政治理论课教学中经常出现思想性与学术性相脱离的现象，一些老师思想性很强，旗帜鲜明、观点正确，但是却照本宣科、枯燥乏味、缺乏深度、教学效果差。出现这种现象一般有两种原因，一是教师本身的素质偏低，不能很好地驾驭思想政治理论课的课堂，只能照本宣科；二是教师本身能力还行，但没有付出更多的精力在思想政治理论课教学上，也有的是为了应付上级的检查，力求不犯错，而不愿意深入讲解某些观点。反之，也有些教师学术性很强，能够针对某些观点旁征博引，深入讲解，遵循学术规范，用翔实的文献资料论证观点，说理透彻。这种教学往往会受到学生的欢迎，对于教师本人来说也是付出了较大的努力，但较为缺乏的却是思想政治理论课的思想教育、价值引导功能。

思想政治理论课要做到思想性与学术性相统一，首先要正确理解思想政治理论课思想性与学术性的关系。思想性是思想政治理论课的生命，离开了思想性，思想政治理论课就失去了它育人的功能，也就失去了它存在的意义。而学术性又是思想性的重要支撑，没有学术性的支撑，思想性就会流于形式和口号，缺乏说服力，起不到应有的育人功能。其次是要把握好思想政治理论课思想性和学术性相统一的度。既不能为了思想性而忽视学术性，也不能因为学术性而不顾思想性，应该明白对于思想政治理论课而言思想性永远是第一位的，学术性应该为思想性服务，坚持以思想性引领学术性。

（2）高校思想政治理论课是一门政治理论课

2016年习近平总书记在高校思想政治教育工作会议上指出："我国高等教育肩负着培养德智体美全面发展的社会主义事业建设者和接班人的重大任务，必须坚持正确政治方向。高校立身之本在于立德树人。只有培养出一流人才的高校，才能够成为世界一流大学。"① "办好思想政治理论课，最根本的是要全面贯彻党的教育方针，解决好培养什么人、怎样培养人、为谁培养人这个根本问题。我们党立志于中华民族千秋伟业，必须培养一代又一代拥护中国共产党领导和我国社会主义制度、立志为中国特色社会主义事业奋斗终身的有用人才。在这个根本问题上，必须旗帜鲜明、毫不含糊。"② 要解决这个根本问题，就必须突出思想政治理论课的政治性。也就是必须坚持以马克思主义为指导，坚持党对思想政治理论课建设的领导，坚持社会主义的办学方向。同时，习近平总书记2018年在学校思想政治理论课教师座谈会上对思想政治理论课的改革创新提出了"八个相统一"的要求，其中第一个就要求"坚持政治性和学理性相统一，以透彻的学理分析回应学生，以彻底的思想理论说服学生，用真理的强大力量引导学生"③。作为一门政治理论课，突出政治性，坚定社会主义办学方向的同时，也应该遵循课程本身的发生发展规律，遵循课程本身的学理性，做到政治性与学理性相统一。

所谓政治性，就是指高校思想政治理论课要有明确的政治取向，要从鲜明的政治性中解决好高校思想政治理论课的方向性问题。所谓学理性，是指高校思想政治理论课要有的充分的学术含量，要从高质量的学术中解决好高校思想政治理论课的科学性问题。在目前我国大中小的教育体系中，小学阶

① 《习近平谈治国理政》第二卷，外文出版社2017年版，第377页。

② 《习近平主持召开学校思想政治理论课教师座谈会强调　用新时代中国特色社会主义思想铸魂育人　贯彻党的教育方针落实立德树人根本任务》，《人民日报》2019年3月19日。

③ 《习近平主持召开学校思想政治理论课教师座谈会强调　用新时代中国特色社会主义思想铸魂育人　贯彻党的教育方针落实立德树人根本任务》，《人民日报》2019年3月19日。

段和初中阶段、高中阶段、大学阶段分别开设思想品德课、思想政治课、思想政治理论课。从课程设置的名称来看，政治性的要求是一以贯之的，唯一区别就在于高校思想政治理论课凸显了理论的特征，提升了理论性的要求。也就是说，高校思想政治理论课除了讲政治之外，还必须要有理论性。有学者研究指出："政治性是思想政治理论课之魂，学理性是思想政治理论课之根，二者兼备才能落实立德树人的根本任务。"① "开设思想政治理论课的目的，是让学生系统掌握马克思主义的世界观和方法论、马克思主义中国化的历史进程与理论成果、中国近现代历史发展与历史经验，在此基础上，培养学生的政治意识、政治取向，提升学生的道德品质、法律精神，引导学生作出正确的价值判断和价值选择，认同和践行社会主义核心价值观。"②

政治性是高校思想政治理论课的内在属性、第一属性、天然属性，这是由课程具有的鲜明导向性、培养德智体美劳全面发展的社会主义建设者和接班人的根本任务、中国特色社会主义大学的办学方向以及应对当前国际国内日益复杂的意识形态斗争严峻形势所共同决定的。但政治性又绝不是孤立的，它总是与学理性相互支撑、相互促进。高校思想政治理论课的政治性需要加强学理性的阐释，在学理性层面讲清楚马克思主义的基本原理、基本方法、基本品格及其当代价值，以彻底的理论说服学生、掌握学生。越能在学理层面把政治要求、政治标准讲清楚，就越能以理论的深刻性、说理的通透性说服学生，这种以理服人的方式才能让政治性深入人心。从而避免高校思想政治理论课陷入空洞的政治说教和泛政治化的误区。因此，也有学者强调"高校思想政治理论课教学必须格外关注讲理论，而不是轻易下结论，必须格外热心悟原理，而不是醉心于讲故事，必然格外强调思想性，而不是追求

① 陈金龙：《论思想政治理论课改革创新的路向之政治性和学理性相统一》，《思想理论教育导刊》2019 年第 6 期。

② 陈金龙：《论思想政治理论课改革创新的路向之政治性和学理性相统一》，《思想理论教育导刊》2019 年第 6 期。

戏剧性。只有这样，才能不断增强高校思想政治理论课教学的思想性、理论性和亲和力、针对性”①。

同时，高校思想政治理论课的学理性也需要政治性的引领。随着改革开放的深入，中国大学与国际的接轨也越来越全面，越来越深入，高校在引进人才、培养教师方面也越来越强调和重视国际化、国际标准。近年来，高校思想政治理论课教师队伍中引进来一批从国外大学获得博士学位的青年人才，也纷纷将国内教师送到了世界一流大学去访学、交流、攻读学位等。这样一来，国外的研究范式、叙事方式等被引进到国内，并用于学术研究、课堂教学等。也出现了一些将国外研究方法、研究模型等直接套用中国现实，用来解释中国道路、中国经验、中国智慧等富含政治性的学术命题。但看似高级的国外研究方法、研究模型放在中国问题上并不一定适用，也时常发生偏差。因此，学理性也需要政治性的引领，离开政治性，学理性就极容易步入误区，也容易失去其价值性而成为自说自话、自娱自乐的无用之物。

可见，高校思想政治理论课既要讲政治，也要讲学理，是政治性和学理性相统一的一门课程。要做到政治性与学理性相统一，需要教师、学生、社会协同一致。教师要做到立场明确、信仰坚定，“善于从政治上看问题，在大是大非面前保持政治清醒”②，加强学术研究，用学术的方式看政治、讲政治。学生要主动加强学习，提升自身的需求层次，保持对政治问题、热点问题的关注和敏感，提升对政治问题的兴趣以及自身认识分析政治问题的基本素养，以免以看热闹的心态对待思想政治理论课。社会要构建“大思政”的育人格局。具体来讲，就是整个社会要充分认识到高校思想政治理论课的价值，对其保持一颗尊重与敬畏之心，力争与思想政治理论课形成同向发

---

① 田鹏颖：《高校思想政治理论课要坚持政治性和学理性相统一》，《中国高等教育》2019 年第 9 期。

② 《习近平主持召开学校思想政治理论课教师座谈会强调　用新时代中国特色社会主义思想铸魂育人　贯彻党的教育方针落实立德树人根本任务》，《人民日报》2019 年 3 月 19 日。

力、协同育人的效果，避免消解甚至抵消高校思想政治理论课的育人效果。

（3）高校思想政治理论课本质上是一门价值观教育课

无论是一门思想理论课，还是一门政治理论课，高校思想政治理论课面临的第一任务是培养人。习近平总书记在全国教育大会上指出："培养什么人，是教育的首要问题。我国是中国共产党领导的社会主义国家，这就决定了我们的教育必须把培养社会主义建设者和接班人作为根本任务，培养一代又一代拥护中国共产党领导和我国社会主义制度、立志为中国特色社会主义奋斗终身的有用人才。这是教育工作的根本任务，也是教育现代化的方向目标。"① 而"办好思想政治理论课，最根本的是要全面贯彻党的教育方针，解决好培养什么人、怎样培养人、为谁培养人这个根本问题……在这个根本问题上，必须旗帜鲜明、毫不含糊……在大中小学循序渐进、螺旋上升地开设思想政治理论课非常必要，是培养一代又一代社会主义建设者和接班人的重要保障"②。

关于培养什么人这个问题，古今中外思想流派繁多，观点各异，"但在教育必须培养社会发展所需要的人这一点上是有共识的。培养社会发展所需要的人，说具体了，就是培养社会发展、知识积累、文化传承、国家存续、制度运行所要求的人"③。从总体上说，培养社会所需要的人是全世界在关于培养人才这个问题上的共性，但不同的国家和地区、不同的社会环境、不同的社会制度中所需要培养的人才又有所不同，最根本的区别就体现在价值取向上。比如，同样是培养科学家，社会主义中国所要培养的科学家就必须与西方资本主义国家培养的科学家有所区别，中国培养的科学家要能够为中国特色社会主义现代化建设服务。俗话说，科学无国界，但科学家却有国

① 《习近平在全国教育大会上强调　坚持中国特色社会主义教育发展道路　培养德智体美劳全面发展的社会主义建设者和接班人》，《人民日报》2018 年 9 月 11 日。

② 《习近平主持召开学校思想政治理论课教师座谈会强调　用新时代中国特色社会主义思想铸魂育人　贯彻党的教育方针落实立德树人根本任务》，《人民日报》2019 年 3 月 19 日。

③ 习近平：《在北京大学师生座谈会上的讲话》，《人民日报》2018 年 5 月 3 日。

籍。中国特色社会主义大学“就是要培养中国特色社会主义事业的建设者和接班人，而不是旁观者和反对派”①。这其中，如果说科学知识不具有价值立场，那么是什么决定着人才价值取向呢？毫无意外，是价值观决定了人才的价值取向，也直接决定着中国特色社会主义教育培养的人才能否成为合格的建设者和可靠的接班人，决定着他们能否担当起时代大任。

教育属于上层建筑领域的重要范畴，具有强烈的意识形态性，阿尔都塞就直接将教育称为“意识形态的国家机器”②。因此，教育总是带有意识形态性，而思想政治理论课在一定程度上又可以被视为意识形态课程。意识形态的核心就在于价值观，意识形态之争本质上就是价值观之争。在学校教育的众多课程中，思想政治理论课是落实立德树人根本任务的“关键课程”③，是对处于“拔节孕穗期”的青年大学生进行系统马克思主义理论教育，引导其掌握马克思主义基本立场、观点、方法，帮助其“树立正确世界观、人生观、价值观的重要途径，体现了社会主义大学的本质要求”④的核心课程。有学者认为，“如果说专业课侧重于知识传授，那么思想政治理论课就更侧重于价值塑造，特别是帮助学生树立崇高的理想信念，树立正确的世界观、人生观和价值观”⑤。特别是面对改革开放以来的思想观念现状，通过思想政治理论课开展价值观教育就显得更为重要了。习近平总书记曾专门指出：“改革开放以来，我国经济发展很快，人民生活水平提高也很快。同时，我国社会正处在思想大活跃、观念大碰撞、文化大交融的时代，出现了

① 《习近平会见清华大学经济管理学院顾问委员会海外委员和中方企业家委员》，《人民日报》2017年10月31日。

② 路易·阿尔都塞：《意识形态和意识形态国家机器（研读笔记）》，载《哲学与政治：阿尔都塞读本》，陈越译，吉林人民出版社2011年版，第281页。

③ 《习近平主持召开学校思想政治理论课教师座谈会强调　用新时代中国特色社会主义思想铸魂育人　贯彻党的教育方针落实立德树人根本任务》，《人民日报》2019年3月19日。

④ 《加强和改进大学生思想政治教育重要文献选编（1978—2008）》，中国人民大学出版社2008年版，第378页。

⑤ 刘建军：《怎样才能上好高校思想政治理论课》，《求是》2019年第8期。

不少问题。其中比较突出的一个问题就是一些人价值观缺失，观念没有善恶，行为没有底线，什么违反党纪国法的事情都敢干，什么缺德的勾当都敢做，没有国家观念、集体观念、家庭观念，不讲对错，不问是非，不知美丑，不辨香臭，浑浑噩噩，穷奢极欲。现在社会上出现的种种问题病根都在这里。这方面的问题如果得不到有效解决，改革开放和社会主义现代化建设就难以顺利推进。”① 思想政治理论课明确的意识形态性决定了这门课程代表着社会主义中国的政治倾向和价值立场，同时，也决定了教学的根本目标就是对青年开展价值观教育，传授政治理论知识，培养科学的政治素养和政治立场，引导青年大学生树立马克思主义的世界观、人生观和价值观。

二、社会主义核心价值观融入高校思想政治理论课教学的内涵

高校思想政治理论课本质上是对青年大学生开展价值观教育的课程。也就是说，在各级各类高校开设思想政治理论课，主要目的就是要引导广大青年大学生形成正确的价值观。而“对一个民族、一个国家来说，最持久、最深层的力量是全社会共同认可的核心价值观。核心价值观，承载着一个民族、一个国家的精神追求，体现着一个社会评判是非曲直的价值标准”②。而核心价值观既然是最持久、最深层的，那必然具有抽象性，核心价值观教育要达到良好的效果，就应该使其像空气一样存在于人们周围，使人们日用而不觉。因此，在理解社会主义核心价值观融入高校思想政治理论课教学的内涵时，“融入”一词是关键。要理解社会主义核心价值观融入高校思想政治理论课教学就必须要回答好为什么要选择“融入”这一方式？“融入”本

① 《习近平关于社会主义文化建设论述摘编》，中央文献出版社 2017 年版，第 8 页。
② 《习近平关于社会主义文化建设论述摘编》，中央文献出版社 2017 年版，第 112 页。

身与社会主义核心价值观和高校思想政治理论课教学有着什么样的关系？而我们又是站在什么样的角度来谈“融入”的？

（一）“融入”表达了社会主义核心价值观与高校思想政治理论课的内在契合性

从词义上来理解，所谓“融入”，就是指将某一事物通过一定渠道，以一定的方式进入并使之均匀分布于另一事物之中。从融入的结果来看，经过融入这一过程之后，前者已经是后者的有机组成部分，或者说两者经过融入这一过程已经产生了一个新的事物。可见，“融入”并不是几种事物的简单相加，而是通过融入这一动作或过程，得到了一种新事物，其最佳效果就是达到“融合”的状态，也就是“几种不同的事物合成一体”①。那么，具体到社会主义核心价值观融入高校思想政治理论课教学来说，就是指将社会主义核心价值观的具体思想和内容通过一定的教学安排、教学手段、教学载体等进入高校思想政治理论课的教材体系、教学体系之中，使之成为高校思想政治理论课教学的主线或主要内容。

两种或几种事物能否达到融入的最佳效果，即融合的状态，除了外部因素的影响之外，其实最本质的决定性因素还是在于这些事物本身。比如，油、水由于两者密度不同而不能相融；水、火因其固有特性而有“水火不容”之说。那么，如今我们讨论社会主义核心价值观融入高校思想政治理论课教学，那至少可以说明两者在本质上具有一定的内在契合性，否则就失去了讨论的前提和必要性。因此，我们也可以说，“融入”在一定程度上表达了社会主义核心价值观教育与高校思想政治理论课教学的内在契合性。而这种内在契合性集中体现在“立德树人”这一根本任务上。

① 《现代汉语词典》（第6版），商务印书馆2012年版，第1101页。

立德，就是要教育学生明大德、守公德、严私德。立德树人之“德”既包括大德和小德，也包括公德和私德；既有立足平实、反映一定时代要求的道德知识，也有立意高远、超越一定时代要求的道德信仰。立德，其实质就是教育学生明大德、守公德、严私德。“一个人只有明大德、守公德、严私德，其才方能用得其所。”① 所谓明大德，就是“要立志报效祖国、服务人民，这是大德，养大德者方可成大业”②。而守公德、严私德就是要“踏踏实实修好公德、私德……从做好小事、管好小节开始起步，‘见善则迁，有过则改’……学会劳动、学会勤俭，学会感恩、学会助人，学会谦让、学会宽容，学会自省、学会自律”③。而一个社会的核心价值观，“其实就是一种德，既是个人的德，也是一种大德，就是国家的德、社会的德”④。社会主义核心价值观则集中体现了中国特色社会主义的“德”，把国家层面的价值目标、社会层面的价值取向、个人层面的价值准则完美地统领了起来。“富强、民主、文明、和谐”体现了一种个人应该追求的大德，就是在国家层面要建成富强民主文明和谐的社会主义现代化国家，实现中华民族伟大复兴的中国梦，这是中华民族的最高利益和最根本利益。“自由、平等、公正、法治”体现了一种个人应该守护的公德，就是在社会层面要不断化解社会矛盾，促进社会公平公正，形成良好秩序，提高社会文明程度和人民幸福感，体现了不断满足人民对美好生活需求的价值取向。“爱国、敬业、诚信、友善”体现了一种个人应该遵循的私德，就是在个人层面应该养成的热爱祖国、恪尽职守、诚实守信、相互尊重的价值准则。立德并不是一项虚无缥缈的活动，而需要一个切实可行的抓手。积极培育和践行社会主义核心价值观就是明大德、守公德、严私德的有力抓手。

---

① 《十八大以来重要文献选编》（中），中央文献出版社 2016 年版，第 7 页。
② 《十八大以来重要文献选编》（中），中央文献出版社 2016 年版，第 7 页。
③ 《十八大以来重要文献选编》（中），中央文献出版社 2016 年版，第 7 页。
④ 《十八大以来重要文献选编》（中），中央文献出版社 2016 年版，第 3 页。

国无德不兴，根本在于明大德。大德是国家之德，是国之灵魂，国家的繁荣兴盛根本在于明大德。明大德就是要求中国特色社会主义教育要用马克思主义理论武装广大青年大学生，加强理想信念教育，强化精神之“钙”。教育引导广大青年大学生树立共产主义远大理想和中国特色社会主义共同理想，争当坚定信仰者和忠实实践者，将个人前途与国家命运自觉联系起来，为实现中华民族伟大复兴中国梦而不懈奋斗，坚信“只有把人生理想融入国家和民族的事业中，才能最终成就一番事业”①。业无德不昌，源泉在于守公德。社会公德是一个社会道德秩序的总体表现。道德秩序运行失范，必然导致纷争不断，直接表现为社会道德滑坡；道德秩序运行顺畅，百业则兴盛昌荣，其源泉就在于守公德。守公德就是要求用自由、平等、公正、法治等社会层面的价值取向规范、引导、约束广大青年大学生，引导他们树立民主意识、权利意识、法治意识等。人无德不立，关键在于严私德。私德是对个体行为具有严格约束的道德观念、规范等，集中体现于人的世界观、人生观、价值观。因此，习近平总书记多次强调，要“抓住世界观、人生观、价值观这个总开关”②，“要抓住青少年价值观形成和确定的关键时期，引导青少年扣好人生第一粒扣子”③。

树人，就是要培养德智体美劳全面发展的社会主义建设者和接班人。教育的根本任务在于立德树人，立德是前提，也是途径，但最终目的却在于树人。但“人的本质不是单个人所固有的抽象物，在其现实性上，它是一切社会关系的总和”④。由于社会关系不同，虽然“在教育必须培养社会发展所需要的人这一点上”各国都有广泛共识，但每个国家对教育要培养什么

---

① 《勇做走在时代前面的奋进者开拓者奉献者》，《人民日报》2013 年 5 月 5 日。

② 《十八大以来重要文献选编》（上），中央文献出版社 2014 年版，第 579 页。

③ 《习近平在全国宣传思想工作会议上强调　举旗帜聚民心育新人兴文化展形象　更好完成新形势下宣传思想工作使命任务》，《人民日报》2018 年 8 月 23 日。

④ 《马克思恩格斯选集》第 1 卷，人民出版社 2012 年版，第 139 页。

样的人却有着不同的认识和要求。① 中国特色社会主义教育就是“要培养德智体美劳全面发展的社会主义建设者和接班人”②。教育的根本任务就在于培养人，但不同性质的教育绝不会培养出同样的人。在阶级社会里，教育的性质集中体现为阶级性，与一定社会阶段的经济基础相适应。中国特色社会主义教育与中国特色社会主义社会的经济基础相适应，从性质上来看，属于社会主义性质的教育。正如习近平总书记指出的那样：“我国是中国共产党领导的社会主义国家，这就决定了我们的教育必须把培养社会主义建设者和接班人作为根本任务，培养一代又一代拥护中国共产党领导和我国社会主义制度、立志为中国特色社会主义奋斗终身的有用人才。”③ 社会主义建设者和接班人能否在实现中华民族伟大复兴的伟大征程中担当时代大任，就涉及一个“合格”和“可靠”的问题，其实质就是在德和才方面对中国特色社会主义教育培养的人作出相应的规定。

中国共产党在培养人才方面始终强调德才兼备。毛泽东曾提出：“我们的教育方针，应该使受教育者在德育、智育、体育几方面都得到发展，成为有社会主义觉悟的有文化的劳动者”④，努力把青年培养成“又红又专”的人才。邓小平在毛泽东的基础上针对“文化大革命”结束初期的现实情况提出，要培养“有理想、有道德、有文化、有纪律”的共产主义新人。⑤ 江泽民对青年一代提出要树立远大理想、服务祖国人民，做到德才兼备，实现全面发展的要求，并明确提出要“努力造就有理想、有道德、有文化、有纪律的，德育、智育、体育、美育等全面发展的社会主义事业建设者和接班

① 习近平：《在北京大学师生座谈会上的讲话》，《人民日报》2018 年 5 月 3 日。

② 《坚持中国特色社会主义教育发展道路　培养德智体美劳全面发展的社会主义建设者和接班人》，《人民日报》2018 年 9 月 11 日。

③ 《坚持中国特色社会主义教育发展道路　培养德智体美劳全面发展的社会主义建设者和接班人》，《人民日报》2018 年 9 月 11 日。

④ 《毛泽东文集》第七卷，人民出版社 1999 年版，第 226 页。

⑤ 《邓小平文选》第三卷，人民出版社 1993 年版，第 110 页。

人"①。胡锦涛多次强调，青年是民族的希望、祖国的未来，勉励全国广大团员和各族青年"努力成为理想远大、信念坚定的新一代，品德高尚、意志顽强的新一代，视野开阔、知识丰富的新一代，开拓进取、艰苦创业的新一代，让青春在建设中国特色社会主义的伟大事业中焕发出更加绚丽的光彩！"②。习近平总书记多次勉励广大青年要具有执着的信念、优良的品德、丰富的知识、过硬的本领，要爱国、励志、求真、力行，努力成长为德智体美劳全面发展的社会主义建设者和接班人。培养德智体美劳全面发展的社会主义建设者和接班人是一个系统工程，必须从多方面着手。习近平总书记在全国教育大会上的讲话中以立德为重点，从德、智、体、美、劳诸方面作了全面阐述。他强调到，必须从坚定理想信念、厚植爱国主义情怀、加强品德修养、增长知识见识、培养奋斗精神、增强综合素质等方面下功夫。③

立德树人完美地把社会主义核心价值观与高校思想政治理论课统一起来了，社会主义核心价值观本身就属于"德"的范畴，而高校思想政治理论课又是立德树人的关键课程。正是这种内在契合性，使得社会主义核心价值观可以融入高校思想政治理论课。

（二）"融入"彰显了培育和践行社会主义核心价值观的有效方式

自党的十八大提出"三个倡导"，中共中央办公厅印发《关于培育和践行社会主义核心价值观的意见》将其定为社会主义核心价值观的主要内容之后，习近平总书记在中国共产党第十八届中共中央政治局第十三次集体学

① 《江泽民文选》第二卷，人民出版社2006年版，第332页。

② 胡锦涛：《致中国青年群英会的信》，《人民日报》2007年5月5日。

③ 《坚持中国特色社会主义教育发展道路　培养德智体美劳全面发展的社会主义建设者和接班人》，《人民日报》2018年9月11日。

习时强调，要“把培育和弘扬社会主义核心价值观作为凝魂聚气、强基固本的基础工程”①。而社会主义核心价值观要起到凝魂聚气、强基固本的作用，就必须为人们所掌握或者它必须掌握人们，“使社会主义核心价值观内化为人们的精神追求，外化为人们的自觉行动”②。而怎样才能达到这种状态呢？习近平总书记强调道：“一种价值观要真正发挥作用，必须融入社会生活，让人们在实践中感知它、领悟它。要注意把我们所提倡的与人们日常生活紧密联系起来，在落细、落小、落实上下功夫……使核心价值观的影响像空气一样无所不在、无时不有。”③ 另外，习近平总书记还在多个场合，多次强调要将“社会主义核心价值观融入社会发展各方面，转化为人们的情感认同和行为习惯”④，“把培育和践行社会主义核心价值观融入国民教育全过程”⑤，甚至还提出了将社会主义核心价值观融入法治建设、融入社会治理等要求。可见，“融入”的方式在社会主义核心价值观的培育和践行中确实是起到了非常重要的作用。

在上述提到的社会主义核心价值观培育和践行的融入方式中，其中融入国民教育又是培育和践行社会主义核心价值观的主要方面。从本质上来说，核心价值观属于社会意识范畴，也属于观念上层建筑，是一个社会意识形态的精神内核。培育和践行社会主义核心价值观，其实质就是要用社会主义意识形态的精神内核教育、引导人们，使其理解、掌握并能够自觉运用它。那么，培育和践行社会主义核心价值观的过程，其实质也就是思想政治教育的过程。

关于思想政治教育的本质，历来观点繁多。有的认为，思想政治教育的

---

① 《习近平谈治国理政》第一卷，外文出版社 2018 年版，第 163 页。

② 《习近平谈治国理政》第一卷，外文出版社 2018 年版，第 164 页。

③ 《习近平谈治国理政》第一卷，外文出版社 2018 年版，第 165 页。

④ 习近平：《决胜全面建成小康社会　夺取新时代中国特色社会主义伟大胜利——在中国共产党第十九次全国代表大会上的报告》，人民出版社 2017 年版，第 42 页。

⑤ 《十八大以来重要文献选编》（上），中央文献出版社 2014 年版，第 580 页。

本质在于它鲜明的意识形态性①；有的认为，政治性最集中、最突出地反映了思想政治教育的本质②；有的认为，“无论哪一个阶级的思想政治教育，都是运用一定阶级的思想来教育、影响、掌握和引导群众的活动”③；有学者将思想政治教育归结为一种特殊的治理活动④；有学者指出，马克思主义认为，马克思主义思想政治教育的特殊性就在于要求克服教育的阶级性，使教育摆脱统治阶级的影响即要求最终消灭“阶级的教育”⑤；也有学者将思想政治教育视为“价值观教育”⑥，甚至直接将思想政治教育的本质归结为“核心价值观教育”⑦。另外，关于思想政治教育本质的认识还有灌输说、规律说、功能说、上层建筑说等。但从直观上来说，培育和践行社会主义核心价值观就是让人掌握社会主义核心价值观或让社会主义核心价值观掌握人，就是对人们开展思想政治工作。在此，就是对青年大学生开展思想政治工作。为此，习近平总书记曾指出：“思想政治工作从根本上说是做人的工作，必须围绕学生、关照学生、服务学生，不断提高学生思想水平、政治觉悟、道德品质、文化素养，让学生成为德才兼备、全面发展的人才。”⑧ 而要做好高校思想政治工作，就要“因事而化、因时而进、因势而新。要遵循思想政治工作规律，遵循教书育人规律，遵循学生成长规律，不断提高工作能力和水平”⑨。遵循规律，不但要符合工作本身、教育对象的实际情况，

---

① 石书臣：《思想政治教育概念的学科梳理和探讨》，《思想教育研究》2008 年第 8 期。

② 孙其昂：《关于思想政治教育本质的探讨》，《南京师大学报（社会科学版）》2002 年第 9 期。

③ 骆郁廷：《思想政治教育的本质在于思想掌握群众》，《马克思主义研究》2012 年第 9 期。

④ 王学俭、郭绍均：《思想政治教育本质问题再探讨》，《教学与研究》2012 年第 12 期。

⑤ 武东生：《马克思主义理论关于思想政治教育本质的基本观念》，《教学与研究》2014 年第 2 期。

⑥ 侯丹娟：《关于思想政治教育本质的再思考》，《学校党建与思想教育》2010 年第 3 期。

⑦ 张苗苗：《思想政治教育的本质是核心价值观教育》，《教学与研究》2014 年第 10 期。

⑧ 《习近平谈治国理政》第二卷，外文出版社 2017 年版，第 377 页。

⑨ 《习近平谈治国理政》第二卷，外文出版社 2017 年版，第 378 页。

也要从教育内容的实际情况出发。习近平总书记在全国高校思想政治工作会议上指出："好的思想政治工作应该像盐，但不能光吃盐，最好的方式是将盐溶解到各种食物中自然而然吸收。"① 因此，要利用高校思想政治理论课这个主渠道对青年大学生开展社会主义核心价值观教育，"融入"的方式是最有效的方式。

（1）"融入"的教育方式是社会主义核心价值观自身特点的必然要求

在众多价值观念中，核心价值观处于最为核心的层次，是"最持久、最深层的力量"②，虽然在众多价值观念中起着主导作用，但它的核心地位决定了它不可避免地具有抽象性。社会主义核心价值观的 12 个词、24 个字，分别表达了三个层面的价值目标，具有很强的抽象性。因此，在中共中央办公厅、国务院办公厅印发的《关于深化新时代学校思想政治理论课改革创新的若干意见》（以下简称《若干意见》）中就对思想政治理论课的目标进行了整体规划。该《若干意见》指出："在大中小学循序渐进、螺旋上升地开设思想政治理论课，引导学生立德成人、立志成才，树立正确世界观、人生观、价值观，坚定对马克思主义的信仰，坚定对社会主义和共产主义的信念，增强中国特色社会主义道路自信、理论自信、制度自信、文化自信，厚植爱国主义情怀，把爱国情、强国志、报国行自觉融入坚持和发展中国特色社会主义事业、建设社会主义现代化强国、实现中华民族伟大复兴的奋斗之中。"③ 并分别对大、中、小的思想政治理论课目标作了相应的规划，指出："大学阶段重在增强使命担当，引导学生矢志不渝听党话跟党走，争做社会主义合格建设者和可靠接班人。高中阶段重在提升政治素养，引导学生衷心拥护党的领导和我国社会主义制度，形成做社会主义建设者和接班人

① 《沿用好办法改进老办法探索新办法——三论学习贯彻习近平总书记高校思想政治工作会议讲话》，《人民日报》2016 年 12 月 11 日。

② 《十八大以来重要文献选编》（中），中央文献出版社 2016 年版，第 2 页。

③ 《中办国办印发〈意见〉 深化新时代学校思想政治理论课改革创新》，《人民日报》2019 年 8 月 15 日。

的政治认同。初中阶段重在打牢思想基础，引导学生把党、祖国、人民装在心中，强化做社会主义建设者和接班人的思想意识。小学阶段重在启蒙道德情感，引导学生形成爱党、爱国、爱社会主义、爱人民、爱集体的情感，具有做社会主义建设者和接班人的美好愿望。"①

要实现这些育人目标，就不能就核心价值观的24个字来讲核心价值观，而应该结合社会主义核心价值观本身的内容将其主要价值理念融入相应的思想政治理论课教学内容之中。

一要将社会主义核心价值观教育融入优秀传统文化的学习之中。"文明特别是思想文化是一个国家、一个民族的灵魂。无论哪一个国家、哪一个民族，如果不珍惜自己的思想文化，丢掉了思想文化这个灵魂，这个国家、这个民族是立不起来的。"② 而"价值观念在一定社会的文化中是起中轴作用的，文化的影响力首先是价值观念的影响力。世界上各种文化之争，本质上是价值观念之争，也是人心之争、意识形态之争，正所谓'一时之强弱在力，千古之胜负在理'。首先要打好价值观念之争这场硬仗"③。"价值观是文化最深层的内核，价值观自信是文化自信最本质的体现。中国独特的文化传统、独特的历史命运、独特的基本国情，注定我们必然坚守根植于中华文化沃土又具有当代中国特色的价值观。只有持续培育和践行社会主义核心价值观，大力传承和延续中华民族思想精髓、精神基因、文化血脉，才能更好构筑中国精神、中国价值、中国力量，使中华民族以更加昂扬的姿态屹立于世界民族之林。"④

二要将社会主义核心价值观融入中国近现代史、党史国史的学习之中。一种价值观念的形成、发展、成熟总是伴随着人类实践的发展而发展。"不

---

① 《中办国办印发〈意见〉　深化新时代学校思想政治理论课改革创新》，《人民日报》2019年8月15日。

② 《习近平关于社会主义文化建设论述摘编》，中央文献出版社2017年版，第5页。

③ 《习近平关于社会主义文化建设论述摘编》，中央文献出版社2017年版，第105页。

④ 黄坤明：《培育和践行社会主义核心价值观》，《人民日报》2017年11月17日。

同民族、不同国家由于其自然条件和发展历程不同，产生和形成的核心价值观也各有特点。一个民族、一个国家的核心价值观必须同这个民族、这个国家的历史文化相契合，同这个民族、这个国家的人民正在进行的奋斗相结合，同这个民族、这个国家需要解决的时代问题相适应。”① 当前，中国面对百年未有之大变局，站在实现“两个百年目标”的历史交汇点上，面对的发展机遇前所未有，面对的挑战和困难也前所未有。对新时代青年大学生开展社会主义核心价值观教育，就是要让他们“必须知道自己是谁，是从哪里来的，要到哪里去，想明白了、想对了，就要坚定不移朝着目标前进”②。将社会主义核心价值观融入中华民族5000多年的文明历史之中，融入科学社会主义500多年的曲折探索之中，融入近代中国170多年的沧桑与沉浮之中，融入新中国成立以来70多年的壮丽史诗之中，融入改革开放40多年来的壮丽征程之中。以“大历史观”来看待社会主义核心价值观，以深厚而广阔的历史视野，在历史与现实的纵横比较之中，把社会主义核心价值观讲明白、讲清楚，真正做到入耳、入脑、入心。

（2）“融入”的教育方式是对新时代青年大学生发展实际的现实回应

“青少年阶段是人生的‘拔节孕穗期’，最需要精心引导和栽培。”③ 而“青年的价值取向决定了未来整个社会的价值取向……抓好这一时期的价值观养成十分重要。这就像穿衣服扣扣子一样，如果第一粒扣子扣错了，剩余的扣子都会扣错。人生的扣子从一开始就要扣好”④。因此，在青年阶段，利用思想政治理论课这个主渠道对其开展思想政治教育，引导其树立正确的世界观、人生观、价值观甚为关键。但是新时代青年也面临着诸多新情况，

---

① 《十八大以来重要文献选编》（中），中央文献出版社2016年版，第5页。

② 《十八大以来重要文献选编》（中），中央文献出版社2016年版，第6页。

③ 《习近平主持召开学校思想政治理论课教师座谈会强调　用新时代中国特色社会主义思想铸魂育人　贯彻党的教育方针落实立德树人根本任务》，《人民日报》2019年3月19日。

④ 习近平：《青年要自觉践行社会主义核心价值观——在北京大学师生座谈会上的讲话》，人民出版社2014年版，第9页。

其中较为突出的有两个方面：一方面，新时代接受信息的途径和方式多元，教师不再占据信息优势；另一方面，新时代青年也面临日益多样复杂的社会思潮，严重影响着青年大学生价值观的形成。对社会主义核心价值观的教育也就必须要符合新时代青年所面临的实际情况，“思想政治教育一旦脱离教育对象的生活实际及现实需求，将会影响工作的吸引力、感染力和影响力。因此，正视、重视、理解学生成长发展需求，是激发思想政治教育内生动力的重要内容”①。新时代，要对青年大学生开展社会主义核心价值观教育必须在方式上进行革新，其中“融入”的教育方式就是符合新时代青年大学生发展实际的最佳方式。

一要将社会主义核心价值观教育融入思想政治教育信息的解读之中。习近平总书记在学校思想政治理论课教师座谈会上强调：“推动思想政治理论课改革创新，要不断增强思政课的思想性、理论性和亲和力、针对性。”②其中，无论是增强思想性、理论性，还是增强亲和力、针对性，都离不开对思想政治教育信息的处理。但在获取信息渠道多元化的今天，教师在信息获取上并不占优势，甚至还不如学生。这就在一定程度上对思想政治理论课教师获取信息的能力提出了新的要求。但要增强思想政治理论课的思想性、理论性和亲和力、针对性，关键并不在于获取信息的多少，而在于对信息的筛选、解读。在这个过程中始终存在着一个价值取向的问题。刘云山就曾强调指出：“现在突出问题是，在一些领域和一些人当中，价值判断没有了界限、丧失了底线，甚至以假乱真、以丑为美、以耻为荣。”③ 比如，现在的网络空间、社交媒体、网络直播平台等，虽然存在海量信息，但信息良莠不齐，而“很多人特别是年轻人基本不看主流媒体，大部分信息都从网上获

---

① 冯刚：《探索思想政治教育发展的内生动力》，人民出版社 2017 年版，第 219 页。

② 《习近平主持召开学校思想政治理论课教师座谈会强调　用新时代中国特色社会主义思想铸魂育人　贯彻党的教育方针落实立德树人根本任务》，《人民日报》2019 年 3 月 19 日。

③ 刘云山：《着力培育和践行社会主义核心价值观》，《求是》2014 年第 2 期。

取”①。面对这样的实际情况，思想政治理论课教师在教学过程中绝不能一味地回避热点、难点问题，也不能不分良莠，以海量信息对青年大学生进行漫灌式的狂轰滥炸。正所谓浇花浇根、育人育心，思想政治理论课教师在筛选信息的时候既要注重社会发展中的重大理论和现实问题，也要回应青年大学生普遍关注的焦点和热点问题，做好二者的兼顾。在回应青年大学生关切的同时，还要对其进行价值引领，主要是要在讲解理论问题和现实问题的过程中要以社会主义核心价值观为引领。“重要的是增强人们的价值判断力和道德责任感……要把增强全社会的价值判断力和道德责任感作为宣传教育的重要着力点，引导人们辨别什么是真善美、什么是假恶丑，自觉做到常修善德、常怀善念、常做善举……一定要正视问题，把正面教育与舆论监督结合起来，把热点问题引导与群众道德评议结合起来，旗帜鲜明地弘扬真善美、贬斥假恶丑，树立正确导向、澄清模糊认识、匡正失范行为，形成激浊扬清、抑恶扬善的思想道德舆论场，引导人们自觉做良好道德风尚的建设者，做社会文明进步的推动者。”② 将社会主义核心价值观教育融入青年大学生普遍关注的热点、焦点、难点问题的讲解中，是对当代社会信息接收途径和方式多元、信息海量等现实状况的必然选择。

二要将社会主义核心价值观教育融入错误思潮的批判之中。社会思潮是对一个时代矛盾的集中反映，因而梁启超又称其为“时代思潮”③。新时代中国，面临世界百年未有之大变局，处于“两个百年目标”的历史交汇点上，在实现中华民族伟大复兴的伟大征程中，还将继续“进行具有许多新的历史特点的伟大斗争”④，在全面深化改革深水区，面对各种利益藩篱，

① 《习近平关于全面深化改革论述摘编》，中央文献出版社 2014 年版，第 83 页。

② 刘云山：《着力培育和践行社会主义核心价值观》，《求是》2014 年第 2 期。

③ 梁启超：《清代学术概论》，东方出版社 2012 年版，第 1 页。

④ 习近平：《决胜全面建成小康社会　夺取新时代中国特色社会主义伟大胜利——在中国共产党第十九次全国代表大会上的报告》，人民出版社 2017 年版，第 15 页。

多样化社会思潮给出了各自的解决方案，比如西方宪政民主思潮、“普世价值”思潮、新自由主义思潮等严重影响着人们的思想认识，特别是在社会主义核心价值观凝练的过程中，有一个非常激烈的争论过程。在这个争论过程中，一些西方错误思潮也曾试图将其价值观念融入社会主义核心价值观之中。当最终社会主义核心价值观的主要内容确定为三个层面的12个词，24个字时，几家欢喜几家愁。有人怨愤地说这个社会主义核心价值观没有充分体现社会主义的价值，应该把“为人民服务”“共同富裕”“人民中心”等概念纳入进去。也有人欢呼雀跃，中国终于把民主、自由、平等、公正、法治等价值观念纳入了核心价值观，充分地体现了与国际接轨，纷纷用西方的宪政观念、西方法治观念、西方的自由平等博爱等观念来阐释社会主义核心价值观的内涵，认为民主、自由、平等、公正、法治等价值观念体现了人类的“普世价值”。习近平总书记曾明确指出：“这些人是真的要说什么‘普世价值’吗？根本不是，他们是挂羊头卖狗肉，目的就是要同我们争夺阵地、争夺人心、争夺群众，最终推翻中国共产党领导和中国社会主义制度。如果听任这些言论大行其道，指鹿为马，三人成虎，势必搞乱党心民心，危及党的领导和社会主义国家政权安全。在事关坚持还是否定四项基本原则的大是大非和政治原则问题上，我们必须增强主动性、掌握主动权、打好主动仗。”① 可见，关于社会主义核心价值观的培育和践行还任重而道远。其中最为主要的就是对社会主义核心价值观进行理论内涵的阐释，讲清楚社会主义核心价值观的社会主义本性，绝不能用西方资本主义的价值观念来阐释其理论内涵。这就需要我们高校思想政治理论课教师首先从思想上引起重视，进而将社会主义核心价值观教育融入对当前主要社会思潮的批判之中去。讲清楚“我们倡导的富强、民主、文明、和谐，自由、平等、公正、法治，爱国、敬业、诚信、友善的社会主义核心价值观，体现了古圣先贤的思想，

① 《习近平关于社会主义文化建设论述摘编》，中央文献出版社2017年版，第27页。

体现了仁人志士的夙愿，体现了革命先烈的理想，也寄托着各族人民对美好生活的向往。只要是中国人，就应该自觉培育和践行社会主义核心价值观”①。

（三）“融入”以“内容上的融会贯通”与“价值上的统领”为目标

要引导青年大学生树立科学的世界观、人生观、价值观，社会主义核心价值观教育必然贯穿教育的始终。而通过思想政治理论课对青年大学生开展社会主义核心价值观教育，之所以要选择将社会主义核心价值观融入高校思想政治理论课教学，一是由于社会主义核心价值观与思想政治理论课存在着内在的契合性；二是由于社会主义核心价值观自身的特点及青年大学生的发展实际，“融入”是实现社会主义核心价值观教育的有效方式。社会主义核心价值观融入思想政治理论课教学的根本目的还是在于促使社会主义核心价值观教育达到良好的效果，而这个效果与“融入”的效果又直接相关。那“融入”要达到什么样的目标才能使社会主义核心价值观教育达到良好效果呢？

习近平总书记在党的新闻舆论工作座谈会上曾就新闻媒体的融合发展做过专门的指示，他指出：“近几年，新闻媒体在融合发展方面做了大量工作，取得令人可喜的成绩。但是，从总体上看，发展还很不平衡，有的是‘+互联网’，而不是‘互联网+’，只是将传统媒体和新媒体作简单嫁接，‘左手一只鸡，右手一只鸭’，没有实现融合。融合发展关键在融为一体、合而为一。要尽快从相‘加’阶段迈向相‘融’阶段，从‘你是你、我是我’变成‘你中有我、我中有你’，进而变成‘你就是我、我就是你’，着力打造一批新型主流媒体。需要强调的是，内容永远是根本，融合发展必须

① 《习近平谈治国理政》第一卷，外文出版社 2018 年版，第 181 页。

坚持内容为王，以内容优势赢得发展优势。"①习近平总书记关于媒体融合发展的论述对当前我们研究社会主义核心价值观融入思想政治理论课教学也有着重要的借鉴意义。

对比习近平总书记的论述，再反观当前社会主义核心价值观融入高校思想政治理论课的现状，其实也存在着"简单嫁接"的现象，仍处于"左手一只鸡，右手一只鸭""你是你、我是我"的相加阶段，还远没有达到"你中有我、我中有你""你就是我、我就是你"的相融阶段。习近平总书记也强调，融合发展必须坚持内容为王，其实社会主义核心价值观要融入思想政治理论课教学首先就直接表现为内容上的融入，即社会主义核心价值观进教材的问题，这在"马工程"教材编写组编写的四门思想政治理论课教材中已经得到了很好的解决，也就是社会主义核心价值观已经融入了高校思想政治理论课的教材体系。但社会主义主义核心价值观融入教学体系还远远不够，因为思想政治理论课教师在组织教学的过程中还要对教材进行再创造，社会主义核心价值观能否最终融入到高校思想政治理论课教学之中，教材体系向教学体系转化是关键环节。在教材体系向教学体系转化的过程中就要力求实现"融入"的两个目标。一是在内容上的融会贯通；二是在价值上的统领。

（1）社会主义核心价值观融入高校思想政治理论课教学要求在内容上达到融会贯通

所谓融会贯通，就是指"参考并综合多方面的知识或道理而得到全面的透彻的领悟"②。社会主义核心价值观在融入教材的时候，为了其整体性、完整性，多以一章或一小节，又或一个目的方式在教材中体现。比如"思想道德与法治"课在第四章以"明确价值要求　践行价值准则"为题，呈

① 《习近平关于社会主义文化建设论述摘编》，中央文献出版社2017年版，第46页。

② 《现代汉语词典》（第6版），商务印书馆2012年版，第1101页。

现了社会主义核心价值观的整体内容；“概论”课在第十章“‘五位一体’总体布局”的第三节“建设社会主义文化强国”的第二个目以“培育和践行社会主义核心价值观”为题加以呈现；“原理”课在第二章“实践与认识及其发展规律”第二节“真理与价值”中的第三个目“真理与价值的辩证统一”中以“价值观与核心价值观”为内容得以呈现；在“纲要”课中直接体现社会主义核心价值观的地方较少，社会主义核心价值观这一词共出现7次。可见，在不同的教材中，社会主义核心价值观体现的方式和程度都不一样。但绝不是说在教材中直接体现得少的课程，就可以少承担或者不承担社会主义核心价值观教育的任务。越是在教材中直接体现得少，对社会主义核心价值观的融入要求越高，对我们的思想政治理论课教师处理教材水平的要求就越高。要求思想政治理论课教师做好教材处理，促使教材体系向教学体系转化，做到社会主义核心价值观的真正融入，而不是简单嫁接、生搬硬套、照本宣科，要真正做到内容上的融会贯通。

做到内容上融会贯通的关键就是促进教材体系向教学体系转化，最为重要的就是要求思想政治理论课教师在充分把握课程设置的目的中理解教材重点难点。“教材体系，指的是教材所呈现的逻辑结构、章节布局、内容安排等；教学体系，是教材运用过程中，基于具体的教学需要，对教材内容及其展开逻辑等进行创造性的再组织、再设计而形成的教学内容安排。”① 思想政治理论课本身就是由五门课程（含“形势与政策”课，在此我们只分析四门课程）构成的课程体系，各门课程的内容性质、目标定位等都不同，社会主义核心价值观在教材中呈现的程度和方式都不一样，但要使社会主义核心价值观充分融入每一门思想政治理论课就必须吃透教材，充分理解每门教材的重点难点。但教材的重点难点与该门课程是紧密相关的，那么吃透教材的前提实则是读透课程，了解这个课程体系中每一门课程设置的目的，尤

① 本教材修订组：《〈思想道德修养与法律基础（2018年版）〉修订说明》，《思想理论教育导刊》2018年第5期。

其是在培养、塑造学生思想政治素质方面，要按照每一门课程在塑造学生思想政治素质中的重点，落实承载教育信息的教学内容，从而实现每一门课程应有的教育价值，又形成思想政治理论课各门课程之间的协同配合，共同服务于大学生思想政治教育主渠道功能的实现。“思想道德与法治”课是全面提高大学生思想境界、政治素养、道德情操、法律精神的前提和基础，重在加强大学生道德、法律意识，强化大学生对社会层面、个人层面价值追求的认同。“原理”课重在阐释社会主义核心价值观的理论基础和前提，社会主义核心价值观是马克思主义原理的中国化和时代化，集中体现了马克思主义意识形态在中国特色社会主义阶段性的价值目标和追求。“纲要”课主要是从中国社会发展的历史进程中掌握历史规律，从近现代各种进步力量寻找实现民族独立和人民解放、国家富强和人民富裕的探索中，揭示历史和人民怎样和为什么选择了马克思主义、选择了中国共产党、选择了社会主义道路、选择了改革开放，从而进一步坚定对中国共产党领导的信心，进一步坚定中国特色社会主义共同理想。这是这门课程知识中承载的思想教育价值。“概论”课以马克思主义中国化为主线，充分反映中国共产党不断推进马克思主义基本原理与中国实际相结合的历史进程的基本经验，全面把握习近平新时代中国特色社会主义思想的新理念新思想新战略。强化大学生对国家层面和社会层面价值追求的认同，坚定其对中国特色社会主义理论体系、道路、制度、文化的自信和认同。将社会主义核心价值观融入课堂教育教学，融入大学生日常行为习惯养成，使其成为推动中国特色社会主义伟大事业一往无前的基础工程。

（2）社会主义核心价值观融入高校思想政治理论课教学要求在价值观念上要起到统领的作用

在当前社会主义核心价值观融入高校思想政治理论课教学的过程中有一些错误倾向，认清这些错误倾向才能更好地做到融入。第一种错误倾向是把社会主义核心价值观分解成一个一个的词语，看符合思想政治理论课教材的哪一部分内容，哪里合适摆在哪里，这种“割裂式”“生硬式”融入，不仅讲不好社会主义核心价值观，反而割裂了社会主义核心价值观的整体性，让学生只见树木不见森林。第二种错误倾向是过于强调培育和践行社会主义核心价值观对公民特别是青少年的要求，将社会主义核心价值观作为一种具体的行为规范层面的东西来对待，这样看似精准了，看似执行力强了，但其实是降低了培育和践行社会主义核心价值观的要求，忽略了社会主义核心价值观高势位的价值层次。正如中国人民大学刘建军教授所说：“社会主义核心价值观主要地并不是公民个人行为准则层面的东西，更不是青少年学生守则之类的规则，而主要和首先地是一个我们整个社会所要遵行的理念和精神。它就像宪法，不是具体的公民行为规范，而是以全社会整体为主体的根本要求。虽然宪法无疑也适用于所有的个人，但如果一开始就直接把宪法归结为公民个人行为层面的规范，那就大大地贬低了宪法的地位和作用。同样，社会主义核心价值观也是全社会层面的价值观，处于价值观领域中的最高层次，对更低层次的价值观念起着统领的作用。它首先要体现在社会的根本性质和基本制度中，体现在社会的体制机制中，体现在治国理政中，然后才是体现在公民个人的行为中。如果不是这样，那就极大地贬低了社会主义核心价值观的价值层次和地位。”① 正是因为这种高势位的价值层次，社会主义核心价值观才能处于社会多元价值观念的核心地位，才能统领多元价值观念的发展。

以上两种错误倾向反映了社会主义核心价值观较低层次的融入高校思想政治理论课。那什么样的融入才是高水平的融入呢？从一般的角度来说，这种融入必须符合社会主义核心价值观本身的性质及其发展规律。具体地说，就是要充分体现社会主义核心价值观在多元价值观念中的高势位价值层次。由于课程性质、内容、目标等的不同，社会主义核心价值观在教材中的体现

① 刘建军：《核心价值观统领具体价值规范》，《中国社会科学报》2014 年 12 月 1 日。

也是不一样的。但社会主义核心价值观是社会主义中国最为核心的价值观念，是最持久、最深层的力量，始终处于主导地位。那么，社会主义核心价值观融入高校思想政治理论课教学就必须以社会主义核心价值观为主导，统领高校思想政治理论课教学，特别是统领教材体系向教学体系转化的过程。

从社会主义核心价值观到教材体系，然后再到教学体系，贯穿其始终的是学术研究，只有从学理上讲清楚相关问题，才能在社会主义核心价值观教学叙事的设置、选择方面达到“从心所欲不逾矩”的境界。在这一转化过程中，一要加强社会主义核心价值观的逻辑层次研究，把握好社会主义核心价值观的系统性、完整性、逻辑关联性、层次性。二要加强社会主义核心价值观的历史源流考辨，更好地理解社会主义核心价值观是流变的、历史的、必然的、发展的价值观。三要加强社会主义核心价值观的现实性研究，注重凸显社会主义核心价值观的时代感、现实感、实践与行动属性，实现由观念世界、理论世界向“生活世界”的转化，实现由理论向实践的转化、由信奉向践行的转化。四要加强社会主义核心价值观表达层次的研究，致力于逻辑严谨的说理语言与生活化的叙事语言相统一。五要加强培育和践行社会主义核心价值观的方法研究，运用系统讲授、问题研讨、实践教学等多元化的教学方法。

三、社会主义核心价值观融入高校思想政治理论课教学的重要原则

所谓原则，就是指主体做事应该遵循的准则。社会主义核心价值观是社会主义社会多元价值观念中最为核心、最为重要的价值观念，是人才培养的灵魂，也是中国特色社会主义大学能否落实立德树人的关键因素。而“思

想政治理论课是落实立德树人根本任务的关键课程”①，承担着价值观教育的重要任务。那么，将社会主义核心价值观融入高校思想政治理论课教学就是办好中国特色社会主义大学，走中国特色社会主义教育发展道路的必然要求。而为了取得良好效果，社会主义核心价值观融入高校思想政治理论课必须坚持整体性原则、层次性原则、实践性原则。

（一）坚持社会主义核心价值观融入高校思想政治理论课教学的整体性原则

所谓整体，是指“整个集体或整个事物的全部（对各个成员或各个部分而言）”②。那么整体性，就是指一事物由于普遍联系而由多种要素构成的系统性。恩格斯曾经在描述事物普遍联系的时候，勾画了一幅复杂的“辩证图景”，他认为：“当我们通过思维来考察自然界或人类历史或我们自己的精神活动的时候，首先呈现在我们眼前的，是一幅由种种联系和相互作用无穷无尽地交织起来的画面。”③ 也就是说，一种事物绝不可能完全孤立地存在，而总是与其他事物，或者自身内部的各要素相互联系，进而构成一个整体。而这种“辩证图景”和“交织起来的画面”就是客观事物整体性特征的集中体现。

当然，社会主义核心价值观虽然处于各种价值观念的核心地位，起着主导作用，但也并不是某种单一价值观念的呈现，而是对社会主义核心价值体系的一种反映，是社会主义核心价值体系的内核，体现着社会主义核心价值体系的根本性质和基本特征，也反映着社会主义核心价值体系的丰富内涵和

---

① 《习近平主持召开学校思想政治理论课教师座谈会强调　用新时代中国特色社会主义思想铸魂育人　贯彻党的教育方针落实立德树人根本任务》，《人民日报》2019 年 3 月 19 日。

② 《现代汉语词典》（第 6 版），商务印书馆 2012 年版，第 1660 页。

③ 《马克思恩格斯选集》第 3 卷，人民出版社 2012 年版，第 395 页。

实践要求，是社会主义核心价值体系的高度凝练和集中表达。党的十八大提出："倡导富强、民主、文明、和谐，倡导自由、平等、公正、法治，倡导爱国、敬业、诚信、友善，积极培育和践行社会主义核心价值观。"① "三个倡导"从三个层面阐述了社会主义核心价值观的内涵：富强、民主、文明、和谐表达了我们要建设一个富强民主文明和谐的社会主义现代化国家，实现中华民族伟大复兴中国梦的价值目标；自由、平等、公正、法治表达了我们在社会建设中，要不断化解社会矛盾，促进社会公平公正，形成良好秩序的价值取向；爱国、敬业、诚信、友善表达了在个人层面应该养成的热爱祖国、恪尽职守、诚实守信、相互尊重的价值准则。

社会主义核心价值观三个层面的价值取向或目标诉求，客观上体现了中国特色社会主义事业的价值属性，一系列价值理念形成了一个相对稳定的、整体的价值形态，具有相对固定的逻辑结构。划分三个层次的目的在于让人们从总体上把握社会主义核心价值观，主要是出于对核心价值观整体认知和把握的需求。换言之，社会主义核心价值观虽然分了三个层面来表述，但这三个层面绝不是相互孤立的，而是互为条件、相互融合，共同构成了一个不可分割的有机整体，统一于中国特色社会主义建设的伟大实践之中。一方面，国家层面的价值目标是实现社会层面的价值取向和公民个人层面的价值准则的根本保障。国家富裕强大，才能为社会层面的价值取向和公民个人层面的价值准则提供强大的物质基础和力量支撑；国家高度民主，才有可能为社会自由、平等、公正、法治提供根本政治条件，保障人民群众当家作主的权利；国家高度文明，自由、平等、公正、法治才具有强大的精神动力和智力支持，我们每个人生活得才更有尊严、更加体面，爱国、敬业、诚信、友善才会真正成为每一个公民的自觉行动；社会和谐，才会有安定团结有序的社会生活，才能为实现自由、平等、公正、法治创造有利环境，才能使每一

① 《十八大以来重要文献选编》（上），中央文献出版社2014年版，第25页。

个人在安居乐业的基础上实现爱国、敬业、诚信、友善的价值追求。另一方面，国家层面价值目标的实现，依赖于社会层面的价值取向和个人层面的价值准则。它需要以自由、平等、公正、法治的价值取向为支撑，需要以爱国、敬业、诚信、友善的价值准则为依托。国家梦、民族梦只有同社会、个人的价值追求紧密结合起来，与每个人的理想奋斗有机融合起来，梦想才有生命，梦想才有根基；同样，只有我们每个人都把自己的人生理想与价值追求，融入为实现社会进步和国家繁荣昌盛而不懈奋斗的滔滔洪流中，才会实现自己的个人理想和人生价值。

社会主义核心价值观的整体性决定了其在融入高校思想政治理论课的教学过程中也必须坚持整体性原则，即无论从内容还是教育过程来说，都要体现社会主义核心价值观教育的完整性特点。

第一，从内容上来说，社会主义核心价值观融入高校思想政治理论课教学，不是对社会主义核心价值观内容的直接“植入”，也不是对原有内容的简单替代。而是要把社会主义核心价值观的内容完整地融入高校思想政治理论课之中，尽量做到每一门课都阐述社会主义核心价值观的全部内容。这既是由社会主义核心价值观自身的整体性决定的，也是由其稳定的、整体的价值形态所决定的。在此过程中，要注重整体性与重点性相结合。一方面，高校思想政治理论课本身也是一个整体，彼此之间相互联系，不能孤立地、割裂地、碎片化地讲解社会主义核心价值观，也不能机械地与教材体系中的知识模块一一对应；另一方面，要根据每一门课程的学理属性、知识特征、教育功能和授课目标，有针对性地突出某一价值问题的讲授。比如，要求社会主义核心价值观融入“思想道德与法治”“原理”“概论”“纲要”等课程，实际上是要求这四门课从不同层面、角度对社会主义核心价值观进行全面而深入地解读。因此，要统筹推进思想政治理论课的课程内容建设，“坚持用习近平新时代中国特色社会主义思想铸魂育人，以政治认同、家国情怀、道德修养、法治意识、文化素养为重点，以爱党、爱国、爱社会主义、爱人民、爱集体为主线，坚持爱国和爱党爱社会主义相统一，系统开展马克思主义理论教育，系统进行中国特色社会主义和中国梦教育、社会主义核心价值观教育、法治教育、劳动教育、心理健康教育、中华优秀传统文化教育。遵循学生认知规律设计课程内容，体现不同学段特点”①。

第二，从课程规划上来说，要致力于从整体上来规划高校思想政治理论课教学，遵循每一门课程的学理属性、知识特征、教育功能、授课目标等，从整体上来规划社会主义核心价值观融入高校思想政治理论课教学的问题，避免各门课程陷入单打独斗的不利境地。一要整体规划高校思想政治理论课课程目标。“大学阶段重在增强使命担当，引导学生矢志不渝听党话跟党走，争做社会主义合格建设者和可靠接班人。”② 二要整体设计、调整、创新高校思想政治理论课课程体系。落实立德树人是中国特色社会主义大学的根本任务，而高校思想政治理论课又是落实立德树人根本任务的关键课程，青少年阶段是人生的“拔节孕穗期”，最需要精心引导和栽培。③ 办好中国特色社会主义教育，办好中国特色社会主义大学，落实立德树人的根本任务，首先就需要坚持社会主义的办学方向，那么开好思想政治理论课，引导青年大学生学习、践行社会主义核心价值观就显得尤为重要。但完成这项艰巨的任务，绝不是靠几门思想政治理论课就能解决问题的，严格意义上来说，学校教育的所有课程都应该承担这个任务。因此，对思想政治理论课应该整体设计、调整、创新，构建一个完整的课程体系，“加强以习近平新时代中国特色社会主义思想为核心内容的思政课课程群建设。在保持思政课必修课程设置相对稳定基础上，结合大中小学各学段特点构建形成必修课加选

---

① 《中办国办印发〈意见〉　深化新时代学校思想政治理论课改革创新》，《人民日报》2019年8月15日。

② 《中办国办印发〈意见〉　深化新时代学校思想政治理论课改革创新》，《人民日报》2019年8月15日。

③ 《习近平主持召开学校思想政治理论课教师座谈会强调　用新时代中国特色社会主义思想铸魂育人　贯彻党的教育方针落实立德树人根本任务》，《人民日报》2019年3月19日。

修课的课程体系”①。

第三，从教育过程来说，社会主义核心价值观要融入高校思想政治理论课教学的全过程。2013年12月11日，中共中央办公厅印发《关于培育和践行社会主义核心价值观的意见》明确指出：要“把培育和践行社会主义核心价值观融入国民教育全过程”②。2014年，《中共教育部党组共青团中央关于在各级各类学校推动培育和践行社会主义核心价值观长效机制建设的意见》明确提出要“推动社会主义核心价值观融入教育教学……实施高校课程体系和教育教学创新计划。整体推进教材、教师、教学、评价、学科、保障等方面综合改革创新，发掘各学科思想政治教育资源，不断提高课堂开展社会主义核心价值观教育的实效性。结合马克思主义理论研究和建设工程实施，丰富社会主义核心价值观教育的内容。促进社会主义核心价值观融入专业课程教学，打造由思想政治理论课、专业课程、社会实践、网络教学等构成的教育教学体系”③。从这种意义上来说，社会主义核心价值观融入思想政治理论课教学也是一种全过程融入。

所谓全过程，可以从纵向与横向两个方面来理解。从纵向来看，全过程融入就是指大中小一体化，将社会主义核心价值观融入整个学校思想政治教育。“培育和践行社会主义核心价值观要从小抓起、从学校抓起。坚持育人为本、德育为先，围绕立德树人的根本任务，把社会主义核心价值观纳入国民教育总体规划，贯穿于基础教育、高等教育、职业技术教育、成人教育各领域，落实到教育教学和管理服务各环节，覆盖到所有学校和受教育者，形成课堂教学、社会实践、校园文化多位一体的育人平台，不断完善中华优秀

① 《中办国办印发〈意见〉　深化新时代学校思想政治理论课改革创新》，《人民日报》2019年8月15日。

② 《十八大以来重要文献选编》（上），中央文献出版社2014年版，第580页。

③ 《中共教育部党组　共青团中央关于在各级各类学校推动培育和践行社会主义核心价值观长效机制建设的意见》，2014年10月20日，见http：//old.moe.gov.cn/publicfiles/business/htmlfiles/moe/s7060/201411/177847.html。

传统文化教育，形成爱学习、爱劳动、爱祖国活动的有效形式和长效机制，努力培养德智体美全面发展的社会主义建设者和接班人。适应青少年身心特点和成长规律，深化未成年人思想道德建设和大学生思想政治教育，构建大中小学有效衔接的德育课程体系和教材体系，创新中小学德育课和高校思想政治理论课教育教学，推动社会主义核心价值观进教材、进课堂、进学生头脑。完善学校、家庭、社会三结合的教育网络，引导广大家庭和社会各方面主动配合学校教育，以良好的家庭氛围和社会风气巩固学校教育成果，形成家庭、社会与学校携手育人的强大合力。”① 从横向看，大中小每个阶段的思想政治理论课也是一个整体。就青少年阶段来说，是价值观的形成阶段，可塑性最强。“抓好了青少年思想道德教育，也就抓住了未来、管住了长远。要把青少年价值观教育摆在突出位置。”② 对于社会主义核心价值观融入高校思想政治理论课教学，就是要融入高校思想政治理论课教学的全过程，第一课堂与第二课堂整合发展、同向发力、协同育人，推动高校全员、全程、全方位育人系统发展，促进培育和践行社会主义核心价值观。

（二）坚持社会主义核心价值观融入高校思想政治理论课教学的层次性原则

在研究社会主义核心价值观融入高校思想政治理论课教学这一时代课题的时候，我们首先要明白的事情是“融入”并不是这一研究的目的，而只是对青年大学生开展思想政治教育的一种方式。也就是说，将社会主义核心价值观融入高校思想政治理论课教学，归根结底还是在于教育引导青年大学生，本质上就是思想政治教育的过程，那么这一过程也必然体现思想政治教育的特性，即层次性。因此，在社会主义核心价值观融入高校思想政治理论

① 《十八大以来重要文献选编》（上），中央文献出版社 2014 年版，第 580 页。

② 刘云山：《着力培育和践行社会主义核心价值观》，《求是》2014 年第 2 期。

课教学的过程中也必然要坚持层次性原则。在此，层次性原则，就是指社会主义核心价值观融入高校思想政治理论课教学的过程中表现出来的次序性、结构性等。层次性根源于实际，也是对我党实事求是思想路线的集中体现。具体来说，社会主义核心价值观融入高校思想政治理论课教学的过程中要注重教育对象的层次性、教育目标的层次性、融入方式的层次性。

注重教育对象的层次性。“思想政治工作从根本上说是做人的工作，必须围绕学生、关照学生、服务学生，不断提高学生思想水平、政治觉悟、道德品质、文化素养，让学生成为德才兼备、全面发展的人才。”① 这里的“人”，绝不是抽象的人，而是“现实的人”，是处于具体的、丰富的社会关系之中的人。因此，人在智力发展程度、接受能力、理解能力甚至是利益诉求方面都必然具有差异性，而这种差异性就从根本上决定了教育对象的层次性。这种层次性，我们可以从宏观和微观两个方面来理解。从宏观角度看，社会主义核心价值观在融入整个学校思想政治理论课的过程中必须坚持层次性原则。从国民教育的全过程看，大、中、小学面临着不同的教育对象、教育任务，那么对同一教育内容来说，面对不同的教育对象，自然在各个方面都要体现出明显的层次性。2019 年 3 月 18 日，习近平总书记在学校思想政治理论课教师座谈会上指出：“在大中小学循序渐进、螺旋上升地开设思政课非常必要，是培养一代又一代社会主义建设者和接班人的重要保障……要把统筹推进大中小学思政课一体化建设作为一项重要工程，推动思政课建设内涵式发展。”② 这种循序渐进、螺旋上升就是根据不同教育对象认知发展状况来决定的。对于每个阶段，社会主义核心价值观融入思想政治理论课教学的目标、方式等都应该不同。从微观角度看，社会主义核心价值观在融入每一个具体学段的思想政治理论课的时候也有显著的层次性特征。就大学阶

① 《习近平谈治国理政》第二卷，外文出版社 2017 年版，第 377 页。

② 《习近平主持召开学校思想政治理论课教师座谈会强调　用新时代中国特色社会主义思想铸魂育人　贯彻党的教育方针落实立德树人根本任务》，《人民日报》2019 年 3 月 19 日。

段来说，一是每个教育对象的认知、理解等水平不一样，在通过思想政治理论课开展社会主义核心价值观教育的过程中要注重提出不同的教学要求，使用不同的教学方式；二是面对理科和文科、高职高专和本科等不同类型的学生也应该在教学要求、教学方式等方面体现出一定的层次性。

注重教育目标的层次性。教育目标的层次性归根结底是由教育对象的层次性决定的，对不同的教育对象提出不同的教育目标符合教育的发生发展规律。从社会主义核心价值观融入国民教育全过程的目标来看，“大学阶段重在增强使命担当，引导学生矢志不渝听党话跟党走，争做社会主义合格建设者和可靠接班人。高中阶段重在提升政治素养，引导学生衷心拥护党的领导和我国社会主义制度，形成做社会主义建设者和接班人的政治认同。初中阶段重在打牢思想基础，引导学生把党、祖国、人民装在心中，强化做社会主义建设者和接班人的思想意识。小学阶段重在启蒙道德情感，引导学生形成爱党、爱国、爱社会主义、爱人民、爱集体的情感，具有做社会主义建设者和接班人的美好愿望”①。而从理论上考察社会主义核心价值观的教育目标则是一个知行合一的过程。刘云山曾指出：“核心价值观的培育贵在知行统一，而知是前提、是基础，内心认同才能自觉践行，春风化雨才能润物无声。培育和践行核心价值观，一定要在增强认知认同上下功夫，使其家喻户晓、深入人心。”② 由此可见，社会主义核心价值观的教育和培养首先是知，最终目的在于行，但践行又必然是建立在认同基础之上，而对一个事物的知还不足以令其认同，这中间还必须有一个理解的过程，只有在理解的过程中产生一定的同理心和共情反应，才能够达到认同的目的。也就是说，社会主义核心价值观教育的过程总体上来说是一个“知—行”合一的过程，但在这个过程中又必然包含着“理解—认同”的过程。因此，社会主义核心价

① 《中办国办印发〈意见〉　深化新时代学校思想政治理论课改革创新》，《人民日报》2019年8月15日。

② 刘云山：《着力培育和践行社会主义核心价值观》，《求是》2014年第2期。

值观教育的完整过程应该是“知—理解—认同—行”的过程。虽然这是一个教育过程，其实质也是教育对象对教育内容掌握程度的体现。从根本上说，每一个环节就是教育对象掌握的一个层次，而即使对同一层次的教育对象提出同一层次的教育目标，也不可能是完全相同的，也应该有一定的层次性差别。

注重教育方式的层次性。教育对象、教育目标的层次性又共同决定着融入方式的层次性。从思想政治教育来说，可分为显性思想政治教育和隐性思想政治教育，同样，教育方式也有灌输和渗透之分。思想政治教育离不开灌输，列宁曾说：“工人本来也不可能有社会民主主义的意识。这种意识只能从外面灌输进去。各国的历史都证明：工人阶级单靠自己本身的力量，只能形成工联主义的意识……”① 习近平总书记也强调：“科学社会主义意识不可能在工人运动中自发地产生，这种意识只能从外部灌输进去。”② 甚至有学者将“灌输”直接视为思想政治教育的本质。那么，在社会主义核心价值观教育的过程中也是一样，高校思想政治理论课首先承担着让青年大学生知道、了解社会主义核心价值观的任务，就必须有一个灌输的过程。刘云山就曾指出：“培育核心价值观离不开持续的灌输，抓好宣传教育始终是一项基础性工作。积极健康向上的思想和精神在人们心里播下种子，就能生根、开花、结果，就能转化为崇德向善的实际行动。要把‘三个倡导’基本内容讲清楚，引导人们牢牢把握富强、民主、文明、和谐作为国家层面的价值目标，深刻理解自由、平等、公正、法治作为社会层面的价值取向，自觉遵守爱国、敬业、诚信、友善作为公民层面的价值准则。要把当代中国价值观念的传播展示同中国梦的宣传教育有机结合起来，深入阐释中国梦是当代中国人民共同理想和价值追求的形象表达，是中华民族团结奋斗的最大公约数。认知认同不仅要体现在理性认知上，也要反映在情感认同上，真理的力

① 《列宁选集》第1卷，人民出版社2012年版，第317页。

② 习近平：《摆脱贫困》，福建人民出版社1992年版，第114页。

量加上道义的力量，才能行之久远。这就需要找准宣传教育同人们思想道德情感的契合点，善于用讲故事的方式，宣传最美人物、弘扬最美精神，用身边事教育身边人，用小故事阐发大道理，做到深入浅出、情理交融。要善于运用大众媒体传播核心价值观，加强核心价值观的网上传播，最大限度地唱响正气歌，使核心价值观真正成为人们心灵的罗盘，成为人们情感的寄托。”① 而渗透方式则主要强调思想政治教育应该以一种春风化雨、润物无声的方式发挥作用，包括教育过程中融入方式的隐蔽性、讲解方式的生动性等。

（三）坚持社会主义核心价值观融入高校思想政治理论课教学的实践性原则

马克思考察历史的第一个前提就是“人们为了能够‘创造历史’，必须能够生活。但是为了生活，首先就需要吃喝住穿以及其他一些东西。因此第一个历史活动就是生产满足这些需要的资料，即生产物质生活本身”②。实践的观点是马克思主义认识论的首要的和基本的观点，实践活动是人类生存和发展最基本的活动，实践是认识的基础。推动社会主义核心价值观融入高校思想政治理论课，目的不在于融入本身，而根本在于社会主义核心价值观要怎样融入高校思想政治理论课才能够帮助青年大学生理解、接受、认同它。从表面看，这是一个引导青年大学生如何认识的问题，而认识问题最终总会归结于实践问题。因此，社会主义核心价值观融入高校思想政治理论课必须要坚持实践性原则。

实践性原则是思想政治理论课理论性与实践性相统一的根本要求。2019年3月18日，习近平总书记在学校思想政治理论课教师座谈会上指出：“推

---

① 刘云山：《着力培育和践行社会主义核心价值观》，《求是》2014年第2期。

② 《马克思恩格斯选集》第1卷，人民出版社2012年版，第158页。

动思想政治理论课改革创新，要不断增强思政课的思想性、理论性和亲和力、针对性……要坚持理论性和实践性相统一，用科学理论培养人，重视思政课的实践性，把思政小课堂同社会大课堂结合起来，教育引导学生立鸿鹄志，做奋斗者。"① 高校思想政治理论课的核心任务是对青年大学生进行马克思主义理论教育。"马克思主义理论体系和知识体系博大精深"②。从纵向看，马克思主义在不同发展时期有不同的表现形态，比如：经典马克思主义、列宁主义、中国化马克思主义，而当前又主要表现为习近平新时代中国特色社会主义。从横向看，马克思主义是一个涉及自然界、人类社会，涵盖政治、经济、社会、文化、生态文明、外交、党的建设等多领域、多学科的科学体系。而马克思主义与以往的经院主义哲学有着重大区别，其中最根本的区别就在于马克思主义始终与人民群众的实践相结合，始终指向于改造世界。正如马克思在《关于费尔巴哈的提纲》中所叙述的那样："哲学家们只是用不同的方式解释世界，问题在于改变世界。"③ 高校思想政治理论课的核心任务是对青年大学生进行马克思主义理论教育。开展马克思主义理论教育的目的在于用先进理论引导青年大学生树立科学的世界观、人生观、价值观，引导其成长成才。高校思想政治理论课要真正发挥其引导人的作用，就必须保持其理论性，进而用先进的理论掌握青年大学生、说服青年大学生。虽然"理论只要说服人，就能掌握群众……理论只要彻底，就能说服人"④，但理论所蕴含的现实力量并不会随着其掌握群众而自然地显现出来，理论要转化为现实的力量，就必须用于指导实践。通过高校思想政治理论课可以促使青年大学生从理论上认识和理解社会主义核心价值观，但这是远远不够的。培育社会主义核心价值观的目的在于践行，在于用社会主义核心价值观

---

① 《习近平主持召开学校思想政治理论课教师座谈会强调　用新时代中国特色社会主义思想铸魂育人　贯彻党的教育方针落实立德树人根本任务》，《人民日报》2019 年 3 月 19 日。

② 习近平：《在哲学社会科学工作座谈会上的讲话》，人民出版社 2016 年版，第 11 页。

③ 《马克思恩格斯选集》第 1 卷，人民出版社 2012 年版，第 136 页。

④ 《马克思恩格斯文集》第 1 卷，人民出版社 2009 年版，第 11 页。

所宣扬的价值理念指导人们的行为。因此，社会主义核心价值观融入高校思想政治理论课教学还必须要坚持实践性原则。坚持实践性原则不但要从理论上掌握社会主义核心价值观，这是前提，还要不断地践行社会主义核心价值观，致力于在实践中加深对社会主义核心价值观的理解，巩固高校思想政治理论课教学的效果。

实践性原则要求社会主义核心价值观在融入高校思想政治理论课教学的过程中要时刻以问题为导向，回应现实，不断增强社会主义核心价值观的现实针对性和解释力，既解决青年大学生的理论问题，又解决他们的现实困惑。思想政治理论课的理论性指向知识体系的内在逻辑性，它强调思想政治理论课要以马克思主义为基石，对学生进行马克思主义基本理论及其中国化理论创新成果的理论灌输。思想政治理论课的实践性是马克思主义实践观在思想政治工作中的具体化，它强调思想政治理论课对现实的观照，对主体践行能力与行为习惯的涵养。思想政治理论课具有培养具备马克思主义理论素养，能够运用马克思主义立场观点方法分析、解决现实问题的能够担当民族复兴大任的时代新人的功能，理论性与实践性相统一是充分实现思想政治理论课功能的客观要求。但高校思想政治理论课的实践性充分表现在其理论对现实问题的针对性和解释力上，即理论以问题为导向。马克思将问题与时代发展相联系，指出，问题是“时代的格言”①，“是时代的口号，是它表现自己精神状态的最实际的呼声”②。毛泽东则把问题与矛盾分析相结合，认为：“问题就是事物的矛盾。哪里有没有解决的矛盾，哪里就有问题。”③ 高校思想政治理论课的对象是青年大学生，而青年大学生绝不是一个抽象的群体，而是一个现实的、活生生的群体，他们视野开阔、思维活跃、追求个性、热衷思考，有着强烈的问题意识。他们的问题来自于两个方面，一是理

---

① 《马克思恩格斯全集》第1卷，人民出版社1995年版，第203页。

② 《马克思恩格斯全集》第40卷，人民出版社1982年版，第289—290页。

③ 《毛泽东选集》第三卷，人民出版社1991年版，第839页。

论问题；二是现实困惑。青年大学生多在学校，知识来源以书本为主，无论是在自己的学习中还是在伴随自身成长的过程中，都会产生一些理论问题。高校思想政治理论课首先就应该发挥其理论性，从理论层面解决青年大学生所面临的理论问题，加强理论研究，做到理论的彻底，说服学生，解决其理论问题。而思想理论问题又不是一朝一夕可以解决的，存在着一定的反复性。比如，通过思想政治教育工作，学生的思想理论问题一时得到了解决，但这还不是真正的解决，当其在现实生活中遭遇失败、不公时，特别是遭遇与所学理论相矛盾的现象时，又会产生理论的动摇。这时只有不断地针对其现实困惑进行理论教育，加强其理论的针对性和解释力，反复对青年大学生开展理论教育才能达到良好的效果。

在社会主义核心价值观融入高校思想政治理论课教学的过程中要坚持问题导向，最重要的就是在高校思想政治理论课教学过程中适时融入新时代主要社会思潮的引领成果。社会思潮，亦称“时代思潮”①，是对某一时代社会生活中现实物质利益矛盾的集中反映。有学者认为，“每一时代的社会，都有许多迫切需要解决的社会矛盾，这就是该社会所面临的课题。社会思潮往往就是围绕着这些社会课题而酝酿和产生的。如果我们把社会意识比作空气，把社会思潮比作旋风，那么社会课题就是旋风的中心”②。也就是说，社会思潮所反映的问题是那个时代最为显著最为集中的问题，那么，要坚持问题导向，讲清楚时代问题，社会思潮就是一个时代不可避免的问题。

社会主义核心价值观本来是反映全国各族人民共同认同的价值观“最大公约数”③，意在达成广泛的价值共识。当前，社会主义核心价值观的内容虽然已经确定，但是对其理解并没有完全达成一致，各种错误思潮仍然蠢

① 梁启超：《清代学术概论》，东方出版社2012年版，第1页。

② 刘建军：《文明与意识形态》，中华书局2011年版，第128页。

③ 习近平：《青年要自觉践行社会主义核心价值观——在北京大学师生座谈会上的讲话》，人民出版社2014年版，第4页。

蠢欲动，都在等待时机，企图对社会主义核心价值观作出一番有利于自身的解释。那么，在社会主义核心价值观的培育和践行中就不得不讲清楚其与相关的错误思潮的区别。比如，我们强调“民主”，但绝不是西方资本主义国家所强调的宪政民主，绝不能搞所谓的两党制、多党制，搞所谓的轮流执政；我们强调“法治”是依法治国，是坚持党的领导、人民当家作主与依法治国的有机统一，绝不能陷入“党大还是法大”的伪命题之中；我们强调“爱国”，是爱社会主义中国，必须坚持爱党、爱国、爱社会主义相统一，向学生澄清那种“爱国不等于爱党”“爱国不等于爱社会主义”的错误观点。习近平总书记就曾针对“普世价值”作过专门论述，他说道：“敌对势力在那里极力宣扬所谓的‘普世价值’。这些人是真的要说什么‘普世价值’吗？根本不是，他们是挂羊头卖狗肉，目的就是要同我们争夺人心、争夺群众，最终推翻中国共产党领导和中国社会主义制度。如果听任这些言论大行其道，指鹿为马，三人成虎，势必搞乱党心民心，危及党的领导和社会主义国家政权安全。在事关坚持还是否定四项基本原则的大是大非和政治原则问题上，我们必须增强主动性、掌握主动权、打好主动仗。”① 因此，对于社会思潮，我们应该主动解释、主动融入，结合社会主义核心价值观的培育和践行，在思想政治理论课教学中讲清楚相关社会思潮，引导学生认同社会主义核心价值观，践行社会主义核心价值观。

社会主义核心价值观教育从来不是就社会主义核心价值观讲社会主义核心价值观，也就是不能抽象地就理论讲理论。思想政治教育从来都是要求既要解决理论问题，又要解决实际问题。解决理论问题是前提，而解决实际问题才是目的，不能解决实际问题的思想政治教育，最终也不能解决理论问题。社会主义核心价值观融入高校思想政治理论课教学的实践性原则，必然要求社会主义核心价值观解决实际问题，回应中国特色社会主义现代化建设

① 《习近平关于社会主义文化建设论述摘编》，中央文献出版社 2017 年版，第 27 页。

过程中的重大理论问题和现实问题。而社会思潮是一个社会发展过程中矛盾的集中点，是对当代中国社会发展的时代课题的集中反映。要将社会主义核心价值观融入高校思想政治理论课教学，要讲清楚社会主义核心价值观，就必须结合当代中国主要社会思潮，将引领社会思潮的前沿成果融入高校思想政治理论课教学。

综上所述，本书研究主要从整体性视角出发，对社会主义核心价值观融入本科生的四门思想政治理论课进行研究。2005 年 2 月 7 日，《中共中央宣传部、教育部关于进一步加强和改进高等学校思想政治理论课的意见》对思想政治理论课进行系统安排，特别是进行科学的课程设置，决定在四年制本科阶段设置四门必修的思想政治理论课，即“马克思主义基本原理”、“毛泽东思想、邓小平理论和‘三个代表’重要思想”（后改为“毛泽东思想和中国特色社会主义理论体系”）、“中国近现代史纲要”、“思想道德修养和法律基础”，同时开始“形势与政策”课，另外，开设“当代世界经济与政治”等选修课。① 随后，中共中央宣传部、教育部印发《〈中共中央宣传部、教育部关于进一步加强和改进高等学校思想政治理论课的意见〉实施方案》（简称“05 方案”），在“05 方案”中对课程设置、课程的基本内容、课程的基本要求和时间安排、教材编写、教学研究、教师培训、学科建设等各项工作作了全面系统规划。② 2020 年，中共中央宣传部、教育部印发了《新时代学校思想政治理论课改革创新实施方案》，从大中小一体化的角度对思想政治理论课的课程目标体系、课程体系、课程内容、教材体系建设等方面做了总体部署。但关于高校思想政治理论课的课程设置，总体上仍然是沿用“05 方案”的安排，在四门必修课的基础上同时开设“形势与政

① 教育部思想政治工作司：《加强和改进大学生思想政治教育重要文献选编：1978—2014》，知识产权出版社 2015 年版，第 294 页。

② 教育部思想政治工作司：《加强和改进大学生思想政治教育重要文献选编：1978—2014》，知识产权出版社 2015 年版，第 297—299 页。

策”课，个别课程名称进行了调整，比如“思想道德修养和法律基础”课程更名为“思想道德与法治”。由于“形势与政策”课本身的内容特点，没有统一编写教材，各高校的开设情况和形式也不尽相同。因此，在本书中，我们只讨论社会主义核心价值观如何融入面向本科生开设的四门思想政治理论课课程。

第二章　社会主义核心价值观融入“思想道德与法治”课教学

2005年2月7日，《中共中央宣传部、教育部关于进一步加强和改进高等学校思想政治理论课的意见》（以下简称《意见》）对在本科生中开设四门思想政治理论课作出了相关安排，其中关于“思想道德修养与法律基础”课［2020年12月，中共中央宣传部、教育部印发的《新时代学校思想政治理论课改革创新实施方案》（简称“20方案”）将课程名称更改为“思想道德与法治”］，《意见》指出，“基础”课教学旨在“开展马克思主义人生观、价值观、道德观和法制观的教育，引导学生树立高尚的理想情操和养成良好的道德品质”①。在随后中共中央宣传部、教育部关于印发《〈中共中央宣传部、教育部关于进一步加强和改进高等学校思想政治理论课的意见〉实施方案》的通知中对四门课程的基本内容作出了相应的规定，指出：“‘思想道德修养与法律基础’，主要进行社会主义道德教育和法制教育，帮助学生增强社会主义法制观念，提高思想道德素质，解决成长成才过程中遇

---

① 教育部思想政治工作司：《加强和改进大学生思想政治教育重要文献选编：1978—2014》，知识产权出版社2015年版，第294页。

到的实际问题。”① 随着“05 方案”的执行，思想政治理论课面临的时代背景和教育对象等都已经发生了变化，因此，“20 方案”对四门课的内容又作出了新的阐释，指出：“‘思想道德与法治’，主要讲授马克思主义的人生观、价值观、道德观、法治观，社会主义核心价值观与社会主义法治建设的关系，帮助学生筑牢理想信念之基，培育和践行社会主义核心价值观，传承中华传统美德，弘扬中国精神，尊重和维护宪法法律权威，提升思想道德素质和法治素养。高等职业学校结合自身特点，注重加强对学生的职业道德教育。”② 在思想政治理论课课程体系中，每门课都承担着不同的任务，其中“思想道德与法治”课始终关注着新时代大学生成为时代新人、怎样成为时代新人这个重大问题，重在提高大学生思想道德素质与法治素养，进而引导青年大学生树立对社会主义核心价值观的价值信仰。

一、“思想道德与法治”课重在提高大学生思想道德素质与法治素养

“是否具有良好的思想道德素质和法治素养，是一个人能否被社会接纳并更好实现自身价值和社会价值的关键。大学生成长成才的过程是一个思想道德素质和法治素养不断提升的过程。思想道德素质是人们的思想观念、政治立场、价值取向、道德情操和行为习惯等方面品质和能力的综合体现，反映着一个人的思想境界和道德风貌，是促进个体健康成长、社会发展进步的

① 教育部思想政治工作司：《加强和改进大学生思想政治教育重要文献选编：1978—2014》，知识产权出版社 2015 年版，第 298 页。

② 《中共中央宣传部　教育部关于印发〈新时代学校思想政治理论课改革创新实施方案〉的通知》2021 年 1 月 1 日，见 http：//www. gov. cn/zhengce/zhengceku/2021 - 01/01/content_5576046. htm。

重要保障。法治素养是指人们通过学习法律知识、理解法律本质、运用法治思维、依法维护权利与依法履行义务的品质和能力，对于保证人们尊崇法治、遵守法律具有重要的意义。法律必须转化为人们的内心自觉，才能真正为人们所遵行。良好的思想道德素质和法治素养，是新时代大学生把握发展机遇、做好人生规划、书写时代华章的必备条件，需要在学习中养成、自律中锤炼、实践中升华。”①

（一）社会主义核心价值观是贯穿“思想道德与法治”课教材的灵魂

2006 年 6 月 26 日，《教育部办公厅关于全国高校从 2006 级学生开始普遍开设〈思想道德修养与法律基础〉课的通知》决定“从 2006 年秋季开学开始，全国普通高校（包括高职高专）在 2006 级新生中普遍开设《思想道德修养与法律基础》课，并统一使用中宣部、教育部组织编写的马克思主义理论研究和建设工程高校思想政治理论课教材”②。于是，2006 年 8 月，《思想道德修养与法律基础》课的教材第一版正式发行，秋季学期得以正常使用。随着国家和社会的发展，根据中央领导通知的批示精神及中宣部、教育部的决定，从 2006 年第一版教材发行至今，一共经历了 2007 年、2008 年、2009 年、2010 年、2012 年（教材仅印刷了 5 本样书，未正式出版）③、2013 年、2015 年、2018 年、2021 年的 9 次修改，适时地加入了中央最新精神及马克思主义中国化的最新成果。本书主要结合 2021 年版教材分析社会

① 本书编写组：《思想道德与法治（2021 年版）》，高等教育出版社 2021 年版，第 9—10 页。

② 教育部思想政治工作司：《加强和改进大学生思想政治教育重要文献选编：1978—2014》，知识产权出版社 2015 年版，第 343 页。

③ 吴潜涛：《〈思想道德修养与法律基础〉教材修订说明及教学建议》，《思想理论教育导刊》2013 年第 9 期。

主义核心价值观融入“基础”课。一门课程的开设首先是教材的编写和选定，可能有些课程在开设之初没有固定教材，但任课教师编订的讲义也可以在一定程度上视为特殊的教材。因此，教材是课程开设的关键因素。研究社会主义核心价值观融入“思想道德与法治”课，透彻分析其教材是前提。

在2021年版“思想道德与法治”课教材的修订过程中，教材编写组始终坚持“以习近平新时代中国特色社会主义思想为指导，充分体现习近平总书记关于培养担当民族复兴大任时代新人的系列重要论述精神，有机融入党的百年奋斗历程中相关重要育人元素，积极进行教材话语创新和形式创新，进一步增强教材的时代性、思想性和可读性”①。从“思想道德与法治”课教材绪论可以看到，2021年版“思想道德与法治”课教材的编写立足新时代，致力围绕新时代大学生应该成为能担当民族复兴大任的时代新人以及怎样成为时代新人这个核心问题而展开。教材仍然沿用2018年版《思想道德修养与法律基础》课教材的框架，“以人生选择—理想信念—精神状态—价值理念—道德觉悟—法治素养为基本线索逐次展开担当民族复兴大任对大学生思想道德素质和法治素养要求的分析探讨，教育和激励大学生有理想、有本领、有担当，勇做时代的弄潮儿，在实现中国梦的生动实践中放飞青春梦想，在为人民利益的不懈奋斗中书写人生华章”②。根据这一线索，2021年版“思想道德与法治”课教材包括“绪论+六章”共7个部分。

“绪论”主要包括“我们处在中国特色社会主义新时代”“新时代呼唤担当民族复兴大任的时代新人”“不断提升思想道德素质和法治素养”三个

---

① 本教材编写组：《〈思想道德与法治（2021年版）〉修订说明和教学建议》，《思想理论教育导刊》2021年第9期。

② 本教材修订组：《〈思想道德修养与法律基础（2018年版）〉修订说明》，《思想理论教育导刊》2018年第5期。

目。在“绪论”中，教材从中国特色社会主义进入新时代出发，与大学生的人生发展新阶段相联系，在阐述中国特色社会主义进入新时代的伟大意义及面临的新征程、新使命的过程中展现了新时代给青年大学生提供的难得的人生发展机遇。同时，又提出面对新时代，青年大学生应该肩负民族复兴的使命，坚定信心，立大志、明大德、成大才、担大任，努力使自己成长为能够担负这个使命的时代新人。而怎样才能成为时代新人呢？教材聚焦新时代青年大学生的思想道德素质与法治素养，论述了思想道德素质与法治素养的重要性、相互关系及其形成发展中的有关问题。

教材第一章以“人生观问题”为主题，共设三节，分别回答“人生观是什么”“正确的人生观是什么”“怎样创造有意义的人生”等问题，从基本理论到现实问题，再到实际行动，对青年大学生踏入青春懵懂之门时面临的主要问题给予了正面回答。教材第二章以“理想信念”为主题，共设有三节，分别回答“理想信念的内涵及重要性”“坚定信仰信念”“在实现中国梦的实践中放飞青春梦想”等问题，努力在阐明理想信念基本理论问题的基础上，引导大学生牢固确立中国特色社会主义共同理想和共产主义远大理想，在为实现中华民族伟大复兴中国梦的奋斗中书写青春的精彩。第二章是对第一章的进一步展开，着力引导新时代青年大学生认识到青春只有在为祖国和人民的真诚奉献中才能更加绚丽多彩，人生只有融入国家和民族的伟大事业才能闪闪发光。教材第三章以“中国精神”为主题，共设三节，分别阐释“中国精神是兴国强国之魂”“做新时代的忠诚爱国者”“让改革创新成为青春远航的动力”等内容，努力生动展现中国精神的丰富内涵，集中阐释了以爱国主义为核心的民族精神和以改革创新为核心的时代精神，并致力于引导新时代青年大学生成为忠诚的爱国者，做改革创新的生力军。教材第四章以“社会主义核心价值观”为主题，共设三节，分别是“全体人民共同的价值追求”“社会主义核心价值观的显著特征”“积极践行社会主义核心价值观”，从社会主义核心价值观的整体性出发，系统阐释社会主义核心价值观的内涵、地位、核心价值观自信、践行等重大问题，着力引导大学生增进对社会主义核心价值观的理解、认同、确信，并落脚于践行的自觉。教材第五章以“道德观和道德素质”为主题，共设三节，分别是“社会主义道德的核心与原则”“吸收借鉴优秀道德成果”“投身崇德向善的道德实践”，系统阐述了道德的起源、本质、功能、作用和变化发展及中华传统美德，重点阐述了为人民服务这一社会主义道德的核心、集体主义这一社会主义道德的原则，并对社会公德、职业道德、家庭美德、个人品德的规范要求等作出了相应的呈现。最后落脚于大学生良好道德素质的养成，引导新时代大学生投身崇德向善的道德实践，加强品德修养，锤炼道德品质，引领道德风尚。教材第六章以“法治观和法治素养”为主题，共设四节，分别是“社会主义法律的特征和运行”“坚持全面依法治国”“维护宪法权威”“自觉尊法学法守法用法”，引导大学生学习马克思主义法学理论，深刻理解社会主义法律的本质特征和运行机制，整体把握中国特色社会主义法律体系、法治体系和法治道路的精髓，培养法治思维，尊重和维护法律权威，依法行使权利与履行义务。

从“思想道德与法治”课教材的内容可以看出，该课程主要针对青年大学生成长成才过程中面临的思想道德修养和法律问题。课程对青年的人生观、价值观、精神状态、理想信念、道德观念、法治素养等问题作了详细阐述，根本目的在于引导新时代青年大学生提高思想道德素质和法律素养，进而成长为能够担当民族复兴大任的时代新人。社会主义核心价值观是贯穿“思想道德与法治”课教材的一条主线，可谓是“思想道德与法治”课教材的灵魂。虽然教材以提高新时代青年思想道德素质和法律素养为依托，致力于引导青年大学生成长为时代新人，但在这个过程中无论是人生选择、理想信念、精神状态、道德素质、法律素养，还是价值理念，都直接或间接地体现了社会主义核心价值观三个层面的价值要求。也正是由于社会主义核心价值观的融入，才更能体现“‘思想道德与法治’是一门融思想性、政治性、科学性、理论性、实践性于一体的思想政治理论课"①。

一个社会中，核心价值观在多元价值观念中始终占据主导地位，具有高势位的优势，所处的层次较高，对其他的价值观念有着价值引领的作用。有学者认为，"人是一个双重生命的存在，既具有自然生命，又具有超自然的价值生命，是自然生命和价值生命的统一体，自然生命是价值生命的载体，价值生命是自然生命的灵魂，舍弃二者中的任何一个，生命都是不完整的"②。要唤起人的双重生命存在，就要求我们的"思想道德与法治"课的课堂也必然要有"魂"，而这个课堂之"魂"就是指贯穿"思想道德与法治"课课堂教学始终的一种精神、一种核心价值，从课堂教学的价值引领、有形的知识内容、教学形式到无形的信念传递、人格塑造都蕴含着这种精神。这个课堂之"魂"的存在使学习者对"思想道德与法治"课产生接纳和认同，并唤起他们对课程的共鸣，进而产生对课程的情感呼应，最终实现"思想道德与法治"课的课程目标。将社会主义核心价值观作为"思想道德与法治"课的灵魂，用社会主义核心价值观引导课程的展开既是课程本身所决定的，也有利于新时代大学生的成长成才。"思想道德与法治"课教材"绪论"中就明确指出："本课程针对大学生成长过程中面临的思想道德和法治问题，开展马克思主义的人生观、价值观、道德观、法治观教育，帮助大学生提升思想道德素质和法治素养，成长为自觉担当民族复兴大任的时代新人。学习本课程，有助于大学生领悟人生真谛、把握人生方向，追求远大理想、坚定崇高信念，继承优良传统、弘扬中国精神，培育和践行社会主义核心价值观；有助于大学生遵守道德规范、锤炼道德品格，把正确的道德认知、自觉的道德养成和积极的道德实践紧密结合起来，引领良好的社会风尚；有助于大学生学习法治思想、养成法治思维，自觉遵法学法守法用法，

① 本书编写组：《思想道德修养与法律基础（2021 年版）》，高等教育出版社 2021 年版，第 10 页。

② 冯建军：《生命与教育》，教育科学出版社 2004 年版，第 7 页。

从而具备优秀的思想道德素质和法治素养。”①

（二）社会主义核心价值观的重点性与整体性交错呈现

“思想道德与法治”课教材在第四章“明确价值要求　践行价值准则”中专门对社会主义核心价值观进行了全面阐释，一方面，阐述了社会主义核心价值观与社会主义核心价值体系的密切关联、呈现了社会主义核心价值观的基本内容及其弘扬践行的重大意义；另一方面，对社会主义核心价值观自信问题作出了相应的探讨，强调坚定核心价值观自信，是中国特色社会主义道路自信、理论自信、制度自信和文化自信的价值内核。还对社会主义核心价值观丰厚的历史底蕴、坚实的现实基础、强大的道义力量为我们坚定核心价值观自信提供了充分的理由。最后，落脚于新时代青年大学生对社会主义核心价值观的践行上。可以说从理论到实践，从历史到现实，全面呈现了社会主义核心价值观。但“思想道德与法治”课教材除了第四章专门讨论社会主义核心价值观之外，在教材其他章节也贯穿了社会主义核心价值观的内容。因此，社会主义核心价值观在融入“思想道德与法治”课的过程中具有重点性与整体性交错呈现的特点。

所谓重点性，是指“思想道德与法治”课教材以专章——“明确价值要求　践行价值准则”——重点呈现社会主义核心价值观的相关内容。在思想政治理论课教师讲授“思想道德与法治”课的过程中要在第四章系统而全面地讲授社会主义核心价值观的相关内容。既要讲清楚社会主义核心价值观的基本内容，辨析其与社会主义核心价值体系的区别与联系以及践行社会主义核心价值观的重大意义；也要讲清楚我们可以坚定核心价值观自信的

---

① 本书编写组：《思想道德修养与法律基础（2021年版）》，高等教育出版社2021年版，第10页。

充分理由，并引导学生在勤学、修德、明辨、笃行中积极践行社会主义核心价值观。在系统全面讲授社会主义核心价值观时，首先就要讲清楚社会主义核心价值观的基本理论问题，以彻底的理论说服人，促使青年大学生理解、认同社会主义核心价值观，只有在认同的基础上才能有践行之说。

所谓整体性，是指“思想道德与法治”课教材不仅在专章中阐述了社会主义核心价值观的相关内容，在其他章节内容中也要完美融合社会主义核心价值观的内容，使社会主义核心价值观的价值理念在“思想道德与法治”课中得到整体性的贯穿和呈现。核心价值观是一定社会形态社会性质的集中体现，在一个社会的思想观念体系中处于主导地位，体现着社会制度、社会运行的基本原则和社会发展的基本方向。社会主义核心价值观的提出，鲜明地确立了当代中国的核心价值理念，生动展现了中国共产党和中华民族高度的价值自信和价值自觉。社会主义核心价值观和社会主义核心价值体系紧密联系、互为依存、相辅相成。社会主义核心价值观是社会主义核心价值体系的精神内核，它体现了社会主义核心价值体系的根本性质和基本特征，反映了社会主义核心价值体系的丰富内涵和实践要求，是社会主义核心价值体系的高度凝练和集中表达。两者具有内在的一致性，都体现了社会主义意识形态的本质要求，体现了社会主义制度在思想和精神层面的质的规定性，是建设中国特色社会主义现代化强国、实现中华民族伟大复兴中国梦的价值引领。

从本质上说，价值观属于社会意识范畴。从表层来看，价值观体现在主客体满足与被满足的价值关系中，体现为主体对利弊得失、真假善恶、美丑义利等的权衡和取舍，有什么样的价值观就会作出什么样的选择，也就是说从人们作出的现实选择中就可以看出他所持的价值观；从深层来看，价值观又是一个为人处世的哲学问题，这就包括人们坚持什么样的理想信念，选择什么样的人生目标，以什么样的态度对待人生、生活，认为什么样的人生才是有意义的人生，等等问题。这些问题与社会主义核心价值体系及社会主义核心价值观的主要内容在本质上是一致的，与“思想道德与法治”课中“人生观”“理想信念”“中国精神”“道德观”“法治观”等章节的内容更是高度吻合。这为社会主义核心价值观从内容上整体融入“思想道德与法治”课提供了客观基础。

所谓交错呈现，主要是指思想政治理论课教师在处理教学的过程中有一个把教材体系转化为教学体系的过程，在“思想道德与法治”课的教学体系中，社会主义核心价值观并不是平铺直叙地依次展开，如果把重点性阐释和整体性融入看作是社会主义核心价值观教育在“思想道德与法治”课中的两种形式的话，那么，重点性阐释与整体性融入应该是交错进行的，教师要视实际情况而定。比如，对于“爱国”的价值观念，完全可以放到中国精神章节来重点阐释，但同时它也是整体性融入的一种表现。再如，关于“共同理想”的讲解，涉及富强、民主、文明、和谐的国家层面的价值追求，也应该体现出重点阐释与整体融入的交错性。

值得注意的是，虽然“思想道德与法治”课基本涵盖了社会主义核心价值观的全部内容，但从“思想道德与法治”课的目标指向性来看，更侧重于个体性的价值修养与行为养成，即提高青年大学生的思想道德素质和法治素养。社会主义核心价值观包括国家、社会、个人这三大层面的内容，但“思想道德与法治”课还是应该基于要提高青年大学生的思想道德素质和法治素养，引导其成长为时代新人这个目标来解读社会主义核心价值观。在内容融合中，要将社会主义核心价值观的国家、社会和个人的三个层面内容融入“思想道德与法治”课的各章节内容体系，使大学生明白弘扬和践行社会主义核心价值观是其义不容辞的任务。在融合过程中应更侧重于个人层面的价值观引导，使社会主义核心价值观在其精神上起指引作用，以树立大学生的理想信仰、精神信念、道德追求为主，帮助大学生走出价值困惑，树立科学的世界观、人生观和价值观。具体落脚点在于内容的规范性和实践性，使大学生懂得如何在社会生活中用社会主义核心价值观指导和规范自己的行为。

二、引导青年大学生树立对社会主义核心价值观的价值信仰

2016年，习近平总书记在全国高校思想政治工作会议上强调指出："要坚持不懈培育和弘扬社会主义核心价值观，引导广大师生做社会主义核心价值观的坚定信仰者、积极传播者、模范践行者。"① 关于在青年大学生中培育和践行社会主义核心价值观，我们经常讲的是"推动社会主义核心价值观内化于心外化于行"②。其中，内化于心是前提，外化于行是目的，但从思想政治教育的过程及人的思想品德形成过程来看，总要经历"知、情、意、信、行"五个心理要素递进发展的过程。也就是说，一种思想观念要最终转化为实践，落实到主体行为，则需要知道它，对其产生情感共鸣，具备克服思想波动的意志，对这种思想观念产生信心，形成信念，最高层次是对其产生信仰，最后才能将这种思想观念转化为持续的实际行动。在一种信仰的支撑和指引下所产生的行为才能克服一时的冲动和"三分钟"的热度，具备稳定性和坚定性。相应地，对青年大学生进行社会主义核心价值观教育也是一样，首先要将社会主义核心价值观由简单的"知"，经过"情"和"意"提升转化为"信"，才能促使社会主义核心价值观转化为"行"。只有首先成为社会主义核心价值观的坚定的信仰者，才能积极地去传播它、践行它，进而成为积极的传播者、模范的践行者。虽然高校思想政治理论课本质上是价值观教育课，但其根本目的在于促使学生将社会主义核心价值观落实到实际行动中，实践教学在高校思想政治理论课教学中也越来越引起重

① 《习近平谈治国理政》第二卷，外文出版社2017年版，第377页。

② 刘奇葆:《在第十一届中国公民道德论坛上强调　推动社会主义核心价值观内化于心外化于行》,《人民日报》2014年3月3日。

视。但相较于社会实践的无限性来说，高校思想政治理论课的主要任务还是从观念上引导青年大学生树立正确的价值观，使青年大学生内心深处形成科学的价值观信仰，为青年大学生的社会实践提供精神动力和保障。

（一）树立价值信仰是“思想道德与法治”课中社会主义核心价值观教育的最终目标

习近平总书记在中共中央政治局第十三次集体学习时强调，要“把培育和弘扬社会主义核心价值观作为凝魂聚气、强基固本的基础工程，继承和发扬中华优秀传统文化和传统美德，广泛开展社会主义核心价值观宣传教育，积极引导人们讲道德、尊道德、守道德，追求高尚的道德理想，不断夯实中国特色社会主义的思想道德基础”①。社会主义核心价值观教育达到理想效果的情况下应该具有凝魂聚气、强基固本的作用，但社会主义核心价值观能否成为或者在什么情况下能够成为当代中国凝聚民心、民智和民力的合力与动力呢？社会学家涂尔干认为，只有当个体成功地融入社会群体，并且接受一套共享的价值和习俗的调整时，团结才得以维持。② 那么，社会主义核心价值观要实现其凝聚民心、强基固本的作用，从根本上还是取决于社会主义核心价值观在多大程度上能够成为广大社会成员所共享的“最大公约数”。在此，所谓共享，就是能为绝大多数的社会成员所认同、信奉和践行，其关键在于“信”。

“信”，可以有多种解释。比如，信任、信念、信仰等，其中信仰所表达的程度最深，层次最高。“信仰是指对某种主张或主义的极度相信和敬

① 《习近平谈治国理政》第一卷，外文出版社 2018 年版，第 163 页。

② ［法］埃米尔·涂尔干：《社会分工论》，渠东译，生活·读书·新知三联书店 2000 年版，第 71—72 页。

畏，并把它奉为自己的最高行为准则的特殊情感与理念。”① 开展社会主义核心价值观教育是高校思想政治理论课的题中应有之义。但“思想道德与法治”课是高校思想政治理论课中最集中、最直接表现社会主义核心价值观的课程，无疑，“思想道德与法治”课也就承担着对青年大学生开展社会主义核心价值观教育的主要责任。除了直接阐述社会主义核心价值观的基本内容、重大意义、历史底蕴、现实基础、道义力量，引导青年大学生积极践行社会主义核心价值观外，还将以价值引领的方式在“思想道德与法治”课的其他内容中得到直接或间接的体现。但归根结底，在“思想道德与法治”课中开展社会主义核心价值观教育的最终目标是要在青年大学生内心深处树立对社会主义核心价值观的内在信仰。

一种价值观能否“取信”于社会广大民众，能否成为人们的理想信念和坚定信仰，根本上取决于它的科学性与先进性。一个社会的核心价值观能否成为人们为之奋斗、追求的理想，能否成为人们在困难中仍然执着坚守的信念，又能否为人们照亮前行的道路，成为指引方向的信仰，关键要看它是否提供了一套具有价值吸引力与实现可能性的理想和目标。也就是说，要看它所提出的社会理想、政治理想等是不是既符合历史的发展规律，引领文明的进步，同时亦符合人们的价值期待。正如习近平总书记曾指出的那样：“在当代中国，我们的民族、我们的国家应该坚守什么样的核心价值观？这个问题，是一个理论问题，也是一个实践问题。经过反复征求意见，综合各方面认识，我们提出要倡导富强、民主、文明、和谐，倡导自由、平等、公正、法治，倡导爱国、敬业、诚信、友善，积极培育和践行社会主义核心价值观。”② 可见，社会主义核心价值观并不是由某一群人、某些部门拍脑袋想出来的，而是有着深厚的历史底蕴、坚实的现实基础和强大的道义力量，

① 黄明理：《社会主义核心价值观能成为信仰吗》，《新华日报》2017 年 4 月 6 日。

② 《习近平关于社会主义文化建设论述摘编》，中央文献出版社 2017 年版，第 113 页。

具有严密的理论逻辑和坚实的实践逻辑，符合历史发展的规律，是一套具有科学性和先进性的科学价值观。也正是因为如此，社会主义核心价值观必然反映着全国各族人民的共同期盼。

考察社会主义核心价值观的科学性和先进性，其本质上就是对马克思主义指导思想的科学性、社会主义制度本身的优越性、改革开放的必然性、中国共产党长期执政的合法性等问题的考察。马克思主义作为一种科学的思想体系，是包括马克思主义哲学、政治经济学、科学社会主义的一整套思想。马克思创立唯物史观和剩余价值论，促使社会主义从空想变为科学，创立了科学社会主义理论。共产党人在科学社会主义理论的指导下，通过无产阶级革命，推翻资产阶级统治，建立无产阶级专政的社会制度，在经过社会主义的充分发展实现共产主义。马克思主义第一次科学地揭示了人类社会发展规律，揭示了社会主义的必然胜利与资本主义必然灭亡。正如列宁指出的那样：“马克思提出共产主义的问题，正像一个自然科学家已经知道某一新的生物变种是怎样产生以及朝着哪个方向演变才提出该生物变种的发展问题一样。”①

社会主义制度的优越性已经在中国的革命、建设、改革的伟大实践中得到了验证，无须赘言。而中国共产党的执政则是历史和人民共同作出的选择。社会主义核心价值观要得到人民的广泛认同，进而发展成为信仰，就必须对上述问题作出符合实际的价值判断。如果不能充分阐释马克思主义的真理性，就难以让人们在价值上认同、信奉、追随乃至信仰马克思主义；如果不能在两种制度的比较中充分论证社会主义制度的合理性、优越性，就无法充分揭示所谓的“普世价值”的虚伪性和诱惑性；如果不能充分说明历史和人民选择中国共产党的必然性，人们就难以正确认识和对待中国共产党对于中国社会历史发展的伟大功绩以及在现实与未来发展中不可替代的价值，就无法解释中国共产党长期执政的合法性，进而动摇对党和政府的信任；如

① 《列宁专题文集　论社会主义》，人民出版社2009年版，第25页。

果不能充分回答改革开放的必然性，就无法解释对改革开放是实现中华民族伟大复兴的关键一招的定位，甚至对“老路”“邪路”还会抱有些许不切实际的幻想。因此，只有在马克思主义与其他社会思潮，社会主义与资本主义，中国特色社会主义与其他国家的发展模式等进行各项价值比较之后，才能得出前者更科学、更优越、更符合中国国情、更有利于中国社会发展的结论，社会主义核心价值观才能起到凝心聚力、引领方向的作用，也才能够成为人们的广泛共识，进而上升为价值信仰。

同时，社会主义核心价值观作为当前中国的一种共同价值观，集中体现着人们向往和追求的社会理想、政治理想、道德理想、生活理想等，它反映的是人们在从价值目标和价值标准上来评判一个社会、一个国家、一种制度、一种生活、一个公民等的好坏。不仅为人们展示了我们在革命、建设、改革过程中一直追求的社会理想和发展目标；也反映了人们所期盼的个人与社会、个人与国家、个人与他人之间的完美关系，是合目的性与合规律性的统一。江泽民指出：“鸦片战争后，中国成为半殖民地半封建国家。中华民族面对着两大历史任务：一个是求得民族独立和人民解放；一个是实现国家繁荣富强和人民共同富裕。”① 近代以来，中华民族为求得民族独立、人民解放，国家富强、人民富裕付出了艰辛努力，与社会主义核心价值观在国家层面提出的建设富强、民主、文明、和谐的社会主义现代化强国，实现中华民族伟大复兴的中国梦是一致的。习近平总书记多次强调：“中国梦归根到底是人民的梦，人民是中国梦的主体，也是中国梦的创造者和享有者……必须紧紧依靠人民来实现，必须不断为人民造福”，“中国梦是国家的、民族的，也是每一个中国人的”②。它“凝聚了几代中国人的夙愿，体现了中华

① 《江泽民文选》第二卷，人民出版社 2006 年版，第 2 页。

② 《习近平总书记系列重要讲话读本》，学习出版社、人民出版社 2016 年版，第 8—9 页。

民族和中国人民的整体利益，是每一个中华儿女的共同期盼”①。社会主义核心价值观的社会层次和公民个人层次的价值取向也反映了当前广大人民群众所期盼的建设什么样的社会，培养什么样的公民，既“承载着一个民族、一个国家的精神追求，体现着一个社会评判是非曲直的价值标准”②，也反映了人们对美好生活的期待。正如习近平总书记在十八届中央政治局常委同中外记者见面时所指出的那样：“我们的人民热爱生活，期盼有更好的教育、更稳定的工作、更满意的收入、更可靠的社会保障、更高水平的医疗卫生服务、更舒适的居住条件、更优美的环境，期盼孩子们能长得更好、工作得更好、生活得更好。”③ 社会主义核心价值观所表达的富强、民主、文明、和谐，自由、平等、公正、法治，爱国、敬业、诚信、友善的国家、社会、个人三个层面的价值取向无不是人民所期待的美好生活的样子。

因此，从社会主义核心价值观本身来说，无论是其科学性和先进性，还是其为人们提供的美好理想和目标，既符合历史发展的规律，又能引领文明进步，更符合人们的价值期待。无疑，社会主义核心价值观本质上是可以发挥其凝魂聚气、强基固本的作用的。“思想道德与法治”课是四门思想政治理论课中最直接、最集中体现社会主义核心价值观的课程，也是最系统地开展社会主义核心价值观教育的课程，除了对青年大学生开展相关知识教育之外，更应该对其进行价值引领，在价值引领中促进青年大学生对社会主义核心价值观形成价值信仰。

（二）在重点讲解中科学把握社会主义核心价值观的丰富内涵

从四门思想政治理论课的教材内容来看，只有“思想道德与法治”课

---

① 《十八大以来重要文献选编》（上），中央文献出版社2014年版，第84页。

② 《十八大以来重要文献选编》（中），中央文献出版社2016年版，第2页。

③ 《习近平谈治国理政》第一卷，外文出版社2018年版，第4页。

设立了专章来全面分析社会主义核心价值观，而且“思想道德与法治”课一般是放在大学一年级的第一学期开课，是青年大学生进入大学后接触的第一门思想政治理论课。因此，在“思想道德与法治”课教学的过程中应该对社会主义核心价值观章节的相关内容进行重点讲解，在重点讲解中促使学生科学把握社会主义核心价值观的丰富内涵。

在“思想道德与法治”课教学中，怎样才算把握了社会主义核心价值观教育的关键呢？又怎样才能算科学把握社会主义核心价值观呢？从根本上来讲，这两个问题实质上是一个问题，可以从两个层面来理解。一是在“思想道德与法治”课中要重点讲清楚社会主义核心价值观是什么的问题；二是在“思想道德与法治”课中要重点讲清楚什么是社会主义核心价值观的问题。讲社会主义核心价值观是什么的问题主要是要讲清楚社会主义核心价值观的本质与内涵的问题。讲什么是社会主义核心价值观的问题主要是讲清楚哪些价值观念是社会主义核心价值观，这是关涉社会主义核心价值观的表象和外延问题。阐释社会主义核心价值观的本质和内涵，有助于从理论层面讲清楚社会主义本质在价值层面的表现。阐释社会主义核心价值观的表象和外延，就是厘清哪些价值观念应当划归社会主义核心价值观，从价值层面反映社会主义中国要建设什么样的国家和社会以及培育什么样的公民。

讲清楚社会主义核心价值观的本质和内涵是理解社会主义核心价值观表象和外延的前提。那究竟什么是社会主义核心价值观呢？从哲学层面讲，价值是客体所具有的属性对主体需要满足的效用关系。效用越高，价值越大，反之，则价值越低。价值观是主体对客体具有的价值及主客体价值关系的根本看法，而核心价值观则是在价值观体系中处于核心地位，发挥主导作用，反映本质关系的价值观。相对于具体社会形态而言，“核心价值观是一定社会形态社会性质的集中体现，在一个社会的思想观念体系中处于主导地位，体现着社会制度的阶级属性、社会运行的基本原则和社会发展的基本方向”①。那么，社会主义核心价值观则是在社会主义社会的价值体系中处于核心地位，发挥主导作用，反映本质关系的价值观。在社会主义中国，社会主义核心价值观必然与中国特色社会主义的基本制度和体制相适应，不仅反映当前社会占主导地位的思想道德观念和行为方式，更是中国共产党和中华民族高度的价值自信和价值自觉的生动展现。因此，在“思想道德与法治”课的具体教学中，就要讲清楚社会主义核心价值观在价值层面上对社会主义本质的反映。对什么是社会主义，我们经历了很长的一个认识阶段，最后邓小平在南方谈话中将社会主义的本质概括为：“解放生产力，发展生产力，消灭剥削，消除两极分化，最终达到共同富裕。”②

另外，还可以从“理论形态”“社会形态”“制度形态”出发来理解社会主义的本质。而从价值层面来反映社会主义的本质，就是指社会主义相对于社会主体——广大社会成员——的生存、发展的价值效用。从这一角度讲，社会主义核心价值观作为社会主义核心价值体系的核心，就是对什么是社会主义、为什么选择社会主义、建设什么样的社会主义、怎样建设社会主义等根本问题在价值论层次上的本质反映。那么，在“思想道德与法治”课第四章就要通过重点讲解社会主义核心价值观来讲清楚社会主义在理论形态、社会形态、制度形态等方面相较于其他主义的优势，引导学生正确作出社会主义与其他主义孰好孰坏、孰优孰劣的价值判断。同时，也要引导学生正确认识社会主义核心价值观本来就是对国家、社会、公民所作出的价值评判，也表达了我们对建设什么样的国家、什么样的社会及培养什么样的公民的一种价值追求。正如 2014 年，习近平总书记在北京大学师生座谈会上的讲话中所指出的那样，对社会主义核心价值观的概括“实际上回答了我们要建设什么样的国家、建设什么样的社会、培育什么样的公民

① 本书编写组：《思想道德与法治（2021 年版）》，高等教育出版社 2021 年版，第 101—102 页。

② 《邓小平文选》第三卷，人民出版社 1993 年版，第 373 页。

的重大问题”①。也就是说，社会主义核心价值观的 24 个字就是要表达：“我们所认同和追求的社会主义理想是一个国家富强、民主、文明、和谐，社会自由、平等、公正、法治，公民爱国、敬业、诚信、友善的美好社会，坚持社会主义的道路、理论和制度则是实现这一美好社会理想的最优路径选择。”②

讲清楚社会主义核心价值观的表象和外延就是要讲清楚 24 字社会主义核心价值观的具体内涵，这是科学理解社会主义核心价值观内涵的有力抓手和具体依托。在了解了社会主义核心价值观的本质和内涵即“是什么”之后，并不意味着社会主义核心价值观教育就此结束了，对社会主义核心价值观的认识还有一个“什么是”的阶段，只有清楚了什么是社会主义核心价值观才能从一个较为抽象的认识阶段转化为一个认识具体化的阶段。也就是说，从理论上认识了社会主义核心价值观之后，学生对社会主义核心价值观的认识至多停留在哲学层面的理解上，但对于社会生活中具体而庞杂的价值观念，究竟哪些是社会主义核心价值观，哪些可以成为社会主义核心价值观还并不清楚。因此，在重点讲清楚社会主义核心价值观是什么的基础上要更进一步探讨什么是社会主义核心价值观，详细阐述社会主义核心价值观的内涵。但对于哪些价值观念可以成为社会主义核心价值观，并不是那么容易达成一致意见的，学界对其进行了长期的研究，各个城市、区域、行业、职业等都提出了各自的核心价值观，要从众多的价值观念中凝练出社会主义核心价值观的难度确实不小，在此过程中，争论也是非常明显的。其中不乏思想理论观点的争论，在激烈的争论中，甚至出现了一些西方错误思潮的观点超越了学术探讨的范畴，不仅造成了社会撕裂，在学界内部也产生了巨大内

---

① 习近平：《青年要自觉践行社会主义核心价值观——在北京大学师生座谈会上的讲话》，人民出版社 2014 年版，第 5 页。

② 冯秀军、王森：《培育和践行社会主义核心价值观的几个基本问题》，《教学与研究》2014 年第 8 期。

耗，浪费学术资源。这时，中央迅速作出反应，党的十八大提出：“倡导富强、民主、文明、和谐，倡导自由、平等、公正、法治，倡导爱国、敬业、诚信、友善，积极培育和践行社会主义核心价值观。”① 2013 年 12 月 11 日，中共中央办公厅印发《关于培育和践行社会主义核心价值观的意见》指出：“富强、民主、文明、和谐是国家层面的价值目标，自由、平等、公正、法治是社会层面的价值取向，爱国、敬业、诚信、友善是公民个人层面的价值准则，这二十四个字是社会主义核心价值观的基本内容，为培育和践行社会主义核心价值观提供了基本遵循。”② 这一规定在很大程度上消解了学界内部的争论和内耗，也阻止了西方错误思潮试图侵蚀社会主义核心价值观的机会。至于用这二十四个字概括社会主义核心价值观准确与否，是不是就不容讨论了呢？随着社会的发展，社会主义核心价值观的内涵也会不断丰富，到那时社会主义核心价值观的概括将会怎么变化，实践会给出令人满意的答案。

因此，在“思想道德与法治”课教学中，我们还要对二十四个字的社会主义核心价值观进行具体阐释。讲清楚资本主义社会与社会主义社会的人民肯定拥有一些类似的价值需求，但绝不意味着社会主义核心价值观所倡导的富强、民主、自由、平等、公正、爱国等价值观念与资本主义社会所倡导的这些价值观念在内涵上就没有区别。社会主义核心价值观和资本主义核心价值观共同包含着富强、自由、平等、公正等内容，但由于前者注重从中华传统价值观念中汲取思想养料，这些形式上相同的价值观念其实在内涵上具有显著差异。例如，“富强”是社会主义中国和西方资本主义国家共同倡导的核心价值观念，但它们在内涵上具有根本区别。西方资本主义国家所说的“富强”多以资产阶级自身为中心，对内表现为资产阶级的唯利是图，国家的一切制度、政策、方针等都是围绕如何促使资产阶级的财富增殖而设计

① 《十八大以来重要文献选编》（上），中央文献出版社 2014 年版，第 25 页。

② 《十八大以来重要文献选编》（上），中央文献出版社 2014 年版，第 578 页。

的；而对外则体现为“西方中心主义”、西方优先等，是唯我独富、唯我独强、唯我独尊的富强价值观念，进而表现为民族利己主义和霸权主义，凡是不利于西方资本主义扩张、发展的就千方百计刁难、打压，凡是有利可图的就威逼利诱。相比之下，社会主义中国继承中华民族热爱和平、维护和平、捍卫和平的优良传统，我们所说的富强不是追求独富、独强和独尊的民族利己主义价值观，而是崇尚共富、共赢和共荣的共享主义价值观；不是崇尚武力威慑、武力杀伐、武力征服的霸权主义价值观，而是主张和平崛起、和平相处、和平共存的共同体主义价值观。之所以如此，是因为共享、共富是中华民族几千年来对“富强”这一价值观念的普遍认知和共同价值诉求。在此，我们就要讲清楚我们的社会主义核心价值观与所谓的“普世价值”的区别，给青年大学生展示一幅社会主义社会的价值图景。

最后，在重点讲解社会主义核心价值观的过程中要综合使用多种教学方法。由于社会主义核心价值观作为价值层面的价值理念，本身具有抽象性，青年大学生理解起来存在一定困难，因此，在社会主义核心价值观教育的过程中要综合运用多种教育方法，整合多种教育资源，发挥各方教育主体的教育力量，力争形成教育合力。一是理论讲授法。社会主义核心价值观首先表现为一种价值理念，无论是阐释“是什么”还是“什么是”的问题都需要进行理论讲授，只有做到理论上的彻底才能从根本上说服学生、掌握学生，这是思想政治教育的规律之一。二是教辅结合的方法。社会主义核心价值观的教育不仅是一个课堂教学的问题，“基础”课还重在提升青年大学生的思想道德素质和法律素养，仅靠课堂或者仅靠思想政治理论课教师的讲授、教育是远远不够的，要将社会主义核心价值观的教育融入学生成长成才的过程当中。而对于刚进大学的大一学生来说，辅导员无疑是其接触较多的老师之一，辅导员的工作贯穿青年大学生学习成长的全过程，并且辅导员本人也是实施日常思想政治教育的关键力量。思想政治理论课教师将课堂教学与辅导员的工作相结合，一方面辅导员为思想政治理论课教师提供学生学习成长过程中的新动向、新需要、新问题等，为思想政治理论课教师提供教学所需的新信息；另一方面思想政治理论课教师也可以为辅导员的工作提供理论支撑，助推相关工作的开展。教辅结合的过程既是主渠道与主阵地协同的过程，也是教师与辅导员双向互动、双向受益的过程。三是实践教学的方法。社会主义核心价值观虽然具有抽象性，但也正因为如此，社会主义核心价值观又在社会生活中无处不在，引导学生积极融入社会、融入生活，参加到社会生活实践中亲身体验社会主义核心价值观的存在才能使社会主义核心价值观的教育起到更好的效果。当然，社会实践的开展形式也有很多，比如暑期社会调研、爱国基地参观、工厂实习等。实践教学就是要让青年大学生带着课堂所学到的理论再回到现实社会生活中去感受、体验，加深对理论的认识。

（三）以价值引领为依托做好社会主义核心价值观的整体性融合

根据2021年版“思想道德与法治”课教材的内容安排，除了第四章集中讲解社会主义核心价值观以外，其实关于人生观、理想信念、中国精神、道德观、法治观等内容自始至终都贯穿着社会主义核心价值观的内容或价值理念，甚至社会主义核心价值观被直接誉为“当代中国精神的集中体现”“凝聚中国力量的思想道德基础”①。那么，“思想道德与法治”课在讲解相应内容时就应该适时体现社会主义核心价值观的思想理念。但由于每个板块体现社会主义核心价值观的程度和方式不一样，这就要求思想政治理论课教师在教材体系向教学体系转化的过程中要以价值引领为依托，做好“思想道德与法治”课教学内容的整合。

---

①　习近平：《在中国文联十大、中国作协九大开幕式上的讲话》，人民出版社2016年版，第8页。

“对‘小我’与‘大我’价值关系的认识和处理是价值引领的根本问题。”① 从根本上说，社会主义核心价值观国家、社会、个人三个层面的价值观念本质上反映并引导人们正确认识和处理个人与国家、个体与集体、自我与社会的价值关系的问题，也就是“小我”与“大我”的价值关系问题。青年成长过程中无论是在作出人生选择，争过有意义人生的过程中，还是在坚定理想信念，树立远大理想抱负的过程中，又或是在树立道德观念，培养崇高道德理想，学习法律知识，提升法治素养的过程中，都离不开认识和处理“小我”与“大我”的价值关系问题。青年马克思在其中学毕业论文中就曾写道：“在选择职业时，我们应该遵循的主要指针是人类的幸福和我们自身的完美。不应认为，这两种利益会彼此敌对、互相冲突，一种利益必定消灭另一种利益；相反，人的本性是这样的：人只有为同时代人的完美、为他们的幸福而工作，自己才能达到完美。”② 可见，“自身的完美”与“人类的幸福”是两个不可分割的概念，只有在为人类幸福而工作的过程中才能达到自身的完美，实现自身的价值。只有正确处理好“小我”与“大我”的关系，才能正确回答怎样的人生才是有意义、有价值的，才能回答新时代大学生应该树立怎样的理想信念，怎样投入中华民族伟大复兴中国梦的实现征程之中，应该树立怎样的道德观、法治观等。正如习近平总书记在纪念五四运动100周年大会上的讲话中强调的：“青年的人生目标会有不同，职业选择也有差异，但只有把自己的小我融入祖国的大我、人民的大我之中，与时代同步伐、与人民共命运，才能更好地实现人生价值、升华人生境界。离开了祖国需要、人民利益，任何孤芳自赏都会陷入越走越窄的狭小天地。”③ 可见，“小我”与“大我”的价值关系问题是贯穿于青年大学生成长成才过

① 骆郁廷：《“小我”与“大我”：价值引领的根本问题》，《马克思主义研究》2019年第12期。

② 《马克思恩格斯全集》第1卷，人民出版社1995年版，第459页。

③ 习近平：《在纪念五四运动100周年大会上的讲话》，人民出版社2019年版，第6页。

程始终的一个问题。而“思想道德与法治”课又偏重于青年大学生个人成长层面的思想道德修养与法治素养的提升，那么，在“思想道德与法治”课教学过程中理应以引导青年大学生处理好“小我”与“大我”的价值关系为抓手，整合好教学内容，将社会主义核心价值观整体性融入“思想道德与法治”课教学，以“赋予青年大学生一种精神追求、一种评判是非曲直的价值标准、一种‘接地气、达真知’的致世伦理，使其能勤敏求知、修德向善、明辨是非、笃行实干”①。

“富强、民主、文明、和谐”是国家层面的价值目标，坚持和发展中国特色社会主义，实现中华民族伟大复兴中国梦，凝结着中华民族和中国人民对富强、民主、文明、和谐的价值追求。这一价值追求回答了我们要建设什么样的国家的重大问题，揭示了当代中国在经济发展、政治文明、文化繁荣、社会进步等方面的价值目标，从国家层面标注了社会主义核心价值观的时代刻度，也反映了人们在经济、政治、文化、社会和生态文明等领域所追求的核心价值取向。要将国家层面的核心价值观融入“思想道德与法治”课的教学内容之中，就是要将这些价值目标转化成青年大学生如何认识和处理“小我”与“大我”价值关系的道理。为此，结合教材第一章“领悟人生真谛　把握人生方向”，引导青年大学生正确认识人生观，引导青年大学生担当新时代赋予的历史责任，与历史同向、与祖国同行、与人民同在，力争在服务人民、奉献社会的实践中创造有意义的人生。结合教材第二章“追求远大理想　坚定崇高信念”，引导青年大学生正确认识马克思主义信仰、中国特色社会主义共同理想、共产主义远大理想的内涵及其之间的关系，引导青年大学生明白只有将个人理想融入国家和民族的伟大事业之中才能闪闪发光的道理。

“自由、平等、公正、法治”是社会层面的价值取向，反映了人们对美

① 曹群、郑永廷：《社会主义核心价值观贯穿高校思想政治理论课教学的要义》，《思想理论教育导刊》2015年第2期。

好社会的期望和憧憬，是衡量现代社会是否充满活力又和谐有序的重要标志。这一价值追求回答了我们要建设什么样的社会的重大问题，与现实中国家治理体系和治理能力现代化的要求相契合，揭示了社会主义社会发展的价值取向，也反映了人们在政治社会生活领域所追求的核心价值理念。要将社会层面的核心价值观融入“思想道德与法治”课的教学内容之中，就是要把这一社会的价值理念转化为青年大学生作为社会人肩负的责任以及立志为之努力的方向。结合教材第一章“领悟人生真谛　把握人生方向”，引导青年正确认识人生的价值，正确处理个人与社会的关系，明白人生价值的评价标准在于对社会的贡献。结合教材第六章“学习法治思想　提升法治素养”，在讲好法律的基本知识和常识之外，还要讲清楚其背后的价值取向，引导青年大学生认识法律法规对社会主义核心价值观具体要求的体现，引导他们认识社会主义核心价值观在社会层面的价值取向的实质也是对人们所追求的美好生活在社会中的体现，引导青年大学生认识自由、平等、公正、法治的社会主义意蕴。

“爱国、敬业、诚信、友善”是公民个人层面的价值准则。爱国才能承担时代赋予的使命，敬业才能创造更大的人生价值，诚信才能赢得良好的发展环境，友善才能形成和谐的人际关系。公民个人层面的价值准则回答了我们要培育什么样的公民的重大问题，涵盖了社会公德、职业道德、家庭美德、个人品德等各个方面，是每一个公民都应当遵守的道德规范。有了这样的价值追求，人们才能更好地处理个人与国家、社会、他人的关系，不断提升自己的人生境界。要将个人层面的价值准则融入“思想道德与法治”课的教学内容之中，就是要引导青年大学生以爱国、敬业、诚信、友善的价值观念处理个人与国家、社会、他人的关系。结合第三章“继承优良传统　弘扬中国精神”，讲清楚爱国主义的内涵、本质等，引导青年大学生扬爱国情、立报国志，并将爱国情、报国志融于强国行之中。结合第五章“遵守道德规范　锤炼道德品格”，引导青年大学生在传承中华传统美德、发扬中国革命道德、借鉴人类文明优秀道德成果的基础上遵守公民道德准则，特别是要以爱国、敬业、诚信、友善等价值观念引导青年大学生坚持为人民服务、集体主义等道德原则，遵守社会公德、职业道德、家庭美德、个人品德的相关规范性要求，做一个新时代的社会主义好公民。结合第六章“学习法治思想　提升法治素养”，将法律倡导的“法律面前一律平等”“公平公正”“诚实守信”等价值取向传递给青年大学生。也可以结合相关法律案例将法律法规所蕴含的价值取向传递给青年大学生。2020 年 5 月 13 日，最高人民法院发布了“大力弘扬社会主义核心价值观十大典型民事案例”①，其中选取的案例就很好地传递了社会主义核心价值观的价值理念。

为了更加形象地展示社会主义核心价值观如何融入“思想道德与法治”课教学，在此，以“新时代爱国主义的本质——坚持爱国和爱党、爱社会主义高度统一”为例作一个教学范例。

教学范例

新时代爱国主义的本质——坚持爱国和爱党、爱社会主义高度统一

导入：

各位同学，在上课之前我们一起来回顾一下上节课学习的内容，在上节课中我们一起学习了爱国主义的基本内涵，主要包括四个层面的内容，即爱祖国的大好河山、爱自己的骨肉同胞、爱祖国的灿烂文化、爱自己的国家。每个层面对我们都提出了不同的要求。爱国主义作为民族精神的核心，是历史的、具体的，在不同的历史条件和文化背景下所形成的爱国主义，总是具有不同的内涵和特点。爱国主义的丰富性和生命力，正是通过它的历史性和具体性来表现的。在新民主主义革命时期，爱国主义主要表现为致力于推翻帝国主义、封建主义和官僚资本主义的反动统治，致力于完成近代中国两大

---

① 《最高人民法院大力弘扬社会主义核心价值观十大典型民事案例》，2020 年 5 月 13 日，见 http：//www. chinanews. com/gn/2020/05-13/9182935. shtml。

历史任务。

那么在新时代，爱国主义有什么要求呢？2019年4月30日，习近平总书记在纪念五四运动100周年大会上的讲话中强调道："当代中国，爱国主义的本质就是坚持爱国和爱党、爱社会主义高度统一。"① 那么今天，我们共同探讨一下"坚持爱国和爱党、爱社会主义高度统一"这样一个话题。

过渡：错误观点介绍，引出上课的主要内容。

在日常生活中，我们总可以听到这样一些观点，比如，"爱国不等于爱社会主义""爱国不等于爱共产党""不管什么主义、什么政党，只要能实现国家富强、人民幸福，我都会爱"，以及"我不要什么大国崛起，我只在乎小民尊严"。这些观点是否正确呢？乍一看这些观点似乎没有问题，但极具迷惑性，只要把这个问题放到中国历史长河之中来考察，以"大历史观"来审视这些观点，我们就必然会提出这么一个问题，是不是任何主义、任何政党都能让中国实现富强、让中国人民得到幸福、让中国崛起并给人民以尊严呢？

课堂内容呈现：

今天我们就从**历史和现实两个维度**来考察一下爱国和爱党、爱社会主义之间的关系。1. 历史必然性：历史的选择、人民的选择；2. 现实客观性：三者的命运密不可分。

第一个问题：历史必然性：历史的选择、人民的选择。

驳错误观点1，进而论证：并不是任何主义、任何政党都能让国家实现富强、人民得到幸福！只有中国共产党才能领导中国的新民主主义革命取得胜利，只有社会主义才能救中国。

通过学习中国近现代史，我们可以知道，自鸦片战争中国开始沦为半殖民地半封建社会起，为了实现民族独立和人民解放，国家富强和人民富裕这

① 习近平：《在纪念五四运动100周年大会上的讲话》，人民出版社2019年版，第7页。

两大历史任务，中国社会各阶级和派别都为此付出了各种努力。从地主阶级改革派的“师夷长技以制夷”到地主阶级洋务派发动的洋务运动；从19世纪50年代，农民阶级领导的太平天国运动到19、20世纪之交的义和团运动；从资产阶级改良派的维新变法运动到资产阶级革命派领导的辛亥革命，无一例外的都失败了。辛亥革命虽然推翻了旧制度，但中国向何处去？仍然是一个问题。中国的先进分子一度陷入了极度的疑惑和彷徨之中。“苦苦寻找适合中国国情的道路。君主立宪制、复辟帝制、议会制、多党制、总统制都想过了、试过了，结果都行不通。”① 而这时呢，1914年爆发了第一次世界大战，1917年爆发了十月革命。第一次世界大战和十月革命这两个重大事件，一方面充分暴露了西方资本主义文明的弊端和危机，另一方面又给中国人带来了新的希望和启示，中国的先进分子认为，中国就是要“以俄为师”，走俄国人的路。这就是我们常说的“十月革命一声炮响，为我们送来了马克思主义”。其实到这里，中国的先进分子就已经对资本主义感到失望，进而放弃了资本主义，到这里也就充分证明了中国的农民阶级、地主阶级、资产阶级都无法领导中国的民族民主革命取得胜利，也就是说，西方资本主义近代化的老路以及资产阶级共和国的方案，在中国行不通。因此，近代中国的革命想要取得胜利就必须寄希望于新的革命阶级，由此，领导中国人民完成近代中国面临的两大任务的历史责任就落在了中国无产阶级及其政党的肩上，这就使得无产阶级提前登上了历史舞台，先替资产阶级完成民主革命的任务，进而在资产阶级革命胜利的基础上，开展社会主义革命，建立社会主义制度。因此，人民和历史共同选择了马克思主义、选择了中国共产党、选择了社会主义道路。可见，并不是任何主义、任何政党都能让国家实现富强、人民得到幸福！只有中国共产党才能领导中国的新民主主义革命取得胜利，只有社会主义才能救中国。因此，从历史的必然性来看，坚持中国

① 习近平：《出席第三届核安全峰会并访问欧洲四国和联合国教科文组织总部、欧盟总部时的演讲》，人民出版社2014年版，第43页。

共产党的领导、坚持社会主义是历史的选择、人民的选择。“没有共产党，就没有新中国。有了共产党，中国的面貌就焕然一新。这是中国人民从长期奋斗历程中得到的最基本最重要的结论。”①

过渡：驳错误观点2，进而论证：也并不是任何主义、任何政党都能让中国崛起并给人民以尊严！只有中国共产党才能领导中国，只有社会主义才能救中国，只有改革开放才能发展中国、发展社会主义、发展马克思主义，只有中国特色社会主义道路才能引领中国走向繁荣富强。引入第二个问题。

大家还记得那个在联合国面对美英代表慷慨激昂地发表演说却被无情忽视的叙利亚驻联合国代表贾法里吗？这一张孤寂而落寞的场景曾引起多少人的同情和心疼。如果面对此情此景，还有人说“我不要什么大国崛起，我只在乎小民尊严”，那请问，如何才能维护小民尊严呢？

我们再看这几天大家正在讨论的一件事情。2020年1月2日凌晨，美军出动无人机，精确暗杀了号称伊朗军方2号人物的苏莱曼尼。这本来是美国和伊朗之间的恩怨情仇，但这次暗杀却发生在伊拉克首都巴格达的一处机场。1月5日晚，伊拉克议会通过决议，敦促包括美军在内的所有外国军队撤出伊拉克。然而，这项经过议会民主程序通过的决议却遭到了美国无情嘲讽。美国国务卿蓬佩奥说：“我们相信伊拉克人民会希望美军继续留在伊拉克。”而特朗普则威胁对伊拉克实行“前所未见的制裁”，并且还要求伊拉克支付美军基地的建设费用和军队维护费用。1月8日凌晨，伊朗又发射导弹对2处驻伊拉克美军基地进行报复性打击，伊拉克又一次遭遇重创。而特朗普却在推特上表示“一切都好”。于是，他这句话迅速串上了推特的热搜榜。

看到这里，似乎有了熟悉的味道。其实在中国的晚清时期也发生过类似的事件。1904—1905年，日本和沙俄为了争抢朝鲜和东北，在中国沈阳发

① 《十五大以来重要文献选编》（下），人民出版社2003年版，第1895—1896页。

动了战争，即日俄战争。两个帝国在中国的领土上打仗，而由于国力弱小，清政府只能宣布保持"中立"。大象打架，蚂蚁遭殃。"受祸之惨，较庚子年北京实倍蓰焉。"据史料记载："自旅顺迤（yi）北，直至边墙内外，凡属俄日大军经过处，大都因粮于民。菽黍高粱，均被芟割，以作马料。纵横千里，几同赤地。""盖州海城各属被扰者有300村，计遭难者8400家，约共男女5万多名。"辽阳战场"难民之避入奉天省城者不下3万余人"。"烽燧（sui）所至，村舍为墟，小民转徙流离哭号于路者，以数十万计。"甚至连日本人办的《盛京时报》（1906年10月18日）也不得不承认，东北人民"陷于枪烟弹雨之中，死于炮林雷阵之上者数万生灵，血飞肉溅，产破家倾，父子兄弟哭于途，夫妇亲朋呼于路，痛心疾首，惨不忍闻"①。

更令人气愤的是，战争结束后，沙俄为在战争中阵亡的沙皇驸马修了一座佩剑形状的纪念碑，插在沈阳沙河南岸的山头上，寓意"败不亡耻，以图再起"。而日本人也针锋相对，在对面山上修了一座更高大的佩刀形状纪念塔。1911年，正在奉天读书的周恩来到此地参观时，愤慨地说："张家和王家打架，打到我们李家，杀了我们李家无辜的人不算，还要在我们李家竖碑、立塔纪念，真是欺人太甚了！"于是，热血奔涌的周恩来当场唱起了当时在东北特别流行的爱国歌曲《何日醒》："……俄败何喜？日胜何欣？吾党何日醒？"

日俄战争也影响了鲁迅的一生。当时的鲁迅正在日本学医，在鲁迅的作品里面曾这样描述，我们非常熟悉了，"中国是弱国，所以中国人当然是低能儿，分数在六十分以上，便不是自己的能力了：也无怪他们疑惑。"紧接着还描述了在看电影的过程中，中国人精神麻木的情景，进而促使他弃医从文。

同学们想一想，当时的中国国力弱小，在帝国主义面前何来尊严？当前

① 徐兵博：《读史要略》（下），新华出版社2017年版，第851页。

的伊拉克，在美国等西方大国面前何来尊严？

反观当前中国，由于中国外交部的强硬风格，被戏称为“怼怼天团”。面对美国发动的贸易战，中方坚持立场，严正声明：“贸易战没有赢家，我们不愿打、不怕打，必要时不得不打。”习近平总书记也曾指出：“中国是世界第二大经济体，有13亿多人口的大市场，有960多万平方公里的国土，中国经济是一片大海，而不是一个小池塘。大海有风平浪静之时，也有风狂雨骤之时。没有风狂雨骤，那就不是大海了。狂风骤雨可以掀翻小池塘，但不能掀翻大海。经历了无数次狂风骤雨，大海依旧在那儿！经历了5000多年的艰难困苦，中国依旧在这儿！面向未来，中国将永远在这儿！”①

为什么会出现叙利亚驻联合国代表的落寞身影呢？伊拉克议会通过的决议为什么会遭到美国的无情嘲讽呢？是他们的发言人言辞不够犀利、语气不够强硬吗？而中国外交部“怼怼天团”又是凭什么能够有足够的自信和底气，强势回应各方的责难呢？背后起到决定性作用的还是国家的实力。没有国家的崛起，人民就绝不会有所谓的尊严！

可见，也并不是任何主义、任何政党都能让中国崛起并给人民以尊严！在参观新中国成立70周年大型成就展时，习近平总书记强调道：“70年来我国取得的历史性成就、发生的历史性变革，充分说明只有中国共产党才能领导中国，只有社会主义才能救中国，只有改革开放才能发展中国、发展社会主义、发展马克思主义，只有中国特色社会主义道路才能引领中国走向繁荣富强。”② 从这里我们就可以看出，在当代，中国、中国共产党、社会主义三者的命运是密不可分的。

---

① 《习近平谈治国理政》第三卷，外文出版社2020年版，第206页。

② 《习近平在参观“伟大历程　辉煌成就——庆祝中华人民共和国成立70周年大型成就展”时强调　高举旗帜团结一致锐意进取　为夺取新时代中国特色社会主义伟大胜利不懈奋进》，《人民日报》2019年9月24日。

第二个问题：现实客观性：三者的命运密不可分。

从理论上讲，祖国并不是一个抽象的概念。《中华人民共和国宪法》总纲第一条就对国家性质、根本制度以及坚持党的领导等作出了各种具体的规定。《宪法》明确提到：“中华人民共和国是工人阶级领导的、以工农联盟为基础的人民民主专政的社会主义国家。”“社会主义制度是中华人民共和国的根本制度。中国共产党领导是中国特色社会主义最本质的特征。禁止任何组织或者个人破坏社会主义制度。”因此，在当代中国，爱国主义首先体现在对社会主义中国的热爱上。社会主义制度的确立，为中国一切进步和发展奠定了根本的政治前提和制度基础。而在中国，坚持社会主义制度，又必然要坚持党的领导。中国特色社会主义正是在中国共产党的领导下开创和发展的。邓小平曾指出：“我们人民的团结，社会的安定，民主的发展，国家的统一，都要靠党的领导”①，“在中国这样一个大国，没有共产党的领导，必然四分五裂，一事无成”②。习近平总书记也曾指出：“中国共产党是中国特色社会主义事业的领导核心，处在总揽全局、协调各方的地位。在当今中国，没有大于中国共产党的政治力量或其他什么力量。党政军民学，东西南北中，党是领导一切的，是最高的政治领导力量。中国共产党是执政党，党的领导是做好党和国家各项工作的根本保证，是我国政治稳定、经济发展、民族团结、社会稳定的根本点，绝对不能有丝毫动摇。”③

正是在中国共产党领导下，中国人民进行了社会主义革命，开展了社会主义建设，实行了社会主义改革开放，开创并坚持、发展了中国特色社会主义，我们取得了当今世界“殊”的伟大成就。经济持续快速增长，综合国力实现历史性跨越，国际地位得到显著提升。按不变价计算，截至 2018 年

① 《邓小平文选》第二卷，人民出版社 1994 年版，第 342 页。

② 《邓小平文选》第二卷，人民出版社 1994 年版，第 358 页。

③ 《习近平关于社会主义政治建设论述摘编》，中央文献出版社 2017 年版，第 30—31 页。

底，国内生产总值较1952年增长174倍，年均增长8.1%。在2020新年贺词中，习近平总书记还提到："2019年……我国国内生产总值预计将接近100万亿元人民币、人均将迈上1万美元的台阶……全国将有340个左右贫困县摘帽、1000多万人实现脱贫"①。我国主要农产品产量跃居世界前列，建立了全世界最完整的现代工业体系，基础设施建设成就显著，我国已经是世界第二大经济体、制造业第一大国、货物贸易第一大国、商品消费第二大国、外资流入第二大国，我国外汇储备连续多年位居世界第一。

试想，如果没有中国共产党的领导，没有确立社会主义制度，没有开创并坚持中国特色社会主义道路，是不可能取得这些成就的，更谈不上人民的富裕。因此，2015年12月30日，习近平总书记在中共中央政治局第二十九次集体学习时强调道："祖国的命运和党的命运、社会主义的命运是密不可分的。只有坚持爱国和爱党、爱社会主义相统一，爱国主义才是鲜活的、真实的，这是当代中国爱国主义精神最重要的体现。"②

课堂总结：

这就是我们今天学习的主要内容。从历史必然性和现实客观性来理解爱国和爱党、爱社会主义的相统一的新时代爱国主义本质。

那我们怎样才能做到爱国和爱党、爱社会主义相统一呢？那是我们下节课将要学习的内容。今天我们就讲到这里，谢谢大家！

---

① 《国家主席习近平发表二〇二〇年新年贺词》，《人民日报》2020年1月1日。

② 《习近平在中共中央政治局第二十九次集体学习时强调　大力弘扬伟大爱国主义精神为实现中国梦提供精神支柱》，《人民日报》2015年12月31日。

第三章 社会主义核心价值观融入“纲要”课教学

“核心价值观”是“反映全国各族人民共同认同的价值观‘最大公约数’”。[①] 在一个社会确立核心价值观，最为根本的目的就在于凝聚共识，而在这其中，一个国家的历史则是形成共识的基础。古语有言：“夫以铜为镜，可以正衣冠；以史为镜，可以知兴替；以人为镜，可以明得失。”（《旧唐书·魏徵传》）也有学者认为，历史具有“使人理解过去的社会，使人增加掌握现在社会的能力”[②] 的双重作用。要准确把握社会现实，凝聚、团结各族人民为实现中华民族伟大复兴中国梦而一致奋斗，就必须对中国历史特别是近现代历史进行透彻的理解。“中国的近现代史，就其主流和本质来说，是中国一代又一代的志士仁人和人民群众为救亡图存和实现中华民族的伟大复兴而英勇奋斗、艰苦探索的历史；尤其是全国各族人民在中国共产党的领导下，进行伟大的艰苦的斗争，经过新民主主义革命，创建中华人民共和国，赢得民族独立和人民解放的历史；经过社会主义革命、建设、改革，

---

① 习近平：《青年要自觉践行社会主义核心价值观——在北京大学师生座谈会上的讲话》，《人民日报》2014 年 5 月 5 日。

② ［英］爱德华·霍利特·卡尔：《历史是什么?》，吴柱存译，商务印书馆 1981 年版，第 57 页。

把一个极度贫弱的旧中国逐步变成一个持续走向繁荣富强、充满生机和活力的社会主义新中国的历史。”也可以说，一部中国近现代史就是一部中国各族人民团结一致，共同奋斗，致力于建设一个富强、民主、文明、和谐的社会主义现代化强国的历史。这一历史进程，表达了各族人民对自由、平等、公正、法治的向往与追求，也涌现出一代代爱国、敬业、诚信、友善的中国人民。因此，一部中国近现代史，就是社会主义核心价值观的形成史。

“纲要”课既是一门历史课，也是一门思想政治理论课，承担着社会主义核心价值观教育的重要职责。通过“纲要”课，在历史的宏大叙事中引导青年大学生“认识近现代中国社会发展和革命、建设、改革的历史进程及其内在的规律，深刻领会历史和人民是怎样选择了马克思主义、选择了中国共产党、选择了社会主义道路、选择了改革开放，深刻领会中国共产党为什么能、马克思主义为什么行、中国特色社会主义为什么好，更加坚定地在中国共产党坚强领导下为实现中华民族伟大复兴而不懈奋斗”①，不仅要让当代中国青年大学生知道社会主义核心价值观的科学性，即“真”，也要达成社会主义核心价值观教育的认同目标，即“信”。

一、“纲要”课承担着社会主义核心价值观教育的重要职责

“纲要”课虽然重点讲授中国自1840年以来的历史，但却与专业的历史课程有着重大的区别，它重在讲清楚中国近现代历史的主线和主题，重在引导青年大学生在历史发展的主线中认识历史发展规律，认识中国历史和中国人民共同选择了马克思主义、选择了中国共产党、选择了社会主义、选择

① 本书编写组：《中国近现代史纲要（2021年版）》，高等教育出版社2021年版，第9页。

了改革开放的事实，致力于引导青年大学生认识到“四个选择”的必然性和正确性。社会主义核心价值观从价值层面反映了中国近代以来的历史主线和主题，这决定了“纲要”课承担着社会主义核心价值观教育的重要职责。

（一）“纲要”课具有“历史课”和“思想政治理论课”的双重性质

研究社会主义核心价值观融入“纲要”课，我们首先就应该了解“纲要”课的性质。否则就容易在实际讲授的过程中“种了别人的田，荒了自己的地”，或将“纲要”课上成历史类专业课，又或将“纲要”课上成戏说八卦野史的另类课，进而主动放弃其育人功能。学界关于“纲要”课的属性大致有三种代表性观点。一是认为，虽然从名称和内容上来看，“纲要”课“是一门历史课程”，但严格来说却不能将其归属于“历史学科的学科教学体系”，它是“一门从属于马克思主义理论学科教学体系的政治课”。① 二是认为，直接将“纲要”课划归“历史学科的范畴”，认为“纲要”课是在“中国近现代时限内中国历史发展的全过程进行研究，从中找出规律，发挥其社会功能”，因而毫无疑问属于历史课。② 三是认为，“纲要”课既是一门历史课，又是一门思想政治理论课，应将其“明确定位为一门高校思想政治理论教育的历史课”。③ 第一种观点侧重于“纲要”课的功能属性；第二种观点则是突出“纲要”课的专业属性。无论是第一种观点还是第二种观点都带有一定的片面性。第三种观点将“纲要”课定性为“高校

① 任晓伟、陈答才：《准确把握“中国近现代史纲要”课程的特征》，《思想理论教育》2008年第9期。

② 王先俊：《“中国近现代史纲要”教学中应注意的若干问题》，《思想理论教育》2008年第19期。

③ 郭文亮：《正确处理“中国近现代史纲要”教学中的几个问题》，《思想理论教育》2007年第19期。

思想政治理论教育的历史课”，较前面两种观点都全面，具有较强的科学性，但还需要对“纲要”课的这种双重属性进行深入分析，综合考虑其专业属性与功能属性间的内在关系，才能更好地解释“纲要”课的课程属性。

从“纲要”课的主要内容来看，“纲要”课包含了从1840年以来的中国近现代的历史，大体可分为三个阶段，即“从鸦片战争到五四运动前夜”（1840—1919）、“从五四运动到新中国成立”（1919—1949）、“从新中国成立到新时代”（1949年至今）。在高校思想政治理论课的课程体系中，相较于其他几门课程，“纲要”课是一门从历史维度揭示“近现代中国社会发展和革命、建设、改革的历史进程及其内在的规律”的理论课①，具有较强的历史专业性，从其专业属性来说，“纲要”课就是一门历史课。“05方案”和“20方案”都明确将“纲要”课纳入了高等学校思想政治理论课的课程设置，在“20方案”中明确规定了“纲要”课的基本内容：“‘中国近现代史纲要’，主要讲授中国近代以来争取民族独立、人民解放和实现国家富强、人民幸福的历史，帮助学生了解党史、国史、国情，深刻领会历史和人民选择马克思主义、选择中国共产党、选择社会主义道路、选择改革开放的必然性。”② 可见，“纲要”课虽然侧重于讲授中国近现代的历史，具有历史课程的专业性，但从其以史育人的目的和功能来说，它更是一门思想政治理论课。因此，“纲要”课是一门具有“历史课”和“思想政治理论课”双重性质的课程。

所谓专业属性，在此也可以称作“历史的科学性”，主要是指“纲要”课是一门属于历史科学范畴的课程。这就要求“纲要”课在讲授历史、探寻阐释历史规律的过程中，必须遵循历史学科的“求真”原则，以事实为

---

① 本书编写组：《中国近现代史纲要（2021年版）》，高等教育出版社2021年版，第9页。

② 《中共中央宣传部　教育部关于印发〈新时代学校思想政治理论课改革创新实施方案〉的通知》，2021年1月1日，见 http://www.gov.cn/zhengce/zhengceku/2021-01/01/content_5576046.html。

依据，用全面、真实、可靠的史料说话，坚持“大历史观”的宏大叙事，注重历史的整体性、贯通性，善于抓住历史的主流和本质，承认历史因素之间的普遍联系与辩证关系，反对抓住历史的细枝末节，预设结论，选择性地使用史料，片面地、孤立地看待问题，进而以片面性结论否定历史整体的历史虚无主义态度。历史的科学性是得出正确可靠历史结论的前提。忽略“纲要”课的专业属性，不仅容易造成史实的“失真”，而且会因为无法看清历史进程中纷繁复杂的辩证关系而误读历史，进而得出错误的结论，对历史规律的科学论证也终将成为无本之木、无源之水。专业属性要求我们在“纲要”课教学的过程中注重引导学生掌握科学的历史分析方法，将“历史认识的方法作为一种认识的工具和指南传授给学生”，而学生也只有借助这些科学的方法才能获得历史思维的能力。① 也就是说，在“纲要”课教学过程中，不能局限于告知学生正确的历史结论，而应该运用科学的历史方法全面分析历史史实，引导学生在发掘、分析史料的过程中推导出科学的历史结论，掌握科学的历史思维能力。

所谓功能属性，也可称为“历史功能的政治性”，主要是指“纲要”课以史育人的功能，即该门课程所具有的思想政治教育功能。这一属性决定了“纲要”课虽然具有历史课的专业性，但绝不是纯粹的历史课，不能仅讲授或叙述历史知识和历史过程，更不能将“纲要”课作为专门史来讲授，其教学活动也不是价值无涉或价值中立的过程，而是有着明确价值取向的教学活动，重点是在求真的基础上实现求信的目标。要达成这个目标就是要坚持“纲要”课教学的价值取向，发挥历史的导向功能，以历史知识和历史过程的讲解为载体实现“纲要”课的思想政治教育功能。具体来说，就是通过历史知识和历史过程的讲解，引导青年大学生正确认识国史、国情，科学把握中国近现代社会发展和革命发展的历史进程及其内在规律，进而深刻领会

① ［苏联］莱纳：《历史教学中发展学生的思维能力》，白月桥译，教育科学出版社 1989 年版，第 131 页。

近现代中国历史和人民“四个选择”的历史必然性和正确性。作为思想政治教育的载体，“纲要”课教学要坚持马克思主义的基本立场、观点、方法，凸显国家立场、民族本位，以社会主义核心价值观为引领，将“纲要”课的功能属性置于主导地位，从历史教育的角度，针对大学生思想实际进行有目的的价值塑造与引领，使其形成正确的历史意识，洞悉历史规律，达成历史共识。这就是“纲要”课与专业历史课的显著区别，忽略这个区别，就无法保证“纲要”课的思想性、方向性、政治性等功能属性。

综上，“纲要”课是一门具有“历史课”和“思想政治理论课”双重性质的课程，统筹兼顾了历史课的专业属性与思想政治理论课的功能属性，目的就是要在求真基础上达成求信的目标。两种属性互为依托，缺一不可，前者在于求真，后者在于求信，只有在“真”的基础上，才能达到令人“信”的目标。因此，“纲要”课虽是一门具备双重属性的课程，但归根结底是一门思想政治理论课程。

（二）抓住“民族复兴”这条主线讲清楚“四个选择”的教学主题

“历史不过是追求着自己目的的人的活动而已。”① 马克思、恩格斯曾指出，我们研究的所谓历史，不是先于预先存在的纯粹的自然界的历史，而是现实的、活生生的感性世界的人的历史，现实的人的感性活动始终创造着历史的现实和现实的历史。正因如此，历史总是纷繁复杂、丰富多彩的。从世界发展的无限性来看，历史是无限的，而从人类生命的有限性来看，又决定了人类对历史的认识的有限性，绝不可能穷尽所有细枝末节。唯有抓住历史发展的主线和主题，认清历史发展的主流和本质，才能科学把握历史发展的

---

① 《马克思恩格斯文集》第1卷，人民出版社2009年版，第295页。

规律。“纲要”课教材内容涵盖从1840年至今年180多年的历史，跨越的时间段较长。面对无限丰富的历史材料，任何人可能穷其一生都无法将细枝末节在内的历史认识穷尽。另外，历史的细枝末节也无法反映历史的全貌，过度地陷入对历史细节的崇拜而忽略从整体上把握历史，对揭示历史发展规律和趋势并无助益。因此，在“纲要”课教学中唯有抓住中国近现代历史的发展主线，选择恰当的教学主题，才能引导青年大学生认识中国近代以来历史发展的主流和本质，进而达成“纲要”课作为思想政治理论课的思想政治教育目的。

所谓主线，就是贯穿事物发展始终的一条线索，在事物发展过程中无论发生多少其他事情，都与其密切相关，甚至都是为其服务的。那么，纵观中国近现代史发展，也有一条贯穿始终的主线，即中华民族伟大复兴。2012年11月，习近平总书记在国家博物馆参观《复兴之路》展览时强调：“实现中华民族伟大复兴，就是中华民族近代以来最伟大的梦想。这个梦想，凝聚了几代中国人的夙愿，体现了中华民族和中国人民的整体利益，是每一个中华儿女的共同期盼。历史告诉我们，每个人的前途命运都与国家和民族的前途命运紧密相连。国家好、民族好，大家才会好。实现中华民族伟大复兴是一项光荣而艰巨的事业，需要一代又一代中国人共同为之努力。”① 习近平总书记在庆祝中国共产党成立100周年大会上的讲话中指出：“中国共产党一经诞生，就把为中国人民谋幸福、为中华民族谋复兴确立为自己的初心使命。一百年来，中国共产党团结带领中国人民进行的一切奋斗、一切牺牲、一切创造，归结起来就是一个主题：实现中华民族伟大复兴。”② 中华民族伟大复兴集中概括了近代中国面临的两大历史任务，即求得民族独立和人民解放以及实现国家繁荣富强和人民共同富裕。而要实现国家的繁荣富

① 《十八大以来重要文献选编》（上），中央文献出版社2014年版，第84页。

② 习近平：《在庆祝中国共产党成立100周年大会上的讲话》，人民出版社2021年版，第3页。

强和人民的共同富裕，必然先要获得民族独立和人民解放，这是前提和基础。围绕中华民族伟大复兴这条主线，中国近现代历史得以徐徐展现，就其主流和本质来说，中国近现代史，“是中国人民为救亡图存和实现中华民族伟大复兴而英勇奋斗、艰辛探索并不断取得伟大成就的历史：尤其是全国各族人民在中国共产党领导下，进行艰苦卓绝的斗争，经过新民主主义革命，赢得民族独立、人民解放，建立中华人民共和国的历史；经过社会主义革命、建设、改革，把极度贫穷落后的中国逐步改变成持续走向繁荣富强、充满生机活力的社会主义中国的历史”①。中华民族伟大复兴这条主线也蕴含了“站起来、强起来、富起来”的历史发展逻辑。

所谓教学主题，就是在教学过程中面对无限丰富的历史为抓住历史发展的主线而选择的恰当的教学专题。教学主题的选择总是与教学目标紧密相关的。“纲要”课作为全国高等学校本科生必修的思想政治理论课之一，通过学习本课程需要达到什么样的目的呢？一部中国近现代史，就是中国人民不断探索和选择的历史。面对西方帝国主义的坚船利炮，还处于封建社会的中国被迫打开了国门，进而逐渐陷入了半殖民地半封建社会的泥潭而无法自拔。正是在这种情况下，一代代中国人开启了曲折的探索和选择之路。为了实现近代中国面临的两大历史任务，中国人民必须在历史发展进程中作出正确的选择，即使在当前，中国面对世界百年未有之大变局，站在实现“两个百年目标”的历史交汇点上，中国每前进一步都需要作出慎重的选择。“纲要”课就是要引导当代青年大学生“认识近现代中国社会发展和革命、建设、改革的历史进程及其内在的规律性，了解国史、国情，深刻领会历史和人民是怎样选择了马克思主义，选择了中国共产党，选择了社会主义道

① 本书编写组：《中国近现代史纲要（2021年版）》，高等教育出版社2021年版，第1页。

路，选择了改革开放”①。这“四个选择”对于当前来说，可能已经是一个当然的结论，但任何一个看似简单的历史结论，将其放入历史发展进程之中都是一个渐进的甚至非常曲折的过程。正如有论者所言：“要看到‘每个选择’都是逐步推进的，都经历了从少数先进人士的选择转变为绝大多数人的普遍选择的长期过程；这个过程伴随着人民对‘每个选择’的认识由肤浅向深刻的转化。”② 而这“四个选择”又蕴含着近代以来中国人民为实现中华民族伟大复兴而艰苦探索的全过程，作为教学主题不仅能够围绕历史发展主线而展开教学，并且能够较为恰当地概括中国近代以来历史发展的主要内容，是最为恰当的教学主题。

“纲要”课内容跨越180多年的长时段历史，包含的内容异常丰富，抓住主线，选择恰当的教学主题其实质就是以“大历史观之”③，着眼全局，抓住重点，分清主次。中国近代以来，在较长一段时期内始终是一个地广人多、经济文化较为落后、国内各地区发展极不平衡的东方农业大国。在这样一个国家要领导广大人民开展革命、建设、改革，可借鉴的经验极为有限，面对层出不穷的新问题，只能是在不断的实践摸索中去试去闯，这就决定了在这个过程中肯定会遇到挫折，甚至犯下一些错误。这就要求我们在学习历史、研究历史的过程中坚持实事求是的原则，掌握科学的研究方法，对待历史也要有科学的态度。历史本来充满着大量复杂的甚至互相矛盾的事实，这就要求必须具有全局观，抓主线、讲主流、认本质。列宁曾说：“在社会现象方面，没有比胡乱抽出一些个别事实和玩弄实例更普遍更站不住脚的方法了。罗列一般例子是毫不费劲的，但这是没有任何意义的或者完全起相反的

---

① 本书编写组：《中国近现代史纲要（2018年版）》，高等教育出版社2018年版，第2期。

② 张树焕：《“中国近现代史纲要”课程教学贯串“四个选择”的再思考》，《思想教育研究》2018年第5期。

③ 习近平：《在庆祝改革开放40周年大会上的讲话》，《人民日报》2018年12月19日。

作用，因为在具体的历史情况下，一切事情都有它个别的情况。如果从事实的全部总和、从事实的联系去掌握事实，那末，事实不仅是‘胜于雄辩的东西’，而且是证据确凿的东西。如果不是从全部总和、不是从联系中去掌握事实，而是片断的和随便挑出来的，那末事实就只能是一种儿戏，或者连儿戏都不如。”① 当前，无论是历史学界还是“纲要”课堂，总有人喜欢对历史的某些细节津津乐道，花费大量的人力物力去研究它、论述它，为发现一点细枝末节的东西而欣喜若狂，以为自己掌握了这些细节的材料就似乎发现了另外一种所谓的“真相”，以为抓住了个别事例，就能把这些个别的事情说成全体，进而脱离复杂的历史背景，孤立地看待某些历史事件和历史任务，从而作出错误的结论。历史虚无主义就是典型的偏离历史发展的主线、主题，舍弃历史发展的主流和本质而陷入歧途的错误思潮。

中华民族伟大复兴是中国近代以来追求的最伟大的梦想，这个梦想贯穿始终。但中国近现代历史发展告诉我们，并不是任何思想理论都能够指导中国的革命取得胜利，也不是任何政党都能领导中国人民闹革命、搞建设、行改革，更不是任何建国方案在中国都行得通，而且在中国只有实行改革开放才能发展中国。也就是说，是历史和人民共同选择了马克思主义、选择了中国共产党、选择了社会主义、选择了改革开放。主线既是贯穿始终的一条主线，也是要最终实现的伟大目标，“四个选择”阐述的是实现伟大梦想的过程；同时，“四个选择”也是在伟大梦想实现的过程中渐进确定的一个过程。也就是说，主线和主题始终是中国近现代史发展过程中不可缺少的因素，“纲要”课教学只要抓住主线，讲清楚这四个主题就是抓住了中国近现代史的主流和本质。胡锦涛曾说，中国共产党成立以来干了三件大事，即“在新民主主义革命时期，我们经过二十八年艰苦卓绝的斗争，推翻了帝国主义、封建主义、官僚资本主义的反动统治，实现了民族独立和人民解放，

① 《列宁全集》第 23 卷，人民出版社 1958 年版，第 279 页。

建立了人民当家作主的新中国。在社会主义革命和建设时期，我们确立了社会主义基本制度，在一穷二白的基础上建立了独立的比较完整的工业体系和国民经济体系，使古老的中国以崭新的姿态屹立在世界的东方。在改革开放和社会主义现代化建设时期，我们开创了中国特色社会主义道路，坚持以经济建设为中心、坚持四项基本原则、坚持改革开放，初步建立起社会主义市场经济体制，大幅度提高了我国的综合国力和人民生活水平，为全面建设小康社会、基本实现社会主义现代化开辟了广阔的前景”①。这三件大事，从根本上改变了中国人民的前途命运，决定了中国历史的发展方向，在世界上产生了深刻而广泛的影响。这其实就是在抓住了中国近现代史的主流和本质。

（三）社会主义核心价值观教育与“纲要”课教学具有内在契合性

“纲要”课具有历史课与思想政治理论课的双重特性，既可以说它是一门历史课，也可以说它是一门思想政治理论课，但从根本上来说，“纲要”课是一门思想政治理论课，因为它承担着育人的功能，更确切地说，它承担着社会主义核心价值观教育的重要职责。“纲要”课之所以能够承担起社会主义核心价值观教育的重要职责，根源于两者之间的内在契合性。

学习中国近现代史，主要目的是“认识近现代中国社会发展和革命、建设、改革的历史进程及其内在规律，深刻领会历史和人民是怎样选择了马克思主义、选择了中国共产党、选择了社会主义道路、选择了改革开放，深刻领会中国共产党为什么能、马克思主义为什么行、中国特色社会主义为什么好，更加坚定地在中国共产党坚强领导下为实现中华民族伟大

① 《十六大以来重要文献选编》（下），中央文献出版社2008年版，第519—520页。

复兴而不懈奋斗”①。而“纲要”课教学则主要是要抓住中华民族伟大复兴这条主线，讲清楚“四个选择”的必然性和正确性。无论从中华民族伟大复兴来说，还是从“四个选择”来说，都与社会主义核心价值观教育有着密切联系。新时代，只有将社会主义核心价值观融入“纲要”课教学，以历史思维和历史视野来阐释、对待社会主义核心价值观，将社会主义核心价值观的形成和发展融入历史发展的宏大叙事之中，才能更为深刻地理解社会主义核心价值观，也才能更好地促进青年大学生躬身践行社会主义核心价值观。

从国家层面的价值目标来说，富强、民主、文明、和谐既是社会主义核心价值观所倡导的价值观念，也是中国近代以来几代中国人民共同追寻的伟大梦想，即中华民族伟大复兴的中国梦。中华民族伟大复兴中国梦在历史发展的不同时期也有着不同的叫法。在新民主主义革命时期，中国面临求得民族独立和人民解放、实现国家繁荣富强和人民共同富裕的两大历史任务，在这两大历史任务中，前者为后者扫清障碍，创造必要的前提。也就是说，这两大历史任务归根结底就是要实现第二个历史任务，就是中华民族伟大复兴。新中国成立后，在中国共产党的领导下我们进行了社会主义革命，在中国建立了社会主义制度，为社会主义建设提供了制度前提，奠定了政治基础。1954 年，周恩来在第一次全国人民代表大会上强调：“如果我们不建设起强大的现代化的工业，现代化的农业，现代化的交通运输业和现代化的国防，我们就不能摆脱落后和贫困，我们的革命就不能达到目的。”1957 年，毛泽东在党的全国宣传工作会议上再次强调：“我们一定会建设一个具有现代工业、现代农业和现代科学文化的社会主义国家。”②“为了纠正急于求成的错误，1959 年底至 1960 年春，毛泽东与部分理论家和工作人员用一个多

① 本书编写组：《中国近现代史纲要（2021 年版）》，高等教育出版社 2021 年版，第 9 页。

② 《建国以来重要文献选编》第 10 册，中央文献出版社 1994 年版，第 111 页。

月的时间集体学习了苏联《政治经济学教科书》。其间，毛泽东第一次完整表述了“四个现代化”，提出了“建设社会主义，原来要求是工业现代化，农业现代化，科学文化现代化，现在要加上国防现代化”①。1963 年 1 月，周恩来在上海市科学技术工作会议上的讲话中提出：“我们要实现农业现代化、工业现代化、国防现代化和科学技术现代化，把我们祖国建设成为一个社会主义强国，关键在于实现科学技术的现代化。”② 改革开放后，“建设富强、民族、文明、和谐的社会主义现代化国家”既是作为到 21 世纪中叶要实现的第二个百年目标，也是中国特色社会主义的共同理想。可见，社会主义核心价值观中国家层面的价值目标就是近代以来几代中国人民励志要实现的伟大梦想，与中国近现代历史发展进程是高度吻合的。

从社会层面的价值取向来说，自由、平等、公正、法治既是社会主义现代化强国所应当蕴含的社会价值取向，也是中国近代以来仁人志士为之付出艰辛努力而希望建成的理想社会。如果说富强、民主、文明、和谐是较高层次的价值目标，那么，对国家层面价值目标的追求必然要体现在对现实社会发展的追求上。也就是说，建设一个富强、民主、文明、和谐的社会主义现代化强国，必然内含着建设一个自由、平等、公正、法治的社会。纵观中国近现代的历史，中国仁人志士抛头颅、洒热血，反对帝国主义、封建主义、官僚资本主义的压迫和剥削，其实质就是对自由、平等、公正的价值追求。新中国成立以来，我们制定的第一部法律就是《中华人民共和国婚姻法》，让中国的女性从千百年来的封建婚姻下解放出来。制定《共同纲领》、“五四宪法”等，开启了依法治国的新征程。虽然在社会主义建设过程中，法治建设曾遭到一定程度破坏，但终究还是在党的领导下纠正了错误，重回正轨。在改革开放的过程中，随着市场经济的发展，法治建设越发成熟，以德治国与依法治国并重。到 2010 年，中国特色社会主义法律体系宣告形成。

---

① 《毛泽东文集》第八卷，人民出版社 1999 年版，第 116 页。

② 《周恩来选集》（下），人民出版社 1984 年版，第 412 页。

中国特色社会主义进入新时代，党中央提出实施全面依法治国。可见，社会层面的价值取向也是实实在在地印在了中国近现代历史发展的具体进程之中。

从个人层面的价值准则来说，爱国、敬业、诚信、友善既是社会主义核心价值观对当代中国公民在价值准则方面的具体要求，也是对中华优秀传统美德和悠久历史传统的集中反映。爱国是中华民族的传统美德，爱国主义精神更是中华民族民族精神的核心。无数为争取民族独立、人民解放而牺牲的革命烈士，无不具有一颗炙热的爱国之心。从“苟利国家生死以，岂因祸福避趋之”“天下兴亡，匹夫有责”到中国共产党领导人民英勇奋战，取得新民主主义革命的胜利，无不体现中国共产党人的爱国主义精神。中国共产党人就是中国近代以来最大的爱国者，伟大的建党精神、长征精神、井冈山精神、西柏坡精神、“两弹一星”精神等都是爱国主义的集中体现。另外，在社会主义建设时期、改革开放新时期等涌现出来的铁人精神、红旗渠精神、女排精神、载人航天精神、奥运精神、抗震救灾精神等，都体现出爱国、敬业、诚信、友善的价值观念。

建设富强、民主、文明、和谐的社会主义现代化国家，即实现中华民族伟大复兴。首先，中华民族伟大复兴是中国近现代历史发展的主线，也是社会主义核心价值观在国家层面的价值目标，两者高度吻合。其次，从中国近现代历史发展进程来看，中华民族伟大复兴内在地蕴含着社会主义核心价值观其他两个层面的价值内涵。国家层面的价值目标直接指向中华民族伟大复兴。而中华民族伟大复兴不单单是一个目标而已，要实现这个目标，国家、社会、个人三方面都必须要行动起来。国家层面的价值目标，指引着社会层面价值取向和个人层面的价值准则，也就对建设一个怎样的社会和培育什么样的公民提出了相应的要求。毫无疑问，社会主义核心价值观并不是一开始就是当前的状态，而是有一个逐渐发展的过程，国家、社会、个人三个层面的价值观念内含于中国近现代历史的发展之中。将社会主义核心价值观融入中国近现代史的发展之中，不仅有利于青年大学生了解社会主义核心价值观形成发展的历史，更有利于青年大学生对社会主义核心价值观的认同。这也更能体现出“纲要”课开展社会主义核心价值观教育的独特优势。

二、社会主义核心价值观融入“纲要”课的内在逻辑阐释

社会主义核心价值观融入“纲要”课绝不是将社会主义核心价值观念生硬地搬进“纲要”课课堂，更不是将社会主义核心价值观的 24 个字与中国近现代历史的内容一一对应地加以阐释，而是有其内在的逻辑。“纲要”课教学重点在于抓住中华民族伟大复兴这条主线，讲清楚“四个选择”的必然性和重要性。而社会主义核心价值观教育最根本的就是提升认同，达成价值共识。这就需要在“纲要”课教学中以历史叙事达成社会主义核心价值观教育的“真”和“信”，发挥历史教育的价值塑造功能，凝聚当代中国的价值共识，重点批判历史虚无主义思潮，消解社会主义核心价值观的认同障碍。

（一）以历史叙事达成社会主义核心价值观教育求真求信的目标

社会主义核心价值观教育不同于一般的知识性教育，不但要求真，阐释其科学性，还要求信，引导青年大学生的内心认同并实践追随。在社会主义核心价值观教育中，求真是前提和基础，求信才是根本目标和最终归宿。正因为社会主义核心价值观具有科学性，从价值观层面反映了社会主义发展的规律性，因此，只有从理论上将社会主义核心价值观彻底讲清楚了，才能够

促使青年大学生相信、认同，才能最终追随。

反观当前的社会主义核心价值观教育，效果不尽如人意。有的把社会主义核心价值观作为一系列的知识点，希望以知识教育的方式将社会主义核心价值观传递给教育对象。与此相应，就必然出现要求教育对象对社会主义核心价值观死记硬背、强硬灌输的现象，将社会主义核心价值观刷到墙上，印成海报、广告牌挂在橱窗、教室等醒目的地方，甚至将其列为考试的必考内容。那么，这样的教育方式很难说能够达成社会主义核心价值观教育求真和求信的目标。社会主义核心价值观的 24 个字是对社会主义核心价值体系的高度凝练，是社会主义核心价值体系的内核，具有高度的抽象性。如果就社会主义核心价值观来讲社会主义核心价值观，恐怕很难避免抽象、空洞的说教方式，难免引起教育对象的逆反情绪，从而使得社会主义核心价值观教育陷入低效率的教育重复。

社会主义核心价值观绝不是一种天然存在的状态，而是一个历史发展的过程。价值观教育在任何时代都是客观存在的，但社会主义核心价值观教育根本在于“社会主义”，也就是要讲清楚社会主义核心价值观当中的社会主义因素。而从价值层面上讲，一部中国近现代史就是中国人民追求社会主义价值的历史，中国近现代史的发展进程与社会主义核心价值观的发展进程是历史和逻辑的统一。“纲要”课和社会主义核心价值观的育人功能有着异曲同工之处。社会主义核心价值观是中国近现代历史发展进程中思想经验不断沉淀的结果，既是理论的升华，也是历史发展的产物。缘于这种密切关系和课程优势，“纲要”课应成为进行社会主义核心价值观教育的重要渠道，在培育和践行社会主义核心价值观方面义不容辞。“纲要”课是一门历史课，也是一门思想政治理论课。历史课决定着在“纲要”课教学过程中必须讲清历史史实，以历史发展、历史史实的真实性来达成社会主义核心价值观教育的求真目标。思想政治理论课又决定着在“纲要”课教学过程中不能只讲历史史实，还必须具有明确的价值引导。而在“纲要”课教学中要做好价值引导就必须要抓住中华民族伟大复兴这条主线讲清楚“四个选择”的必然性和正确性，引导青年大学生在理解中华民族伟大复兴的主线和“四个选择”的必然性、正确性中来理解社会主义核心价值观，进而认同社会主义核心价值观，达成社会主义核心价值观教育求信的目标。“纲要”课的历史课特性决定了它只有在讲清历史事实的基础上，才能发挥出“纲要”课价值引导的功能。因此，无论是要达成求真还是求信的目标，“纲要”课都要建立在历史叙事之上。

历史叙事，是相对于文学叙事等陈述方式来讲的，就是指以叙事的方式陈述历史，而不能赋予夸张、虚构等文学叙事方式，该叙事方式的核心在于坚持以实事求是的原则陈述历史、阐释历史。“历史是客观存在的，而不是历史虚无主义者所认为的是建构的、想象的。历史叙事作为历史学与生俱来的基本形态，应成为历史学家自觉捍卫的学科边界。”① 以历史叙事达成社会主义核心价值观求真和求信的目标，就是要将社会主义核心价值观放进中国近现代历史的发展进程之中，以历史的、发展的眼光来认识和阐述社会主义核心价值观的历史必然性，进而赋予其历史与现实的说服力。具体来说，就是要遵循中国近现代史的发展线索，通过讲述中国近现代历史基本进程和其蕴含的因果逻辑，结合具体的重要历史事件、人物，从历史发展的维度来科学解读社会主义核心价值观，充分展示其科学性，夯实青年大学生认识社会主义核心价值观的历史基础和理论基础，达成社会主义核心价值观教育求真的目标。再在求真的基础上对青年大学生进行必要的价值引导，进一步提升其对社会主义核心价值观的认同感，达成社会主义核心价值观教育求信的目标。

历史叙事不仅要求以实事求是的原则陈述历史、阐释历史，同时也要求坚持历史的宏大叙事，着眼于中国近现代史的“纲”和“要”，把握历史发展的主流和本质，抓住中国近现代历史发展的主线，以“四个选择”为教

① 许兆昌：《深刻认识历史叙事的价值》，《人民日报》2018 年 10 月 15 日。

学主题，讲清楚“四个选择”是近代以来中华民族为救亡图存、实现民族复兴，在探索国家出路过程中的历史必然。近现代中国历史已经证明，只有马克思主义才能指导民族复兴大业的实现，只有中国共产党才能肩负起领导民族复兴的重任，也只有社会主义道路才能实现中华民族的伟大复兴，改革开放的理论成果和实践主题即中国特色社会主义才是实现中华民族复兴的必由之路。“纲要”课是思想政治理论课，但与其他思想政治理论课程不一样的地方就是其通过历史叙事的方式阐释相应的政治结论和政治逻辑。因此，就需要引导青年大学生在历史的宏大叙事中理解社会主义核心价值观的正确性和必然性，提升对中国特色社会主义的认同感。

关于“为什么选择马克思主义”。可结合第四章“中国共产党成立和中国革命新局面”来加以阐释。旧民主主义革命的失败，说明中国需要重新选择指导思想和救国方案。第一次世界大战又暴露了资本主义制度的内在矛盾，展示了西方文明所谓的普适性在东方世界遭遇的尴尬境地，而与此同时，社会主义在俄国的成功实践，又“给予中国的先进分子以新的革命方法的启示，推动他们去研究这个革命所遵循的主义”①。马克思主义作为一种科学思想，之所以能够被选择，“如果不和客观的实际的事物相联系，如果没有客观存在的需要，如果不为人民群众所掌握，即使是最好的东西，即使是马克思列宁主义，也是不起作用的”②。经过新文化运动的思想启蒙，五四运动时期马克思主义在中国广泛传播；马克思主义的科学性、人民性、革命性和开放性的特质，契合了中国社会革命的需要，并在逐步成长壮大起来的工人阶级中找到了理论载体。

关于“为什么选择中国共产党”。可结合第二章“不同社会力量对国家出路的早期探索”、第三章“辛亥革命与君主专制制度的终结”及第四章

---

① 本书编写组：《中国近现代史纲要（2021 年版）》，高等教育出版社 2021 年版，第 93 页。

② 《毛泽东选集》第四卷，人民出版社 1991 年版，第 1515 页。

“中国共产党成立和中国革命新局面”的相关内容来加以阐释。农民阶级、地主阶级改良派、资产阶级维新派、资产阶级革命派的努力都以失败而告终；他们的王朝继替、借西技以自强、君主立宪、民主共和等方案都无法应对中国的变局，更无法实现中华民族的复兴。面对内外挑战，中国工人阶级提前登上历史舞台，在马克思主义的指导下，成立了无产阶级自己的政党——中国共产党。中国共产党一经成立就“义无反顾地肩负起实现中华民族伟大复兴的历史使命……深刻改变了近代以后中华民族发展的方向和进程，深刻改变了中国人民和中华民族的前途和命运，深刻改变了世界发展的趋势和格局”①。

关于“为什么选择社会主义道路”。如何改变中国贫穷落后的面貌，建立起一套先进的社会制度，是近代中国社会各阶级探索国家出路的着眼点和努力方向。洋务运动的失败，证明帝制框架下的工业化道路走不通。南京政府时期官僚资本的急剧膨胀和民族资本主义的艰难处境，表明英美工业化道路不适合中国。同期苏联社会主义建设的巨大成就引起世界瞩目，苏联工业化道路也为中国有识之士所向往。就新中国成立时的现实而言，当时民族资本主义的基础仍很薄弱，且“独立以后的中国如果不搞社会主义，而走资本主义道路”，不仅“难以取得真正意义上的经济独立”，甚至“连已经争得的政治独立也可能丧失”。② 此时，中国共产党为兑现历史承诺和巩固新政权，在“完成民主革命遗留任务和恢复国民经济”过程中，通过“没收官僚资本”“将资本主义纳入国家资本主义轨道”“引导个体农民在土地改革后逐步走上互助合作的道路”，③ 从而奠定了国家工业化基础，准备了走

① 本书编写组：《中国近现代史纲要（2021年版）》，高等教育出版社2021年版，第107页。

② 本书编写组：《中国近现代史纲要（2018年版）》，高等教育出版社2018年版，第230页。

③ 本书编写组：《中国近现代史纲要（2018年版）》，高等教育出版社2018年版，第227—228页。

社会主义道路的条件。从国际关系来说，美苏对新中国的不同态度，尤其是朝鲜战争爆发后美苏两大阵营“冷战”加剧，以美国为首的资本主义阵营对新政权的政治孤立、经济封锁和军事威胁，进一步促使新中国走向社会主义道路。

关于“为什么选择改革开放”。下编综述提示了分析思路：其一，改革开放是社会主义的改革开放，是在我们已经选定的社会主义道路和建立的社会主义制度前提下进行的。其二，新中国走上社会主义道路、建立社会主义制度，发生在向苏联学习的特定背景下，因而不可避免地受到苏联模式的影响。尽管八大前后我们试图摆脱苏联模式，探索自己的发展道路，但这一任务在改革开放前并未完成。其三，新中国开始全面建设社会主义时，既“没有现成的道路可循”①，也“缺乏充分的思想准备和科学研究”②，以致出现了“探索中的严重曲折”。这就需要我们解放思想，改革不适合发展的经济制度和僵化体制，找到一条符合中国实际、能使中国“富起来”“强起来”的发展道路。

（二）发挥历史教育的价值认同功能以凝聚当代中国的价值共识

党的十六届六中全会指出：“坚持以社会主义核心价值体系引领社会思潮，尊重差异，包容多样，最大限度地形成社会思想共识。”③ 党的十七大指出：“积极探索用社会主义核心价值体系引领社会思潮的有效途径，主动做好意识形态工作，既尊重差异、包容多样，又有力抵制各种错误和腐朽思

① 本书编写组：《中国近现代史纲要（2018 年版）》，高等教育出版社 2018 年版，第 249 页。

② 本书编写组：《中国近现代史纲要（2018 年版）》，高等教育出版社 2018 年版，第 269 页。

③ 《十六大以来重要文献选编》（下），中央文献出版社 2008 年版，第 661 页。

想的影响。”[①] 党的十八大又指出：“用社会主义核心价值体系引领社会思潮、凝聚社会共识。”[②] 社会主义核心价值体系是社会主义意识形态的本质体现，其内核是社会主义核心价值观，而社会主义核心价值观又是“反映全国各族人民共同认同的价值观‘最大公约数’”[③]。由此可知，作为全国各族人民共同认同的价值观“最大公约数”，倡导社会主义核心价值观，或者说培育和践行社会主义核心价值观的根本目的就是要凝聚当代中国的价值共识。

所谓价值共识，“是指不同主体对价值（主要指公共价值）达成基本或根本一致的看法，也即对价值形成基本或根本一致的观点和态度”[④]。价值共识是社会治理的一种理想状态，但在现实社会中，我们却无法摆脱价值多元、思想文化激烈交流交融交锋的现实状态。特别是处于世界百年未有之大变局的当代中国，站在实现“两个百年目标”的历史交汇点上，中国越来越接近世界舞台中央。正因如此，中国面临的压力和阻碍也越来越大。以美国为首的西方资本主义国家眼见着通过意识形态渗透为主的和平演变已经无法遏制中国的崛起，转而公开对中国实行打压。自 2018 年以来，美国开始发动针对中国的贸易战，集中火力打压“中国制造 2025”计划。与此同时，中国香港、台湾、南海、西藏、新疆等问题也时常引发争议。特别是近年来，经历“占中”“反修例”等运动而愈演愈烈的“港独思潮”成为撕裂香港社会的一颗毒瘤。因此，在当代中国，面对价值多元、思想争议，凝聚价值共识就愈显急迫和珍贵。

凝聚价值共识有多种途径，比如：意识形态宣传教育、文化交往、思想

---

① 《十七大以来重要文献选编》（上），中央文献出版社 2009 年版，第 27 页。

② 《十八大以来重要文献选编》（上），中央文献出版社 2014 年版，第 24 页。

③ 习近平：《青年要自觉践行社会主义核心价值观——在北京大学师生座谈会上的讲话》，人民出版社 2014 年版，第 4 页。

④ 胡敏中：《论价值共识》，《哲学研究》2008 年第 7 期。

交流、外交谈判、利益协调等。但从根本上说，可以归结为两条主要途径：一是依靠价值主体自身的力量，以交往、交流、对话、商谈、合作等方式达成价值共识；二是通过价值主体之外的第三方（包括他人、团体、组织、政府和国际组织等）力量，以意识形态的宣传教育、思想文化的宣传、利益的调节、外交上的斡旋等方式促成价值共识。这两条途径相互联系、相互促进，依靠价值主体的力量凝聚价值共识，也离不开第三方力量的调整和斡旋；相应地，依靠第三方力量凝聚价值共识，最终也要落实到价值主体自身的努力。无论是依靠价值主体自身的力量，还是通过价值主体之外的第三方力量，要达成凝聚价值共识的目标，其关键环节在于价值主体自身对某些思想、价值观念的价值认同。价值认同“主要是个体对价值体系的同化和内化，从而确定自己的社会角色并成为社会群体中的一员”①，价值认同偏向于主体自身对某种价值体系的认知或认同，进而对自身的社会角色进行判断。

价值认同是凝聚价值共识的基础，价值共识包含着价值认同的成分，并且唯有在价值认同的基础上才能凝聚价值共识。也就是说，价值认同是主体单方面对某一价值体系的接受、内化而得到社会角色的确认，而价值共识则是不同主体在特定价值领域达成的根本一致的看法。总之，要凝聚价值共识，首先要促使价值主体形成价值认同。培育和践行社会主义核心价值观的根本目的就在于凝聚价值共识，但首先要促使人们理解、认同社会主义而形成价值观。社会主义核心价值观绝不是一种既定的理论状态，而是有其形成发展的历史过程。要引导青年大学生认同社会主义核心价值观，“纲要”课不仅有相对的优势，也承担着不可推卸的责任。因此，从其内在逻辑来讲，将社会主义核心价值观融入“纲要”课也就是要对青年大学生开展历史教育，发挥历史教育的价值认同功能，凝聚当代中国的价值共识。

---

① 胡敏中：《论价值共识》，《哲学研究》2008 年第 7 期。

“历史是最好的老师，它忠实记录下每一个国家走过的足迹，也给每一个国家未来的发展提供启示。”① 一个国家、一个民族、一个政党的历史，就包含着这个国家、民族、政党在社会发展实践中的共同经历和整体社会性记忆，是培养民族精神、凝聚国家共识的基石，与国家存亡息息相关。清末龚自珍曾言：“灭人之国，必先去其史；隳人之枋，败人之纲纪，必先去其史；绝人之才，湮塞人之教，必先去其史；夷人之祖宗，必先去其史。”② 梁启超在其著作《新史学》中也强调：史学是“国民之明镜”“爱国心之源泉”，是“最博大、最切要的学问”，学习本国史，实为国民刻不容缓的大事。③ 在当代世界，历史教育是民族和公民认同形成的基础，没有历史教育就不能保证主权国家的稳定发展。公民团结是任何一个当代社会统一和稳定的基础，而公民团结的基础则是人民对本国历史的接纳和维护。如果能够达成这个基本共识，那么它就为民族自我意识的形成奠定了基础。它保障代际延续、激发公民的积极性、巩固国家的合法性，有助于国家证明它的优越性和对外界的吸引力。“当代世界的现实和全球化竞争的表现之一就是‘为历史而战’。世界上任何一个国家的政治精英都无法拒绝通过大众历史教育来传播对自己国家历史的一定评价和认知，因此，今天‘来自历史的证据’将不可避免地成为当今内政外交的武器之一。”④

2020 年 1 月，习近平总书记在“不忘初心、牢记使命”主题教育总结大会上指出：“马克思主义政党的先进性，首先体现为思想理论上的先进性。注重思想建党、理论强党，是我们党的鲜明特色和光荣传统……要把学习贯彻党的创新理论作为思想武装的重中之重，同学习马克思主义基本原理

① 习近平：《出席第三届核安全峰会并访问欧洲四国和联合国教科文组织总部、欧盟总部时的演讲》，人民出版社 2014 年版，第 33 页。

② 《龚自珍全集》（上），中华书局 1959 年版，第 21—22 页。

③ 转引自齐春风：《梁启超》，陕西师范大学出版社 2017 年版，第 117 页。

④ ［俄］尤·亚·尼基福罗夫：《意识形态与历史》，李晓华译，《世界社会主义研究》2019 年第 11 期。

贯通起来，同学习党史、新中国史、改革开放史、社会主义发展史结合起来，同新时代我们进行伟大斗争、建设伟大工程、推进伟大事业、实现伟大梦想的丰富实践联系起来，在学懂弄通做实上下苦功夫，在解放思想中统一思想，在深化认识中提高认识，切实增强贯彻落实的思想自觉和行动自觉”。①“纲要”课教材实际上叙述了中华民族自1840年以来中国的命运及历史转折进程，蕴含着丰富的历史素材和价值内涵，且与当前中国社会现实最为切近，是党史、新中国史、改革开放史、社会主义发展史教育最为重要的载体。比如，通过对中国近代以来中华民族的屈辱史、抗争史的学习，让青年大学生了解中国近代以来是如何沦为殖民地半殖民地、封建半封建社会的，香港问题、台湾问题、西藏问题等是如何产生的，梳理历史事件的来龙去脉，以及在当代中国的发展。通过对中国共产党领导革命、建设、改革过程中的重大事件的学习，理解坚持中国共产党领导、选择社会主义、选择改革开放的必然性。通过“纲要”课教学引导青年大学生从整体上认识中国近现代历史的发展脉络，重点认识相关历史人物、历史现象、历史事件，并在此过程中深入挖掘爱国主义教育素材，培育中华民族的民族精神，增进国家认同。历史教育重在塑造价值主体的历史观，一方面引导价值主体正确看待历史、历史事件、历史任务，另一方面通过塑造正确历史观促使价值主体形成科学价值观。有什么样的历史观，就会有什么样的价值观。如何评价历史人物、历史现象、历史事件，既反映相关价值主体的历史观，也直接影响其对当今社会正在发生的相关人物、现象和事件的价值判断。历史观是一个民族、一个时代、一个国家价值观念的集中体现。“历史是一面镜子，从历史中，我们能够更好看清世界、参透生活、认识自己；历史也是一位智者，

① 习近平：《在“不忘初心、牢记使命”主题教育总结大会上的讲话》，《人民日报》2020年1月9日。

同历史对话，我们能够更好认识过去、把握当下、面向未来。”① 吴玉章也曾指出：“我们要提高民族的自尊心和自信心，就需要知道自己的历史……民族的自尊心和自信心，常常是从历史中动人的事实得来。”②

（三）批判历史虚无主义以消解社会主义核心价值观的认同障碍

培育和践行社会主义核心价值观的根本目的在于凝聚当代中国社会的价值共识，而不同社会主体达成的价值共识，源自于各主体之间在某些事物的认知上的大致相同，即形成价值认同。一个国家、民族的历史总是代表着一段国民的集体记忆，这种集体记忆既能使人们获得深厚的文化滋养，也能够使他们形成共同的生活习惯、风俗等，更能够使人们获得共同的身份标识，塑造大致相同的价值观，形成价值认同。但自 20 世纪 30 年代的“全盘西化”论开始，在历史领域就出现了一股历史虚无主义思潮。到 20 世纪 70 年代末，历史虚无主义作为资产阶级自由化的一种表现形式开始重新泛起。到 21 世纪初，伴随着新媒体时代的到来，历史虚无主义卷土重来、再度活跃。历史虚无主义思潮的活跃，严重影响着人们的思想，对正处在价值观形成关键阶段的青年大学生来说，影响更为明显和严重。一方面向青年大学生灌输错误思想，另一方面消解主流意识形态教育的效果，进而阻碍青年大学生对社会主义核心价值观的认同。因此，在社会主义核心价值观融入“纲要”课的过程中势必要对历史虚无主义思潮进行重点批判，以便消解社会主义核心价值观的认同障碍。批判历史虚无主义思潮，“纲要”课责无旁贷。

近年来，历史虚无主义思潮来势汹汹，打着转变学术研究范式的旗号，

① 习近平：《在中国文联十大、中国作协九大开幕式上的讲话》，人民出版社 2016 年版，第 9 页。

② 吴玉章：《研究中国历史的意义》，《解放》1938 年第 52 期。

在特定历史叙事指引下，以“重评历史”“反思历史”为名，以创新历史研究为内容，以探寻特定历史真相为诉求，通过“取其一点，不计其余”寻找或“制造”所谓历史事实印证虚无的甚至虚假的历史预设结论，以达到虚无历史的目的。具体来说，可以从政治、史学、文艺三个方面对历史虚无主义思潮的主要观点加以理解。

政治上，历史虚无主义集中否定、歪曲党史国史，企图以否定革命的合法性进而否定中国共产党执政的合法性。历史虚无主义思潮的观点众多，在政治上集中表现为“告别革命论”“社会主义歧途论”“党史诟病论”等。“告别革命论”贬低革命对于中国现代化的解放意义，认为革命起到的作用完全是破坏性的和错误的，是一部“不断地杀人、轮回地杀人的历史”，正是因为选择了革命，才使近代中国走向了“令人叹息的百年疯狂与幼稚”①。其中，20 世纪 80 年代中期，“救亡压倒启蒙”的思想就把革命视为一种消极、否定的力量，认为当时出现的主要问题都是“革命的后遗症”，直接把矛头指向了革命，指责五四运动实质上是破坏运动，进而把改良奉为上策，提出要改良不要革命的观点。“社会主义歧途论”认为“五四”以来中国的社会主义道路选择是错误的，偏离了“以英美为师”的“近代文明的主流”，中国还不具备走社会主义道路的条件，实则与马克思主义发展史上社会主义“早产论”有着千丝万缕的联系。“党史诟病论”则用某些片面的历史材料歪曲、诟病中国共产党的历史，否定或掩盖党史的主流和本质，并以此否认中国共产党的历史功绩。

史学上，历史虚无主义以唯心史观为指导，以学术为旗号，抓住细枝末节做出不科学不严谨的结论。在大多数情况下，历史虚无主义思潮以“学术研究”的面目出现，以“重评”“重新认识”为名义，大做翻案文章，较为巧妙地设置“理论陷阱”。如“侵略有功论”，认为帝国主义侵略是西方

① 李泽厚、刘再复：《告别革命——回望 20 世纪中国・序》，香港天地图书有限公司 1995 年版，第 4 页。

各国送给中国近代文明的礼物，鼓吹中国的现代化应该通过追随殖民帝国来完成。刘晓波大肆宣扬殖民理论，认为“从历史发展的角度看，西方近代对落后民族的殖民化是一种进步，殖民化在世界范围内推动了现代化的进程。殖民化打开了一个个封闭的地域，开拓了一个个商品市场和文化市场，使整个世界、特别是东西方不再隔绝，而是相互开放。更重要的是，殖民化把原来只属于西方人的人权、平等、自由、民主、竞争带给了世界，形成了国际性的自由竞争。没有殖民化就没有世界化、国际化”①。因此，当被问到“什么条件下，中国才有可能实现一个真正的历史变革”时，他毫不犹豫地回答道：“三百年殖民地。香港一百年殖民地变成今天这样，中国那么大，当然需要三百年殖民地，才会变成今天香港这样，三百年够不够，我还怀疑。”② 又如“现代化—西化论”，认为现代化就是西化，只有把西方文化的一些基本理念引入中国并加以普及，中国才能充分实现“世界化”“现代化”和“全球化”。在“现代化—西化论”的观点中，其主要观点是，中国要实现现代化就必须走资本主义的现代化道路，言下之意就是认为，社会主义道路是无法实现中华民族伟大复兴，无法建设一个社会主义的现代化中国的。再如“人物重评说”，对历史人物进行翻案式的重新评价，完全脱离当时的历史条件，盲目地、错误地使用逆向推理对一些历史人物进行颠覆式的重新解读，贬损孙中山、毛泽东、鲁迅等人的历史功绩，而对慈禧、李鸿章等人进行“去阶级化”，并大肆颂扬。其中，历史虚无主义思潮在关于毛泽东的评价问题上表现尤为突出。历史虚无主义思潮以晚年毛泽东所犯错误为借口，全盘否定毛泽东，将毛泽东描述为一个封建君主、暴君式的人物。相反，却把李鸿章描述成民族英雄，把慈禧太后描述为卓越的政治家，用一种温情脉脉表现反面人物的无奈，颠覆大众对历史人物的固有认识。习近平总书记曾指出：“对历史人物的评价，应该放在其所处时代和社会的历史条

---

① 刘晓波：《启蒙的悲剧——“五四”运动批判》，《华人世界》1989 年第 3 期。

② 金钟：《文坛“黑马”刘晓波》，《解放月报》1988 年第 2 期。

件下去分析，不能离开对历史条件、历史过程的全面认识和对历史规律的科学把握，不能忽略历史必然性和历史偶然性的关系。不能把历史顺境中的成功简单归功于个人，也不能把历史逆境中的挫折简单归咎于个人。不能用今天的时代条件、发展水平、认识水平去衡量和要求前人，不能苛求前人干出只有后人才能干出的业绩来。”①

文艺上，历史虚无主义热衷戏说、揭秘，以微观解构宏观。在新媒体时代，历史虚无主义思潮以文艺作品为载体传播甚广，虚无效果也比寻常途径更加见效。如“宏大解构论”，某些历史小说借助虚拟历史空间来表现主观筛选过的历史内涵，在解构革命历史小说中的宏大叙事时，对历史事实采取了戏弄和逃避的姿态，最终从历史颠覆走向了历史迷惘。又如“零度写作论”，一些文学作品力图消解文学的教化和审美功能，尝试将文学所依赖的历史背景彻底虚无化和终结化，这在一些先锋诗人的“表演性写作”、一些新写实小说家对“直接经验”的追求、一些朦胧诗中对“大写的人”的极力宣扬等现象中表现得淋漓尽致。再如“历史消费说”，一些文艺作品为了赢得市场，对某些反派历史人物随意翻案，或过多渲染历史阴暗面、过多描绘权力倾轧和声色犬马，或对历史人物进行戏说，并把重大历史事件的发生归结于各种离奇的因素。②

另外，有学者通过深入剖析历史虚无主义思潮理论上的荒谬、思想上的错误、政治上的危害，经过系统梳理，总结出了十种历史虚无主义的主要表现：一是否定人类社会发展是有规律可循的。例如，历史虚无主义到处宣扬“共产主义是一个科学性不很明确的，还弄不清楚的概念”，“社会主义是理想，资本主义是现实”，苏联选择社会主义道路是“盲目追求理想，鄙视和

① 习近平：《在纪念毛泽东同志诞辰120周年座谈会上的讲话》，《人民日报》2013年12月27日。

② 高奇琦、段钢：《对历史的自觉自信是抵制历史虚无主义的基石》，《求是》2013年第1期。

破坏现实”。他们以历史的偶然性来否定革命的必然性，认为“历史的发展有太多的偶然”，以此来否定中国革命具有历史必然性，提出所谓“革命制造论”“革命破坏论”“误入歧途”等谬论，企图通过否定革命来否定中国共产党的历史，否定走社会主义道路的历史必然性。二是以假设推断代替历史事实。例如，历史虚无主义经常提出“假设不搞五四运动”“假设不向苏联学习而向英美学习”“假设当年不出兵抗美援朝”等假设的观点，而后推论可能产生的效应和结果，证明自己判断的正确。三是抓住历史枝节无限夸大。例如，历史虚无主义专门搜集、罗列我们党的工作中的失误，无限夸大，以否定我们党带领人民所取得的成绩，以历史的个别现象来否定历史的本质。四是用今天的标准去衡量历史事件。例如，历史虚无主义大肆宣传我们过去“是闭关锁国”，早就应该“跟美学英”，“不要跟着苏联与美国和西方为敌”等。五是把探索中的不同认识说成是个人之争。历史虚无主义把我们党内的历史说成是个人恩怨的斗争，是整人的历史，是钩心斗角，和封建宫廷争权夺利没什么区别等。六是披着学术的外衣谋求政治诉求。例如，历史虚无主义经常利用学术研究作幌子去“挖掘新的材料”“还原历史真相”“用新的视角”“重新审视历史”，利用所谓“学术没禁区”，发扬“学术要民主”来宣传自己的错误观点。七是利用文学艺术否定传统文化和社会主义先进文化。例如，历史虚无主义利用电影、电视、小说、讲座、研讨会等形式嘲笑我们祖先创造的龙的传统、长城的精神、黄河文化都是落后愚昧的，至于美化汉奸的，歌颂叛徒的，贬损革命伟人和爱国人士的，贬损英雄模范的也有不少谬论。八是集中攻击党的重大事件和领袖人物。例如，历史虚无主义罔顾历史事实，无限扩大毛泽东同志的错误，把工作上的失误说成是个人品质问题，把探索中的不足说成是主观行为，把过说得比功大等。九是利用互联网等先进手段碎片化历史。例如，历史虚无主义利用微博、微信等互联网手段宣扬他们的错误观点，有的断章取义，有的伪造历史事件，有的散布政治谣言，特别是把一些历史事件不讲前因后果的任意剪裁，把一部完整的历史碎片化、简单化加以宣扬，造成了恶劣影响。十是有所虚无有所不虚无。例如，历史虚无主义虚无的是正史、正能量，是历史的事实和本质，而不虚无的则是负面的反动势力、错误思潮和它虚构的历史，甚至是无中生有。

2010 年 7 月 21 日，习近平总书记在全国党史工作会议上就揭示了历史虚无主义思潮的本质："历史虚无主义以所谓'重新评价'为名，歪曲近现代中国革命历史、党的历史和中华人民共和国历史。主要表现为否定革命，宣传反帝反封建的革命只起破坏性作用，只有资产阶级'启蒙'才有建设性意义；把'五四'以来中国选择社会主义发展方向视为离开'以英美为师'的所谓'近代文明的主流'而误入歧途……历史虚无主义的要害，是从根本上否定马克思主义指导地位和中国走向社会主义的历史必然性，否定中国共产党的领导。"① 历史虚无主义思潮企图通过否定新民主主义革命的正当性合法性来否定马克思主义的指导地位，否定中国走向社会主义的历史必然性，进而否定中国共产党的领导。历史虚无主义的泛滥对"纲要"课"四个选择"的教学主题和宗旨构成了严峻挑战，混乱了青年大学生的思想，使他们怀疑"四个选择"的必然性和正确性，在客观上消解了社会主义核心价值观教育的效果。在"纲要"课教学的过程中，应该充分发挥课程的专业性和功能性，从科学的历史观出发，引导青年大学生以翔实的史料为依据，设置相关专题，对历史虚无主义所涉及的相关论题进行有针对性的回答，力争在"纲要"课教学中牢牢把握历史发展主线，围绕教学主题，从"四个选择"的历史必然性和正当性入手来科学阐释社会主义核心价值观的科学性，扫除社会主义核心价值观教育中的认同障碍。

---

① 《全国党史工作会议在京举行》，《人民日报》2010 年 7 月 22 日。

第四章　社会主义核心价值观融入“原理”课教学

社会主义核心价值观是在社会主义众多价值观念中居于主导地位、起引领作用的价值观念。任何一种价值观念要说服人们，得到社会大众的认同，归根结底在于其自身的科学性。而科学的价值观念又必定有自身的理论基础，社会主义核心价值观作为社会主义社会的科学价值观念，马克思主义理论，特别是马克思主义的基本立场、观点、方法是其最为核心的理论支撑，也是其最为坚实的理论基础。要使人们认同社会主义核心价值观，必然要让人们深刻理解社会主义核心价值观的理论基础，只有讲清楚了社会主义核心价值观的理论基础，才能从理论层面讲清楚社会主义核心价值观，进而得到人们更深刻的认同。2005 年，中共中央宣传部、教育部关于印发《〈中共中央宣传部、教育部关于进一步加强和改进高等学校思想政治理论课的意见〉实施方案》的通知明确指出：“‘马克思主义基本原理’，着重讲授马克思主义的世界观和方法论，帮助学生从整体上把握马克思主义正确认识社会发展的基本规律。”① “20 方案”对“原理”课的内容进一步深化，指出：“‘马克思主义基本原理’，主要讲授反映马克思主义世界观和方法论的最基本的

① 教育部思想政治工作司：《加强和改进大学生思想政治教育重要文献选编：1978—2014》，知识产权出版社 2015 年版，第 298 页。

原理，帮助学生深刻领会、准确把握马克思主义的根本性质和整体特征，学习掌握贯穿其中的马克思主义立场观点方法，提升运用马克思主义基本原理分析世界的能力，增强对人类社会发展规律、特别是中国特色社会主义发展规律的认识和把握，树立共产主义远大理想和中国特色社会主义共同理想。”① 因此，社会主义核心价值观融入“原理”课，实质上是要通过对马克思主义的基本立场、观点、方法的讲解，阐明马克思主义的科学性，揭示马克思主义反映的人类社会发展规律的科学性，进而论证社会主义实现的必然性，同时也论证中国特色社会主义的科学性和必然性，从基本理论上回答社会主义核心价值观的科学性与合理性，最后引导青年大学生从价值形态、价值观念层面来理解社会主义，理解社会主义核心价值观。

一、“原理”课重在讲授社会主义核心价值观的马克思主义理论基础

从一般意义上讲，培育和践行社会主义核心价值观似乎与人们的具体行为有着密切的关系，所以很多人在讲到培育和践行社会主义核心价值观的时候最终都是落脚到实践行为上。这本身并没有什么不妥，但这样的判断也导致了部分思想政治理论课教师对“社会主义核心价值观融入高校思想政治理论课教学”这个主题的理解发生了偏差。有的思想政治理论课教师认为，社会主义核心价值观的教育与“基础”课和“概论”课的教学内容联系较为紧密，在这两门课当中融入社会主义核心价值观是比较恰当的，但要将社会主义核心价值观融入“原理”课教学就比较困难了，甚至对此做法产生

---

① 《中共中央宣传部　教育部关于印发〈新时代学校思想政治理论课改革创新实施方案〉的通知》2021 年 1 月 1 日，见 http：//www. gov. cn/zhengce/zhengceku/2021 - 01/01/content_5576046. htm。

了诸多质疑。他们认为，“原理”课是一门理论课，应该把马克思主义的基本原理的讲解作为重点，注重从理论层面讲清楚这些原理的严密的理论逻辑，怎么能把社会主义核心价值观融入进去呢？也有人认为，在“原理”课中，只有在观念上层建筑部分和科学社会主义部分涉及社会主义核心价值观问题，在其他部分进行社会主义核心价值观教育是非常困难甚至是多此一举的。这显然存在着认识上的偏差。为了社会主义核心价值观能够更好地融入“原理”课，我们就有必要了解社会主义核心价值观融入“原理”课的必要性和可能性，以及怎样设计“原理”课教学体系的问题。

（一）把握社会主义核心价值观融入“原理”课的必要性和可能性

正如上文所说，如果对“原理”课在思想认识上发生错位，不仅影响社会主义核心价值观的教育，也势必影响“原理”课本身的教学效果。因此，有必要对社会主义核心价值观融入“原理”课的必要性和可能性作一个系统说明。

马克思主义基本原理教学客观上要求以社会主义核心价值观教育为依托。“原理”课主要负责对青年大学生进行马克思主义基本立场、观点、方法的教育，旨在促使学生形成正确的世界观和价值观。“马克思主义基本原理是对马克思主义立场、观点、方法的集中概括，是马克思主义在其形成、发展和运用过程中经过实践反复检验而确立起来的具有普遍真理性的理论。它体现马克思主义的根本性质和整体特征，体现马克思主义科学性和革命性的统一。相对于特定历史条件下所作的个别理论判断和具体结论，马克思主义基本原理具有普遍的、根本的和长远的指导意义。”① 歌德在其《浮士

① 本书编写组：《马克思主义基本原理概论（2021 年版）》，高等教育出版社 2021 年版，第 3 页。

德》一书中曾说："理论之树是灰色的，而生命之树长青。"也就是说，马克思主义基本原理主要表现为一系列经过高度概括的、结论性的理论，相较于其形成过程来说，具有一定的抽象性。撇开其形成过程以及马克思主义经典作家的精彩论述，对于新时代青年大学生来说，远离马克思主义基本原理形成的那个时代，这些理论难免显得枯燥、乏味，甚至学起来还比较吃力，马克思主义基本原理在所难免地蒙上了一层灰色。但实际上，马克思主义基本原理所反映的问题又是实实在在的，与青年大学生的学习、生活息息相关。正如习近平总书记所言："我们的人民热爱生活，期盼有更好的教育、更稳定的工作、更满意的收入、更可靠的社会保障、更高水平的医疗卫生服务、更舒适的居住条件、更优美的环境，期盼孩子们能成长得更好、工作得更好、生活得更好。"① 这些问题如何才能得到解决，无疑需要在马克思主义的指导下才能得到更好解决。

当今社会急剧变革，面对世界百年未有之大变局，中国又站在实现"两个百年目标"的历史交汇点上，思想文化进一步交流交融交锋，思想激荡更加激烈。现实情况的复杂性使得当今时代包括大学生在内的人们面对太多的现实难题，反而对理论、理想缺乏激情，人们更多地关注着自身的利益问题，现实的日常生活话题成为人们关注的中心，人们越发注重当下而不是未来，少了对生活的浪漫主义情怀。在此情况下，理论教学面临着严峻的挑战。青年大学生在理论学习方面的显著特征表现为不重视理论思辨，不愿接受意识形态"灌输"，面对理论灌输甚至产生严重的逆反情绪。面对这些情况，高校思想政治理论课，特别是理论灌输占绝大部分的"原理"课堂，就要切实转变教育方式与理念，改变过去那种现成的、简单的，希冀直接用理论武装学生的方式。理论的抽象性决定了教育对象在理解、接受的过程中难免会存在一些障碍，而要更好地理解、接受抽象的理论就需要一个中介，

① 《十八大以来重要文献选编》（上），中央文献出版社 2014 年版，第 70 页。

价值观就可以充当理论学习的中介。价值观是在一定理论基础上形成发展起来的，通过价值观带动理论教学，使理论“重装上阵”，这是使受教育者更容易接受、也更乐于接受理论的一种教育方式。通过价值观的影响，进一步促进学生形成理想目标、价值追求。

那价值观为什么能起到这个中介作用呢？苏联学者图加林诺夫就认为，“价值最正确最清楚的规定是：它是人们所珍重的东西”①。既然如此，那么价值观也就必然与利益、现实及当下的生活方式、社会潮流紧密联系在一起。马克思曾指出：“人们奋斗所争取的一切，都同他们的利益有关。”②“‘思想’一旦离开‘利益’，就一定会使自己出丑。”③ 马克思主义理论始终关注着广大无产阶级的利益，马克思本人世界观的转变也是从讨论现实的物质利益问题开始的。1842 年，马克思在《莱茵报》工作期间第一次越出精神领域，探讨了德国贫苦农民的物质利益问题，他在《关于林木盗窃法的辩论》一文中，一方面批判了莱茵省议会的地主阶级实质；另一方面论证了贫苦农民在森林中捡拾枯枝、放牧和狩猎活动的合法性。他坚定地站在劳动人民的立场上，捍卫了他们的物质权益。虽然这时马克思辩论的立足点还局限于法律，是从逻辑和理论上，而不是从经济上加以驳斥，整个论据也带有唯心主义的思辨性质，但无疑，马克思已经开始涉及现实的物质利益问题，这也是马克思实现由唯心主义到唯物主义、由革命民主主义到共产主义转变的重要一环。唯物史观的创立也始终关注着处于现实关系中的现实的人，表现出了显著的人民立场，同时揭示了社会发展规律，以实现共产主义为根本目标，也表现出了明确的价值方向。

因此，可以说在马克思主义经典作家的全部著作和全部活动中，都饱

① ［苏联］图加林诺夫：《马克思主义中的价值论》，齐友等译，中国人民大学出版社 1989 年版，第 10 页。

② 《马克思恩格斯全集》第 1 卷，人民出版社 1956 年版，第 82 页。

③ 《马克思恩格斯文集》第 1 卷，人民出版社 2009 年版，第 286 页。

含着对待现实的价值态度与视野，都旨在为共产主义价值理想作证，旨在为实现人的自由解放而奋斗。也就是说，马克思主义基本原理始终与价值、价值观相联系，是以“为人类求解放”为主线，为人类获得自由解放或者共产主义的实现做论证的科学体系。也正是因为这种价值取向反映了人们的需要，反映了人们的利益，理论才能得到广大人民的支持。相应地，“原理”课在进行马克思主义基本原理的讲授时，绝对不是要向青年大学生讲授纯而又纯的理论，也绝对不是以哲学思辨的方式来讲授理论，而是要以价值观教育为依托，讲清楚马克思主义基本原理背后的价值取向，引导青年大学生认识到马克思主义基本原理是科学的世界观，也是科学的方法论，与自身的利益息息相关，以此激发青年大学生学习理论的热情。

马克思主义基本原理作为普遍真理，它的运用必须与具体实践相结合，并且在实践中不断促进科学理论的发展。恩格斯说：“马克思的整个世界观不是教义，而是方法。它提供的不是现成的教条，而是进一步研究的出发点和供这种研究使用的方法。”① 中国特色社会主义就是马克思主义的普遍真理与中国改革开放的伟大实践相结合而表现出来的科学社会主义的具体样态。从广义上说，中国特色社会主义理论体系也属于马克思主义的范畴。中国特色社会主义理论体系特别是新时代中国特色社会主义，对发展和完善中国特色社会主义，推进国家治理体系和治理能力现代化作了全面布局。从具体实践层面回答了要建设什么样的国家、建设什么样的社会、培育什么样的公民。其中，共产主义理想信念、集体主义价值原则以及马克思主义的自由观、民主观、平等观、正义观等，这些社会主义核心价值观的基本理论，本身就是中国特色社会主义理论体系的重要组成部分，根源于马克思主义基本原理的正确指导，也是马克思主义基本原理不可分割的组成部分。从一定程

① 《马克思恩格斯选集》第 4 卷，人民出版社 2012 年版，第 664 页。

度上讲，社会主义核心价值观教育，实质上也是通过马克思主义基本原理的讲授、学习，让青年大学生意识到其科学性的，以价值观教育促进基本原理的学习，又以原理的学习增强、巩固价值观教育的效果。

科学性与价值性的高度统一是社会主义核心价值观能够融入“原理”课教学的根本原因。科学性是马克思主义的首要特征。“马克思主义是对自然、社会和人类思维发展本质和规律的正确反映。它是在社会实践和科学发展的基础上产生的，并在自身发展过程中不断总结实践经验，吸取自然科学和社会科学发展的最新成就。马克思主义具有科学的世界观和方法论基础，即辩证唯物主义和历史唯物主义，这是马克思主义的一个突出特征和理论优势，也是马克思主义科学性的重要体现。马克思主义理论是一个逻辑严密的有机整体，它的形式是主观的，但内容是客观的，它以事实为依据、以规律为对象，并以实践为检验标准。马克思主义的发展具有科学探索性，是一个不断探索和掌握客观规律的过程。”① 但马克思主义的科学性，并不排斥其价值性，而且从根本上来说，马克思主义是科学性与价值性高度统一的理论体系。也就是说，并不能像某些思想政治理论课教师认为的那样，因为“原理”课是进行马克思主义科学理论的讲授就拒绝在此过程中开展社会主义核心价值观的教育。科学性也可以称作真理性，当科学性与实践相结合则是实践的真理尺度。当价值性与实践相结合则是实践的价值尺度。真理尺度与价值尺度是紧密联系、不可分割的辩证统一关系。

一方面，价值尺度必须以真理为前提。要想达到实践的目的以满足人类自身的需要，就必须“认识真理，掌握真理，信仰真理，捍卫真理”②。脱离了真理尺度，再美好的价值也终将陷入虚幻。我们知道，空想社会主义在对资本主义进行无情批判的过程中也向人们描绘了未来美好社会的蓝图。比

① 本书编写组：《马克思主义基本原理概论（2021 年版）》，高等教育出版社 2021 年版，第 10 页。

② 《习近平谈治国理政》第二卷，外文出版社 2017 年版，第 50 页。

如托马斯·莫尔在《乌托邦》一书中描绘到：在那里，没有私有财产和剥削现象，人们有计划地从事生产，城乡之间没有对立，不需要商品、货币和市场，实行按需分配。康帕内拉在《太阳城》一书中描绘了一个财产公有、共同劳动和人人平等的理想社会。到19世纪上半叶，圣西门、傅立叶、欧文三位空想社会主义家进一步推动空想社会主义学说发展，并尝试性地付诸了实践。圣西门提出“实业制度”，并奔走呼吁，希望法国统治者能接受自己的改革方案。傅立叶提出以“和谐社会”代替资本主义社会，并在一个农场里进行组建他所谓的和谐社会基本单位——“法郎吉”——的实验。欧文则在他领导的工厂里进行慈善实验，包括缩短工时，设立托儿所、幼儿园和学校等。但这些实验无一例外都失败了，并且欧文还因此变得一贫如洗。毫无疑问，空想社会主义学说的价值性是非常明显的，希望建立一个美好的社会。但为什么会失败呢？就在于空想社会主义本身并不符合科学的逻辑，违背了实践的真理尺度。恩格斯曾对此指出，19世纪三大空想社会主义者的学说含有“十分虚幻和空想的性质”①，并且分析了空想社会主义学说陷入空想的原因。恩格斯指出：“不成熟的理论，是同不成熟的资本主义生产状况、不成熟的阶级状况相适应的。解决社会问题的办法还隐藏在不发达的经济关系中，所以只能从头脑中产生出来。社会所表现出来的只是弊病，消除这些弊病是思维着的理性的任务。于是，就需要发明一套新的更完善的社会制度，并且通过宣传，可能时通过典型示范，从外面强加于社会。这种新的社会制度是一开始就注定要成为空想的，它越是制定得详尽周密，就越是要陷入纯粹的幻想。”②

另一方面，人类自身需要的内在尺度，又将推动着人们不断发现新的真理。科学发明、技术创新、经典思想理论的形成，都是人类为了实现更美好的生活而进行的社会实践。脱离了价值尺度，真理就缺失了主体意义。马克

---

① 《马克思恩格斯选集》第3卷，人民出版社2012年版，第37页。

② 《马克思恩格斯选集》第3卷，人民出版社2012年版，第645页。

思主义理论自产生起就有着鲜明的阶级立场。而所谓阶级立场，就是指站在哪个阶级的位置上，代表哪个阶级说话，为哪个阶级争取利益的问题。阶级立场，归根结底也是价值立场，更是价值观立场。马克思主义理论既是科学理论，具有真理性，也符合实践的真理性尺度，又始终代表着无产阶级的利益，指导着无产阶级革命斗争，是指导无产阶级争取解放进而解放全人类的科学理论。其价值立场可见一斑。也正是因为马克思主义理论既有科学性也有价值性，实现了科学性与价值性的统一，才能得到无限的发展。马克思主义的一般原理与中国实际相结合，先后形成了毛泽东思想与中国特色社会主义理论体系两大理论成果。在这里，“中国实际”本质上就是讲中国人民自身需要的内在尺度或价值尺度。正是马克思主义符合中国实际的需要，同时马克思主义又能满足这种需要，实现了科学性与价值性的统一，才能造就马克思主义中国化的两大理论成果。新时代中国特色社会主义的伟大实践，也充分体现了科学性与价值性的辩证统一。正如习近平总书记所指出的那样：“中国共产党人的理想信念，建立在马克思主义科学真理的基础之上，建立在马克思主义揭示的人类社会发展规律的基础之上，建立在为最广大人民谋利益的崇高价值的基础之上。我们坚定，是因为我们追求的是真理。我们坚定，是因为我们遵循的是规律。我们坚定，是因为我们代表的是最广大人民根本利益。”①

因此，从“原理”课讲授马克思主义基本原理的教学实际来看，基本原理的教学客观上要求以社会主义核心价值观教育为依托，那么，社会主义核心价值观就非常有必要融入“原理”课教学。另外，从马克思主义基本原理的科学性与价值性高度统一的特征来看，社会主义核心价值观又是能够融入“原理”课教学的，这也是本研究讨论的一个前提性条件。

---

① 《习近平谈治国理政》第二卷，外文出版社 2017 年版，第 50 页。

（二）从“为人类求解放”的价值主线理解“原理”课教学的整体性

“原理”课作为全面阐述马克思主义理论的一门课程，现有教材都是按照马克思主义哲学、政治经济学、科学社会主义三个板块来进行编写的。也正是因为教材严格地分为了三个板块，在具体的教学中也反映出了一些较为突出的问题。比如，三个板块究竟谁是重点？虽然学界有比较一致的认识，但放在具体的教学活动中，每一个思想政治理论课教师根据自身的理论储备又有所偏重，偏重自己擅长的领域。因此，也导致了部分“原理”课被一些老师上成了马克思主义哲学课、政治经济学课、科学社会主义课等，有老师就按照熟悉的部分多讲，不熟悉的部分少讲甚至不讲的原则安排实际的教学活动。我们知道，马克思主义理论体系虽然大致可以分为三个板块，但这三个板块却是一个不可分割的整体，忽视任何一个内容都将导致整个理论体系的不完整，进而导致马克思主义理论本身所反映的价值因得不到完整体现而缺失。唯有将三个部分作为一个整体来把握，按照其理论逻辑，以特定的理论主线为依托，才能更好地揭示马克思主义理论所彰显的价值取向，也才能将“原理”课的教学作为一个整体来理解，进而构建起更为科学的教学体系。

也就是说，要构建良好的“原理”课教学体系，必须以马克思主义的整体性为前提。所谓马克思主义的整体性，首先是指马克思主义理论研究的立足点具有整体性。马克思主义理论研究立足于科学的世界观和方法论。唯物史观和辩证法是马克思主义理论研究必须坚持的科学世界观和方法论。没有唯物史观的创立，没有唯物辩证法的运用，就不可能有马克思对资本主义生产关系的解剖，也不可能有剩余价值的伟大发现，就更不可能正确揭示人类社会发展的客观规律。马克思在《〈政治经济学批判〉序言》里就曾明确指出：“我所得到的、并且一经得到就用于指导我的研究工作的总的结果，可以简要地表述如下……”① 那他所得到的是指什么呢？其实就是唯物史观以及蕴含于其中的辩证法。于是就有了那一段关于唯物史观的经典表述：“人们在自己生活的社会生产中发生一定的、必然的、不以他们的意志为转移的关系，即同他们的物质生产力的一定发展阶段相适合的生产关系。这些生产关系的总和构成社会的经济结构，即有法律的和政治的上层建筑竖立其上并有一定的社会意识形式与之相适应的现实基础。物质生活的生产方式制约着整个社会生活、政治生活和精神生活的过程。不是人们的意识决定人们的存在，相反，是人们的社会存在决定人们的意识。社会的物质生产力发展到一定阶段，便同它们一直在其中运动的现存生产关系或财产关系（这只是生产关系的法律用语）发生矛盾。于是这些关系便由生产力的发展形式变成生产力的桎梏。那时社会革命的时代就到来了。随着经济基础的变更，全部庞大的上层建筑也或慢或快地发生变革。”② 正是这个科学的世界观和方法论铸就了马克思研究的基础，奠定了马克思开展科学研究的前提。对此，列宁曾指出，马克思学说之所以具有无限力量，就是因为它正确，“它完备而严密，它给人们提供了决不同任何迷信、任何反动势力、任何为资产阶级压迫所作的辩护相妥协的完整的世界观”③。也正是因为马克思主义理论研究立足于科学的世界观和方法论，我们才能将马克思主义哲学、政治经济学、科学社会主义三个板块清晰地视为一个整体。同时，这三个板块也是马克思主义整体性的内容基础。虽然，马克思主义所涉及的内容还有社会学、人类学、历史学等，内容远远超过了这三个板块的内容，但没有这三个板块的内容的整体性，马克思主义的整体性就无从谈起。因为这三大组成部分的内容是其中最主要的、最根本的、最具有实质性的，它们由此也就应该

① 《马克思恩格斯选集》第 2 卷，人民出版社 2012 年版，第 2 页。

② 《马克思恩格斯选集》第 2 卷，人民出版社 2012 年版，第 2—3 页。

③ 《列宁专题文集　论马克思主义》，人民出版社 2009 年版，第 67 页。

成为理解马克思主义整体性、构建马克思主义科学体系整体性的主体内容。

马克思主义三个组成部分是“一块整钢”，应该从其整体性来加以理解，这应该是一个基本常识，那为什么会出现本节开始时所述的那些问题呢？为什么还会有部分思想政治理论课教师还一意孤行地将“原理”课上成马克思主义哲学课、政治经济学课、科学社会主义课呢？有人可能会说，教师的精力是有限的，总会存在知识、视野的局限。确实，教师的知识储备不可能穷尽所有，在理论知识方面存在短板是一个很大的原因，但绝不是根本原因。根本还是在于对马克思主义整体性的重要性认识程度的问题，或者是对“原理”课教学根本目的缺乏一个科学认识。而这一切又都根源于对马克思主义理论价值主线理解的偏差。如果对马克思主义理论价值主线有了正确理解，思想政治理论课教师本人就会自动地克服前面所提及的困难，为遵循这条价值主线，加强理论学习，做好“原理”课的整体性教学设计。

那马克思主义所有理论中最基本的原理有哪些呢？2021 年版的“原理”课教材认为，“马克思主义基本原理是对马克思主义立场、观点、方法的集中概括，是马克思主义在其形成、发展和运用过程中经过实践反复检验而确立起来的具有普遍真理性的理论。它体现马克思主义的根本性质和整体特征，体现马克思主义科学性和革命性的统一。相对于特定历史条件下所作的个别理论判断和具体结论，马克思主义基本原理具有普遍的、根本的和长远的指导意义”①。同时，2021 年版的“原理”教材还概括了马克思主义的基本观点，即“关于世界统一于物质、物质决定意识的观点，关于事物矛盾运动规律的观点，关于实践和认识辩证关系的观点，关于社会存在决定社会意识的观点，关于人与自然和谐共生的观点，关于人类社会发展规律的观点，关于世界历史的观点，关于阶级和阶级斗争的观点，关于人民群众创造历史的观点，关于人的全面发展和社会全面进步的观点，关于商品经济和社

① 本书编写组：《马克思主义基本原理概论（2021 年版）》，高等教育出版社 2021 年版，第 3 页。

会化大生产一般规律的观点，关于劳动价值论、剩余价值论和资本主义生产方式本质的观点，关于资本主义政治制度和意识形态本质的观点，关于垄断资本主义的观点，关于社会主义必然代替资本主义的观点，关于社会主义革命和无产阶级专政的观点，关于无产阶级政党建设的观点，关于社会主义社会本质特征和建设规律的观点，关于共产主义社会基本特征和共产主义远大理想的观点，等等”①。

在众多的基本观点中，哪些又是马克思主义理论的基本的、最核心的主题呢？习近平总书记在纪念马克思诞辰200周年大会上的讲话中指出：“马克思主义是人民的理论，第一次创立了人民实现自身解放的思想体系。马克思主义博大精深，归根到底就是一句话，为人类求解放。在马克思之前，社会上占统治地位的理论都是为统治阶级服务的。马克思主义第一次站在人民的立场探求人类自由解放的道路，以科学的理论为最终建立一个没有压迫、没有剥削、人人平等、人人自由的理想社会指明了方向。马克思主义之所以具有跨越国度、跨越时代的影响力，就是因为它植根人民之中，指明了依靠人民推动历史前进的人间正道。”② 马克思对于人类自由解放这一终极价值指向的理论探讨实际上贯穿其整个思想生涯，17岁的马克思在其中学毕业论文《青年在选择职业时的考虑》中就这样写道：“如果我们选择了最能为人类而工作的职业，那么，重担就不能把我们压倒，因为这是为大家作出的牺牲；那时我们所享受的就不是可怜的、有限的、自私的乐趣，我们的幸福将属于千百万人，我们的事业将悄然无声地存在下去，但是它会永远发挥作用，而面对我们的骨灰，高尚的人们将洒下热泪。”③ 由此可以看出，从青年马克思时期的人本主义价值观，到其实现价值观的转变，再到运用唯物史

---

① 本书编写组：《马克思主义基本原理概论（2021年版）》，高等教育出版社2021年版，第3页。

② 习近平：《在纪念马克思诞辰200周年大会上的讲话》，《人民日报》2018年5月5日。

③ 《马克思恩格斯全集》第1卷，人民出版社1995年版，第459—460页。

观和辩证法指导其总的研究工作，创立整个马克思主义理论的过程，都离不开一个价值主线，那就是“为人类求解放”。在《共产党宣言》中，马克思、恩格斯就明确指出，我们要建立的社会是这样一个社会：“在那里，每个人的自由发展是一切人的自由发展的条件。”① “无产者在这个革命中失去的只是锁链。他们获得的将是整个世界。”②

可见，价值观不仅是促进马克思思想转变创立唯物史观的基础，也是马克思主义发展过程中须臾不离的价值主线，也正是这个价值主线，决定了马克思主义理论的价值取向。从马克思主义整体性出发，我们发现了马克思主义理论“为人类求解放”的价值主线；同时，也只有从这个价值主线出发，以这个价值主线为指导，才能更好地把握马克思主义理论的整体性，也才能更为深刻地理解“原理”课教学的整体性。

从马克思主义理论的价值主线出发去理解其内容的整体性，可以较为清晰地看到，马克思主义在阶级性上的表现就是无产阶级争取自身解放并最终解放全人类，在社会发展上的表现就是阐明人类社会发展的客观规律。从马克思主义理论发展的过程来看，当马克思实现了由唯心主义者转变为唯物主义者、民主主义者转变为共产主义者后，他以对实现无产阶级解放并最终解放全人类问题的分析为思想宗旨，在这一分析过程中形成了哲学思想、政治经济学思想和科学社会主义思想，这些思想以它们之间的内在逻辑联系交融在一起，构成了马克思主义这个严密的逻辑整体，揭示了人类社会发展的客观规律。马克思主义哲学从理论推导上对自然界、人类社会、思维领域的发展进行了理论分析，而政治经济学正好是运用马克思主义哲学的理论分析框架和成果对资本主义社会运行方式进行分析的结果，政治经济学既是对马克思主义哲学的具体运用和验证，也是对马克思主义哲学思想的丰富和发展。正是在哲学、政治经济学的共同作用下，才形成了科学社会主义理论。而这

① 《马克思恩格斯选集》第 1 卷，人民出版社 2012 年版，第 422 页。

② 《马克思恩格斯选集》第 1 卷，人民出版社 2012 年版，第 435 页。

其中“为人类求解放”的价值取向始终是一以贯之的一条价值主线。由于马克思主义基本原理主要阐释的是对自然、社会和思维认识各方面的客观规律，阐释的是对人类社会由低级向高级发展的客观规律，这两大类规律的阐明不是马克思主义哲学，或政治经济学，或科学社会主义哪一个组成部分可以独立解决的，它需要通过马克思主义基本原理的整体来解决，而在这些基本原理中一以贯之的价值主线就是“为人类求解放”。因此，必须从“为人类求解放”这条价值主线来理解“原理”课的整体性。

“为人类求解放”作为一个价值形态要什么时候才能实现呢？从马克思主义理论的整体逻辑来看，就只有在建立了“每个人的自由发展是一切人的自由发展的条件”的联合体①的时候才能实现这种价值形态。这种联合体，其实质就是指的共产主义社会，这是马克思及马克思主义理论追求的终极价值目标。而实现共产主义社会必然是一个漫长的过程，但好在我们现在已经跨入了共产主义社会的第一阶段，即社会主义社会。而社会主义社会也存在着什么是社会主义、为什么选择社会主义、建设什么样的社会主义、怎样建设社会主义等问题，这些问题反映在价值形态上其实质就是社会主义核心价值观要回答的问题。也就是说，我们在马克思主义思想的指导下，建设、发展社会主义，特别是中国特色社会主义，始终有一个价值目标的问题，这其实也是马克思主义基本原理要回答的一个问题。当前我们坚持和完善中国特色社会主义制度，推进国家治理体系和治理能力现代化，其实质就是要回答建设什么样的国家、建设什么样的社会、培育什么样的公民的问题，归根结底总是要涉及一个价值问题，并且这个价值问题是贯穿始终的一个问题。因此，把握马克思主义理论的价值主线，不但是理解“原理”课教学整体性的关键，还是“原理”课构建科学教学体系的核心。

---

① 《马克思恩格斯选集》第1卷，人民出版社2012年版，第422页。

二、在“原理”课教学中紧扣价值主线开展社会主义核心价值观教育

“原理”课教材划分为哲学、政治经济学、科学社会主义三个部分。如上文所说，这三个部分是马克思主义理论不可分割的主要内容，马克思主义理论的整体性主要就体现为内容的整体性。那么，“原理”课的教学也绝不是单独呈现某一部分的内容给学生。要克服当前“原理”课教学中出现的这些问题，就必须依托“为人类求解放”这条价值主线，才能将三部分内容连成一块整体。而“为人类求解放”又可以看作是马克思主义理论的一个终极价值目标，而这个终极目标最终只能在共产主义社会才能得以实现。以这个终极价值目标为指引，在共产主义社会发展的各个阶段又会呈现出不同的价值观形态。在社会主义初级阶段的中国，社会主义核心价值观实质上就是“为人类求解放”在现阶段的具体表现。因此，在当前的“原理”课教学中，将社会主义核心价值观融入其中，或者说以社会主义核心价值观为引领构建良好的“原理”课教学体系，再结合新时代社会的热点、焦点问题阐释好马克思主义基本原理就是现阶段的必然选择。

（一）社会主义核心价值观是“为人类求解放”在现阶段的表现

“为人类求解放”是贯穿马克思主义理论的价值主线，它是马克思主义理论发展并指导共产主义运动始终追求的一个价值目标，即要建立一个消灭了阶级和阶级对立的“联合体”，“在那里，每个人的自由发展是一切人的

自由发展的条件”①。同时，这个价值目标给我们规定了相应的价值任务。早在19世纪40年代的《共产党宣言》中马克思、恩格斯就对我们的价值任务作了很多原则性的论述。比如，“工人革命的第一步就是使无产阶级上升为统治阶级，争得民主”②。“无产阶级将利用自己的政治统治，一步一步地夺取资产阶级的全部资本，把一切生产工具集中在国家即组织成为统治阶级的无产阶级手里，并且尽可能快地增加生产力的总量。”③“共产主义革命就是同传统的所有制关系实行最彻底的决裂；毫不奇怪，它在自己的发展进程中要同传统的观念实行最彻底的决裂。”④“从这个意义上说，共产党人可以把自己的理论概括为一句话：消灭私有制。”⑤“为人类求解放”的价值目标、价值任务也给共产党人提供了远大的价值理想，即共产主义。

从价值目标、价值任务、价值理想于一体来看，“为人类求解放”实则是共产党人追求的终极理想，或共产党人的初心，也是共产主义的核心价值观。习近平总书记在纪念马克思诞辰200周年大会上就明确指出：“马克思主义博大精深，归根到底就是一句话，为人类求解放。”⑥但共产主义的实现绝不是一朝一夕、一夜之间的事情，而是一个漫长的过程。马克思曾说：“共产主义对我们来说不是应当确立的状况，不是现实应当与之相适应的理想。我们所称为共产主义的是那种消灭现存状况的现实的运动。”⑦习近平总书记也针对“共产主义渺茫论”指出：“共产主义决不是‘土豆烧牛肉’那么简单，不可能唾手可得、一蹴而就……实现共产主义是我们共产党人的

---

① 《马克思恩格斯选集》第1卷，人民出版社2012年版，第422页。

② 《马克思恩格斯选集》第1卷，人民出版社2012年版，第421页。

③ 《马克思恩格斯选集》第1卷，人民出版社2012年版，第421页。

④ 《马克思恩格斯选集》第1卷，人民出版社2012年版，第421页。

⑤ 《马克思恩格斯选集》第1卷，人民出版社2012年版，第414页。

⑥ 习近平：《在纪念马克思诞辰200周年大会上的讲话》，《人民日报》2018年5月5日。

⑦ 《马克思恩格斯选集》第1卷，人民出版社2012年版，第166页。

最高理想，而这个最高理想是需要一代又一代人接力奋斗的”①。可见，共产主义的实现是一个艰难的过程，但它却是我们共产党人一路走来的精神支撑，这种精神支撑就是通过其作为价值目标、价值任务、价值理想的功能发挥出来的。“我们干事业不能忘本忘祖、忘记初心。我们共产党人的本，就是对马克思主义的信仰，对中国特色社会主义和共产主义的信念，对党和人民的忠诚。我们要固的本，就是坚定这份信仰、坚定这份信念、坚定这份忠诚。世界社会主义实践的曲折历程告诉我们，马克思主义政党一旦放弃马克思主义信仰、社会主义和共产主义信念，就会土崩瓦解。共产党人如果没有信仰、没有理想，或信仰、理想不坚定，精神上就会‘缺钙’，就会得‘软骨病’，就必然导致政治上变质、经济上贪婪、道德上堕落、生活上腐化。”② 共产主义作为一种现实的运动是指在共产主义思想体系指导下为实现共产主义理想所进行的无产阶级革命和社会主义建设的实践。在我国，这种运动“早在中国共产党成立和领导进行新民主主义革命的时候就开始了。现在这个运动在我国已经发展到建立起作为共产主义社会初级阶段的社会主义社会”③。

共产党人的初心和使命是“为人类求解放”，为实现共产主义而奋斗，在这一漫长的过程中，我们要始终非常注意处理各个阶段的各种价值关系，为近期的价值目标而奋斗时，绝不忘记共产主义最高价值目标。“共产党人为工人阶级的最近的目的和利益而斗争，但是他们在当前的运动中同时代表运动的未来。”④ 共产党人在世界风云变幻中，在国内改革开放和社会主义市场经济的大潮中，在各种错误思潮的冲击下，始终保持头脑清醒，坚定理想信念，毫不动摇共产主义的最高价值目标。面对一些歪风邪气和消极腐败现象，共产党人始终珍惜和维护共产党人的价值，敢于抵制和反对各种不正

---

① 《习近平谈治国理政》第二卷，外文出版社 2017 年版，第 142—143 页。

② 习近平：《在全国党校工作会议上的讲话》，人民出版社 2016 年版，第 7—8 页。

③ 《十二大以来重要文献选编》（上），人民出版社 1986 年版，第 27 页。

④ 《马克思恩格斯选集》第 1 卷，人民出版社 2012 年版，第 434 页。

之风和消极腐败现象。邓小平也曾明确地指出：“我们是坚持社会主义和共产主义的，我们采取的各方面的政策，都是为了发展社会主义，为了将来实现共产主义。”① 在价值观领域，“为人类求解放”的价值主线虽然贯穿于实现共产主义的全过程，但在每个阶段却有具体的表现。在现阶段，这种消灭现存社会中不合理因素的现实运动就切实地表现为建设中国特色社会主义、实现中华民族伟大复兴中国梦的一切实践活动。立足当前，我们把实现中华民族伟大复兴分为两个阶段：“第一个阶段，从二〇二〇年到二〇三五年，在全面建成小康社会的基础上，再奋斗十五年，基本实现社会主义现代化……第二个阶段，从二〇三五年到本世纪中叶，在基本实现现代化的基础上，再奋斗十五年，把我国建成富强民主文明和谐美丽的社会主义现代化强国。”② 实现中华民族伟大复兴是实现共产主义的必经阶段，也是“为人类求解放”价值目标实现的一小步。那么在此过程中，价值领域的价值目标、价值任务、价值理想其实就是我们正在大力培育和践行的社会主义核心价值观。也就是说，社会主义核心价值观就是“为人类求解放”这一价值主线在现阶段的具体表现。

从马克思主义基本原理来看，马克思主义始终是社会主义核心价值观形成和发展的指导思想，社会主义核心价值体系中第一个内容就明确提出马克思主义指导思想。从社会主义核心价值观本身来看，社会主义核心价值观则是对马克思主义基本原理所揭示的社会主义建设规律在价值上的反映。也就是说，马克思主义基本原理可以从基本理论上来回答什么是社会主义、为什么选择社会主义、建设什么样的社会主义、怎样建设社会主义等根本问题，而社会主义核心价值观则可以从价值论层次上对这些问题给予相应的解答。社会主义核心价值观既反映人们对社会主义与其他主义在理论形态、社会形

① 《邓小平文选》第三卷，人民出版社 1993 年版，第 112 页。

② 习近平：《决胜全面建成小康社会　夺取新时代中国特色社会主义伟大胜利——在中国共产党第十九次全国代表大会上的报告》，人民出版社 2017 年版，第 28—29 页。

态、制度形态等方面孰好孰坏、孰优孰劣的价值比较，也体现人们对什么才是理想的社会主义、怎样实现社会主义的理想等问题的价值评判和价值追求。社会主义核心价值观的24个字，事实上就是向人们描绘了我们现阶段要追求的一个共同理想，即我们建设和发展中国特色社会主义，就是要在这样一个价值目标的指引下开展所有工作，就是要建设一个国家富强、民主、文明、和谐，社会自由、平等、公正、法治，公民爱国、敬业、诚信、友善的美好社会，坚持社会主义的道路、理论和制度则是实现这一美好社会理想的最优路径选择。社会主义核心价值观的概括“实际上回答了我们要建设什么样的国家、建设什么样的社会、培育什么样的公民的重大问题”①。那么，社会主义核心价值观的三个层次表述，其实也就包含着我们在现阶段所要追求的价值目标，也包含着由这个价值目标规定的我们现阶段应该完成的价值任务，以及在历经各种困难时仍需坚持的价值理想。

综上，“为人类求解放”是马克思主义理论的价值主线，这条价值主线贯穿马克思主义理论发展的始终，必须把握这条价值主线才能更好地理解马克思主义基本原理的整体性。而社会主义核心价值观是“为人类求解放”这条价值主线在现阶段的具体表现，在“原理”课教学中不仅应该融入社会主义核心价值观，更应该以社会主义核心价值观为引领构建良好的教学体系，促进“原理”课教材三个部分的深度融合，而避免将“原理”课变相地开成哲学课、经济学课或科学社会主义课。

（二）以社会主义核心价值观为引领构建好“原理”课教学体系

虽然从逻辑上、内容上来看，马克思主义基本原理都是一个具有整体性

① 习近平：《青年要自觉践行社会主义核心价值观——在北京大学师生座谈会上的讲话》，人民出版社2014年版，第5页。

的理论体系，但在“原理”课教材编写的实际操作过程中又很难做到按照马克思主义发展过程的线索来编写，那也不是“原理”课教材要完成的任务，而是马克思主义发展史的研究对象。所以，当前“原理”课教材还是严格按照哲学、政治经济学、科学社会主义三个部分来编写的，但这并不影响我们在教学过程中坚持马克思主义基本原理的整体性原则。如上文所述，必须从“为人类求解放”这条价值主线出发来理解“原理”课教学的整体性。社会主义核心价值观作为“为人类求解放”这条价值主线在现阶段的具体表现，在“原理”课教学中应该以其为引领构建好课程的教学体系，促进社会主义核心价值观融入“原理”课教学。

按照“20 方案”的规定，“原理”课要在“主要讲授反映马克思主义世界观和方法论的最基本的原理，帮助学生深刻领会、准确把握马克思主义的根本性质和整体特征，学习掌握贯穿其中的马克思主义立场观点方法”的基础之上，提升学生“运用马克思主义基本原理分析世界的能力，增强对人类社会发展规律特别是中国特色社会主义发展规律的认识和把握，树立共产主义远大理想和中国特色社会主义共同理想”①。从这个目标设定可以看出，“原理”课只有从整体性出发来进行讲授才能达到树立马克思主义世界观和方法论的目的，从整体上把握马克思主义，正确认识人类社会发展规律。“原理”课教材的知识点相对独立，如果就马克思主义基本原理来讲原理，那么，学生至多掌握一些马克思主义的基本理论观点，并不能深刻理解马克思主义的基本立场和方法，就更谈不上把握马克思主义，正确认识社会发展规律了。马克思主义的科学性使得马克思主义占据了真理的制高点，价值性则使得其占据了道义的制高点。正是因为真理性与科学性相统一，才使得历史和人民共同选择了马克思主义。也就是说，马克思主义基本原理并不

① 《中共中央宣传部　教育部关于印发〈新时代学校思想政治理论课改革创新实施方案〉的通知》2021 年 1 月 1 日，见 http：//www. gov. cn/zhengce/zhengceku/2021－01/01/content_5576046. htm。

是没有任何价值取向的孤立的知识点，相反，马克思主义基本原理的所有观点都是围绕“为人类求解放”而产生和发展的。毛泽东思想、中国特色社会主义理论体系的产生和发展也始终朝着社会主义核心价值观所蕴含的价值目标、价值任务、价值理想而努力。

以社会主义核心价值观为引领构建好“原理”课的教学体系，最为根本的就是要明白两方面的问题：一方面，社会主义核心价值观所蕴含的价值目标、价值任务、价值理想只有在马克思主义的基本原理的阐释中才能得到进一步明晰，离开了马克思主义基本原理对真理和规律的揭示，离开了马克思主义基本原理的支撑，社会主义核心价值观的教育就会变成空洞的说教，良好的价值观教育必定以一定的人文通识教育为基础。另一方面，“原理”课教学又必须以社会主义核心价值观为引领，如果失去了社会主义核心价值观的引领，“原理”课教学就会走向单纯的知识性教育，教学效果必将受到影响。学校教育的根本任务在于立德树人，而“思想政治理论课是落实立德树人根本任务的关键课程”，“办好思想政治理论课，最根本的是要全面贯彻党的教育方针，解决好培养什么人、怎样培养人、为谁培养人这个根本问题”①。为此，习近平总书记曾做过专门回答，他指出：“我国是中国共产党领导的社会主义国家，这就决定了我们的教育必须把培养社会主义建设者和接班人作为根本任务，培养一代又一代拥护中国共产党领导和我国社会主义制度、立志为中国特色社会主义奋斗终身的有用人才。这是教育工作的根本任务，也是教育现代化的方向目标。”② 新时代青年大学生要成长为能够担当民族复兴大任的时代新人，德智体美劳全面发展是首要的要求，但最根本的要求还在于新时代青年能够将自身的命运与国家、民族发展的命运融合

① 《习近平主持召开学校思想政治理论课教师座谈会强调　用新时代中国特色社会主义思想铸魂育人　贯彻党的教育方针落实立德树人根本任务》，《人民日报》2019 年 3 月 19 日。

② 《习近平在全国教育大会上强调　坚持中国特色社会主义教育发展道路　培养德智体美劳全面发展的社会主义建设者和接班人》，《人民日报》2018 年 9 月 11 日。

起来，明白我们追求的价值目标，要建设什么样的国家、建设什么样的社会、培育什么样的公民，即培育和践行社会主义核心价值观。而这一切又从根本上依赖于马克思主义的指导思想。因此，以社会主义核心价值观为引领构建好“原理”课的教学体系，实质上就是要求社会主义核心价值观与马克思主义基本原理有机融合，力争在“原理”课教学中既做到价值引领，又做到理论支撑。

但是，值得注意的是，以社会主义核心价值观为引领构建“原理”课的教学体系，并不是简单地将社会主义核心价值观纳入教学内容之中，而是要通过对“原理”课教材内容进行深入研究，进而在重新组织的基础上，将马克思主义基本原理整体性中的“为人类求解放”的价值主线转换并聚焦到社会主义核心价值观上来，以人的本质力量的展现、发展和完善为着力点，发挥马克思主义自身独特的社会理想和精神追求对价值思维的引领作用，发挥马克思主义世界观和方法论的价值，从而使学生能够结合我国当前实际，正确地、全面地理解社会主义核心价值观，理解我国的价值观现状，使其在生活中以合乎实际的方式实践、维护这些价值观，将社会主义核心价值观教育推进到新的层面。这样既能丰富“原理”课的教学内容，也能提升社会主义核心价值观教育的层次。

从“原理”课教材的三个板块内容来看：马克思主义哲学是基础，为马克思主义理论体系奠定了世界观和方法论的基础，没有哲学，特别是没有唯物史观的创立，马克思也就不可能对其他理论进行科学研究；政治经济学是马克思运用马克思主义哲学所提供的世界观和方法论对现实资本主义社会的运行进行具体而生动的研究，是对马克思主义哲学的具体运用和展开，也是对马克思主义哲学在逻辑思辨中所得到的结论的一种实际验证；科学社会主义则是马克思主义哲学经过政治经济学验证所得出的科学结论。马克思主义哲学、政治经济学、科学社会主义三者有机统一，构成一个整体。马克思主义哲学虽然是基础，但其基本原理也体现在马克思主义政治经济学和科学社会主义理论之中，但是没有马克思主义哲学所奠定的世界观和方法论基础，就无法说清资本主义社会的矛盾运动及其被社会主义所代替的历史必然性，也无法得出无产阶级革命及科学社会主义的原则、实践等理论问题。因此，在“原理”课教学体系的构建中不必强求对所有知识点都平铺展开、面面俱到，而应遵循主线，抓住马克思主义哲学这个重点，以社会主义核心价值观为价值主线引领各部分内容的教学，讲清楚什么是马克思主义？为什么新时代还要坚持马克思主义？其有什么时代价值？怎样坚持马克思主义？人类社会发展的规律如何？特别要讲清资本主义被社会主义所代替的历史必然性、人类解放和人类社会发展规律的统一性与多样性，以及中国特色社会主义的发展如何体现马克思主义所揭示的人类社会发展规律。这是构建“原理”课教学体系的理论主题和价值主线，也是“原理”课教学体系专题设计要遵循的逻辑思路、着力点和聚焦点。

也就是说，社会主义核心价值观融入“原理”课教学，要在以社会主义核心价值观引领专题设计、构建良好教学体系的过程中来实现。有学者认为，“原理”课的教学体系可以以“为人类求解放”为理论主题分为四个层级：即世界观层级、人的活动层级（属人世界观层级）、人类活动的基本领域层级（人类社会层级）、人类当下基本活动领域层级（当下社会形态层级）。① 这四个层级的理论分别从宏观到微观，从抽象到具体，从理论到现实较为全面、清晰、合理地分析了“原理”课的教材体系，也很好地抓住了“原理”课教学的重点。我们可以以此为借鉴，来进行专题设计。

教学体系的设计虽然不能照搬教材、照本宣科，但也不能完全脱离教材。按照马克思主义基本原理的整体逻辑，我们应该抓住马克思主义哲学这个重点，首先从理论上进行分析，引导青年大学生首先从理论上掌握科学的世界观和方法论，认识人类社会发展规律。然后再引导青年大学生从理论深

① 曾荻、向楠：《关于“马克思主义基本原理概论”课程教学体系的思考》，《思想政治教育研究》2019 年第 2 期。

入现实，认识资本主义社会发展规律，揭示其内在矛盾，进而引导青年大学生认识社会主义代替资本主义的必然性，最后落脚到对社会主义社会的分析。这其中虽然看似主要分析马克思主义基本原理、基本观点，但在教学中也必定要求教师不但要给学生讲明白这个原理、观点是什么样子的，还应该要讲清楚为什么会这样。这个“为什么”就蕴含着资本主义社会与社会主义社会在价值取向上的根本区别，就是要在对这个“为什么”的解释中讲清楚资本主义核心价值观与社会主义核心价值观的区别，从马克思主义基本原理的角度讲清楚我们中国为什么选择马克思主义、为什么选择社会主义，社会主义在中国这样一个经济文化落后的东方国家为什么能够首先取得胜利等，从而不但能讲清楚我们现阶段追求的价值目标和理想，更能引导青年大学生认识到我们心中常怀的远大价值目标和伟大理想。具体来看，我们可以通过“大专题+子问题”的方式来构建“原理”课的教学体系。

对于“原理”课导论部分，可以设置专题：“马克思主义真的过时了吗”，以“今天我们为什么还需要马克思主义”为焦点，运用马克思主义是科学认识和价值追求的统一、马克思主义的根本价值诉求（人的自由解放）、马克思主义是社会主义核心价值观的理论基础与思想灵魂等马克思主义基本原理来解释青年大学生的现实困惑，也从理论上阐释马克思主义的当代价值。

马克思主义哲学部分是“原理”课教学的重点，可以设置如下专题：第一，从世界的本质看辩证唯物论；第二，从世界的存在状态看唯物辩证法的总特征；第三，矛盾规律是事物发展的根本动力；第四，在实践与认识的关系中理解认识的本质；第五，在认识的辩证运动过程中理解认识的发展规律；第六，在真理与价值的关系中理解检验认识真理性的标准；第七，社会存在与社会意识的关系问题是唯物史观的基本问题；第八，历史发展是合规律性与合目的性的统一。另外，还可以设置专题来阐述马克思主义在哲学层面关于价值和价值观的论述。如马克思主义哲学原理的价值意蕴。聚焦讨论当代中国流行的价值观以及青年大学生应该怎样树立正确的价值观，运用作为价值认识与评价方法论的唯物辩证法，哲学价值论（价值的本质，价值观的层次、结构与类型，价值评价的标准，价值理想及其选择，真理与价值的关系），历史规律与人的价值实现（人的本质与人的价值实现，个人价值与社会价值的关系，人民是历史的主体，劳动是价值实现的源泉与美好生活的源泉，历史的目的与意义）等原理来分析价值及价值观问题，引导青年大学生树立正确价值观。

政治经济学部分是马克思主义哲学在分析资本主义社会中的具体运用，要重点关注马克思主义劳动价值论和马克思主义剩余价值论两个专题，这两个专题富有丰富的价值观意义，也是“原理”课教学的难点。劳动价值论与剩余价值论是马克思价值论在经济学领域的具体运用和表现，与哲学价值论是特殊与一般的关系。在讲解劳动价值论与剩余价值论的过程中要重点阐释马克思从商品出发，通过生产关系彰显人与人的社会关系的理论逻辑和现实逻辑，进而揭示在资本主义社会束缚人自由发展的根本因素，讲述人的全面自由发展的主客观形式与条件、可能性与必要性，引导青年大学生认识社会主义社会所追求的价值理想——人的自由而全面发展。在这两个专题的教学中，要重点讲清楚马克思的劳动价值论与剩余价值论始终关心的是劳动者在商品生产成果的分配和交换中如何获得公正的地位，以维护劳动者的权益，这具有极为重要的价值观意义。正如有的学者所认为的那样，劳动价值论与剩余价值论“在理论上结束了资本作为交换、分配媒介的统治地位，提升了劳动人民在社会分配和交换中的地位，并由此出发构造了一个宏大的社会发展和解放理论，具有极强的阶级感和历史感”①。除了重点关注这两个专题外，还可以设置专题对资本主义核心价值观予以批判，聚焦资本主义核心价值观中的自由、民主、平等、正义与社会主义核心价值观所倡导的自

① 孙志海等：《马克思主义原理中的价值议程》，江苏人民出版社 2014 年版，第 98 页。

由、平等、公正、法治理念的区别。

科学社会主义部分是马克思主义理论的结论部分，除了对社会主义和共产主义的发展、一般原则等问题进行阐释外，解释社会主义、共产主义实现的必然性，从理论上回应共产主义的实现虽然是一个漫长的过程但在现实社会中坚持共产主义远大理想的必要性，力争在解释这些问题的过程中讲清楚社会主义核心价值观与共产主义远大理想的关系。

（三）敢于运用马克思主义基本原理回应社会热点焦点问题

“原理”课在四门思想政治理论课中属于难度较大的一门课程。一方面，马克思主义是一个非常庞大的理论体系，对于青年大学生来说，要掌握其基本立场、观点、方法本身就具有一定难度；另一方面，从青年大学生对信息的接受规律来看，对于诸如马克思主义基本原理类的理论性知识，内心具有一种天然的畏难情绪甚至抵触心理。而马克思主义既是科学的世界观，也是科学的方法论，在人们认识世界和改造世界的过程中起着不可替代的作用。同时，学习马克思主义基本原理也并不是为了学习理论而学习理论，学习理论的目的是解决问题，正如邓小平所说：“学马列要精，要管用的。”①所谓要管用，就是要求学到的马克思主义理论要能够解决问题。对于新时代青年大学生来说，就是既要解决思想问题，也要解决现实问题。因此，这就要求“原理”课教学结合新时代社会发展实际，敢于运用马克思主义基本原理回应社会热点焦点问题。当今社会面临诸多社会热点焦点问题，特别是一些错误思潮的影响，马克思主义基本原理的科学性注定其能够解释这些问题，引导青年大学生正确认识社会问题。但由于本书篇幅有限，只能选取一些较为重要的问题加以阐释。

---

① 《邓小平文选》第三卷，人民出版社 1993 年版，第 382 页。

（1）以阐释唯物史观为依托，讲清楚历史观的新时代意蕴

历史观，是人们对历史形成、发展的总体看法和根本观点。根据对社会存在与社会意识谁是第一性的不同回答，可将历史观分为唯物史观与唯心史观。唯物史观从“现实的人”① 出发，第一次对历史观的基本问题给予了正确回答，认为“不是人们的意识决定人们的存在，相反，是人们的社会存在决定人们的意识”②。这就从根本上抛弃了唯心史观将历史发展中的决定性因素归结为人的思想动机、英雄人物的主观意志或者某种超自然的神秘精神力量的观点，被列宁誉为“唯一科学的历史观”③。唯物史观首先是一种世界观，指导人们认识世界改造世界。其次，唯物史观也是一种方法论。马克思曾回忆，唯物史观是他“一经得到就用于指导……研究工作的总的结果”④。因此，唯物史观又是世界观与方法论的统一。那么，从一般意义上讲，新时代正确历史观，就是在运用唯物史观的基本理论观点和方法分析新时代中国问题过程中作出的理论性概括。具体来说，新时代，树立和坚持的正确历史观是一种大历史观，既要环顾世界，又要回望历史、展望未来，并从中揭示规律，把握大势。正如习近平总书记所说，正确历史观“就是不仅要看现在国际形势什么样，而且要端起历史望远镜回顾过去、总结历史规律，展望未来、把握历史前进大势”⑤。因此，新时代正确历史观，就是指导我们坚持以大历史观审视问题，跳出历史发展的细枝末节，把握历史发展的主流与主线，认清中国发展大势，进而理解中华民族伟大复兴必然实现的根本理论。

---

① 《马克思恩格斯选集》第 1 卷，人民出版社 2012 年版，第 146 页。

② 《马克思恩格斯选集》第 2 卷，人民出版社 2012 年版，第 2—3 页。

③ 《列宁专题文集　论辩证唯物主义和历史唯物主义》，人民出版社 2009 年版，第 163 页。

④ 《马克思恩格斯选集》第 2 卷，人民出版社 2012 年版，第 2 页。

⑤ 习近平：《在中央外事工作会议上强调　坚持以新时代中国特色社会主义外交思想为指导　努力开创中国特色大国外交新局面》，《人民日报》2018 年 6 月 24 日。

新时代正确历史观是坚持以大历史观审视问题的整体性思维和意识。所谓大历史观，就是从历史的整体性宏观视角出发，既将某一历史事件或某一历史时期放到较长的历史时段中来考察，又从历史的纵横发展中来考察历史事实之间的联系，在历史事实的发展变化和相互影响中探求历史发展趋势，进而从整体上理解历史发展逻辑的观点和方法。马克思曾指出：“人们自己创造自己的历史，但是他们并不是随心所欲地创造，并不是在他们自己选定的条件下创造，而是在直接碰到的、既定的、从过去承继下来的条件下创造。一切已死的先辈们的传统，像梦魇一样纠缠着活人的头脑。”① 也就是说，历史从来都是作为一个整体和发展过程而存在的，没有绝对孤立的历史。“历史、现实、未来是相通的。历史是过去的现实，现实是未来的历史”②。因此，正确历史观，从一定意义上讲就是从历史发展的整体中来认识历史事实的根本观点。其本质就是坚持以大历史观审视问题的整体性思维与意识。缺乏这种整体性思维和意识，就极容易陷入形而上学的认识误区，对那些用阶段性否定整体性、用曲折性否定前进性、用片面性否定全面性的错误理论和观点不但不能正确认识，反而倍加推崇，甚至以发掘探索历史的细枝末节为旨趣，为此一叶障目，陷入错误认识的泥潭而不能自拔。中华民族是一个历史悠久的民族，“今天的中国是历史的中国的一个发展”③。认识新时代中国的问题更应该以大历史观之，将其融入中华文明5000多年、近代中国180多年、中国共产党领导中国人民100多年、新中国70多年、改革开放40多年的历史之中来认识。唯有从历史发展的整体性上来认识新时代中国的问题，才能正确理解改革开放前后两个历史阶段的关系；才能正确理解“党在社会主义建设中取得的独创性理论成果和巨大成就，为新的历

① 《马克思恩格斯选集》第1卷，人民出版社2012年版，第669页。

② 《习近平谈治国理政》第一卷，外文出版社2018年版，第67页。

③ 《毛泽东选集》第二卷，人民出版社1991年版，第534页。

史时期开创中国特色社会主义提供了宝贵经验、理论准备、物质基础”① 的重要事实；才能正确理解中国特色社会主义不是“母版”、不是“模板”、不是“再版”、也不是“翻版”的重要论断②；才能从根本上回答好中国共产党为什么能、马克思主义为什么行、中国特色社会主义为什么好等问题。

新时代正确历史观是善于总结规律、把握大势的历史自觉和历史自信。中华民族素有重视历史的传统，远有“以史为镜，可以知兴替”的古训，近有历史是最好的“老师”③“教科书”④“清醒剂”⑤“营养剂”⑥“镜子”⑦ 等生动比喻。坚持以大历史观审视问题不仅反映了尊重历史、敬畏历史的严谨态度，更反映了中国共产党人从历史、实践、理论三重逻辑相结合的高度考察历史、总结历史规律、揭示历史趋势的历史自觉和历史自信。新时代，树立和坚持正确历史观，就是要具备一种时刻叩问自己“从哪里来”，又“去向何方”的历史感，始终保持一种从历史中汲取营养的自觉性，怀揣一颗沿着历史指示坚定前行的自信心。面对西方国家大肆鼓吹“历史终结”“中国崩溃”等唱衰中国的声音，我们应该将已经做过的事、正在做的事、将要做的事，作为一个历史整体来考虑，善于从历史和现实中总结规律、把握大势、坚定自信。具体来讲，以大历史观审视中华文明史，就能看出“变革和开放总体上是中国的历史常态”⑧，自然能够坚定而自信地得出“中国开放的大门不会关闭，只会越开越大”⑨ 的结论；以大历史观

① 《十八大以来重要文献选编》（上），中央文献出版社 2014 年版，第 8 页。

② 习近平：《在纪念马克思诞辰 200 周年大会上的讲话》，《人民日报》2018 年 5 月 5 日。

③ 《习近平谈治国理政》第二卷，外文出版社 2017 年版，第 508 页。

④ 《习近平谈治国理政》第一卷，外文出版社 2018 年版，第 405 页。

⑤ 习近平：《在纪念全民族抗战爆发七十七周年仪式上的讲话》，《人民日报》2014 年 7 月 8 日。

⑥ 《习近平总书记系列重要讲话读本》，学习出版社、人民出版社 2016 年版，第 287 页。

⑦ 《习近平谈治国理政》第二卷，外文出版社 2017 年版，第 522 页。

⑧ 习近平：《在庆祝改革开放 40 周年大会上的讲话》，《人民日报》2018 年 12 月 19 日。

⑨ 《决胜全面小康社会　夺取新时代中国特色社会主义伟大胜利——在中国共产党第十九次全国代表大会上的报告》，人民出版社 2017 年版，第 34 页。

环顾世界历史，就能看出经济全球化是不可逆转的历史大势，没有哪一个国家可以逆历史潮流而动，美国发动的贸易战只是中国经济大池塘的一片小涟漪，注定不能掀起惊涛巨浪；以大历史观审视社会主义运动500多年历史，就可以断定我们所处的时代仍然是马克思主义所指明的历史时代，进而就能“对马克思主义保持坚定信心，对社会主义保持必胜信念”①；以大历史观审视中国近代170年的历史，特别是中国共产党领导人民革命、建设、改革的历史，就能进一步坚定中华民族伟大复兴必然实现的信心。

新时代正确历史观是在用历史思维审视问题中形成的历史分析方法。所谓历史思维，就是浸润于学习历史、研究历史、敬畏历史等行为和习惯之中的长时段思维、整体性思维、发展性思维的总和。历史思维是在长期的历史学习和研究中，经受各种错误思想理论观点的斗争洗礼之后，在习得敬畏历史的正确态度基础上形成的一种综合性思维。运用历史思维审视问题就是以“大历史观之”② 的必然要求和具体运用。在这过程中，不同方法的运用体现着不同的历史观，历史分析方法则是唯物史观在认识分析历史事件、评价历史人物时的根本方法，对历史分析方法的具体运用就是新时代正确历史观的重要表现。当前，思想文化领域存在侮辱英烈、诋毁领袖、歪曲党史国史等虚无历史现象，其中非常重要的原因就是部分人缺乏对历史分析方法的理解和运用。所谓历史分析方法，就是综合运用长时段思维、整体性思维、发展性思维对某一历史事实进行具体分析的过程和方式，其本质要求在于实事求是。怎样才能运用好历史分析方法，做到实事求是呢？习近平总书记在纪念毛泽东同志诞辰120周年座谈会上的讲话中曾指出：“对历史人物的评价，应该放在其所处时代和社会的历史条件下去分析，不能离开对历史条件、历史过程的全面认识和对历史规律的科学把握，不能忽略历史必然性和

① 《习近平谈治国理政》第二卷，外文出版社2017年版，第66页。

② 习近平：《在庆祝改革开放40周年大会上的讲话》，《人民日报》2018年12月19日。

历史偶然性的关系。"① 也就是说，运用历史思维审视问题，要把相关问题纳入一定的历史时代和条件下去分析，以历史的视野分析问题，"不能用今天的时代条件、发展水平、认识水平去衡量和要求前人，不能苛求前人干出只有后人才能干出的业绩来"②。新时代，树立和坚持正确历史观，在一定意义上就是要培养历史思维，坚持实事求是的态度，切实掌握历史分析方法。面对打着"重构历史""解构历史""还原历史"旗号而大行侮辱英烈、诋毁领袖、歪曲党史国史的历史虚无主义思潮，就要敢于运用历史思维去审视问题，坚持唯物辩证方法，善于运用历史分析方法澄清事实、揭露谬误，抵制历史虚无主义思潮的消极影响。

（2）在阐释马克思主义社会结构中讲清楚国家观的新时代意蕴

国家观，是指对国家的起源、本质、消亡等问题的基本认识和根本看法。根据社会形态的发展，国家观大致经历了古代国家观、近代人道主义国家观或资产阶级国家观、马克思主义国家观。由于前两种国家观都没有摆脱唯心史观的影响，具有明显的局限性，直到唯物史观的创立，并以此为指导的马克思主义国家观才科学地回答了国家的起源、本质、消亡等问题。马克思、恩格斯聚焦阶级和阶级矛盾，认为国家是阶级矛盾发展到不可调和的地步，为了保持"秩序"之治而"从社会中产生但又自居于社会之上并且日益同社会相异化的力量"③。面对不可调和的阶级矛盾，作为阶级统治工具的国家发挥着政治统治和社会管理的重要职能。同时，马克思主义国家观也认为，国家这种阶级统治的工具不可能被消灭，只能随着阶级的消亡而自然消亡。任何理论都有一定的现实基础，脱离一定的时代条件和社会发展境遇

---

① 习近平：《在纪念毛泽东同志诞辰 120 周年座谈会上的讲话》，人民出版社 2013 年版，第 11 页。

② 习近平：《在纪念毛泽东同志诞辰 120 周年座谈会上的讲话》，人民出版社 2013 年版，第 11 页。

③ 《马克思恩格斯选集》第 4 卷，人民出版社 2012 年版，第 186—187 页。

抽象地谈论国家观就必然显得空泛且毫无意义。当前，我们理解和运用马克思主义国家观，势必要用其一般原理来审视国际国内发展形势，进而对国家间的交往与合作、国家自身的建设与发展、国内人民的行为与实践等作出具体的理解和阐释。因此，新时代正确国家观，就是在运用马克思主义国家学说的基本理论观点全方位审视新时代中国自身发展及处理国际关系的过程中形成的基本观点和根本看法。

新时代正确国家观是领导人民致力于实现伟大梦想的使命担当与国家自信。一个人、一个民族、一个国家都有自己的梦想和目标，“实现中华民族伟大复兴，就是中华民族近代以来最伟大的梦想”①。中国共产党自诞生之日起，就将实现中华民族伟大复兴作为自己的使命，充分体现了共产党人的责任与担当。中国共产党领导中国人民闹革命、搞建设、行改革，实现了从东亚病夫到站起来，继而富起来的伟大飞跃，中国特色社会主义进入新时代，中华民族又迎来了从富起来到强起来的伟大飞跃。② 但“历史终结论”“社会主义失败论”“中国崩溃论”等唱衰中国的论调不绝于耳，同时，国内对中国发展的各种质疑和困惑也从未消失。一方面，苏联解体、东欧剧变之后，国际共产主义运动仍未走出低潮，“马克思主义还灵不灵”“社会主义还行不行”等疑惑始终困扰着某些人；另一方面，身处百年未有之大变局，在前所未有的困难和挑战面前，中华民族伟大复兴的中国梦究竟能否实现，也成为许多人关注的重要问题。新时代正确国家观，理应回应新时代国家发展中遭遇的质疑和挑战，力求作出充分的阐释。党的十九大向世界庄严宣告：“今天，我们比历史上任何时期都更接近、更有信心和能力实现中华民族伟大复兴的目标。”③ 这个论断集中反映了新时代中国共产党审视国家

① 《十八大以来重要文献选编》（上），中央文献出版社2014年版，第83页。

② 习近平：《在纪念马克思诞辰200周年大会上的讲话》，《人民日报》2018年5月5日。

③ 《决胜全面小康社会　夺取新时代中国特色社会主义伟大胜利——在中国共产党第十九次全国代表大会上的报告》，人民出版社2017年版，第15页。

发展问题的基本观点和根本看法，充分体现了党领导人民致力实现中华民族伟大复兴中国梦的使命担当与国家自信，是新时代正确国家观题中应有之义。国家自信来源于新中国成立 70 多年来特别是改革开放以来取得的巨大成就。而这一切成绩和进步的取得又可以归结于“开辟了中国特色社会主义道路，形成了中国特色社会主义理论体系，确立了中国特色社会主义制度，发展了中国特色社会主义文化”①，即开创并坚持和发展了中国特色社会主义。从根本上说，中国的国家自信来源于中国特色社会主义。因此，坚定中国特色社会主义道路自信、理论自信、制度自信、文化自信，领导人民致力实现中华民族伟大复兴必然成为新时代正确国家观的题中应有之义。

新时代正确国家观是引导人们矢志奋斗提升国家认同的爱国奋斗精神。爱国主义是民族精神的核心，是团结中华民族英勇奋斗、自强不息的精神纽带，更是正确国家观的核心要义。“中国成其为中国，正在于有千千万万中国人生于斯、长于斯，情感系于斯、认同归于斯。”② 爱国这种最深层、最持久的情感是凝聚民族心、铸就民族魂的核心要素。中华民族历经沧桑变幻，历史早已深刻表明，“爱国主义自古以来就流淌在中华民族血脉之中，去不掉，打不破，灭不了，是中国人民和中华民族维护民族独立和民族尊严的强大精神动力，只要高举爱国主义的伟大旗帜，中国人民和中华民族就能在改造中国、改造世界的拼搏中迸发出排山倒海的历史伟力”③。新时代中国，面对实现“两个一百年”目标的艰巨任务，以及国际国内各种复杂挑战，更需要发挥爱国主义的强大精神动力。一方面，要引导人们认识到“爱国是本分，也是职责，是心之所系、情之所归……是立身之本、成才之基”④；另一方面，更要引导人们认识到“当代中国，爱国主义的本质就是

① 《中国共产党章程》，《人民日报》2017 年 10 月 29 日。

② 《让爱国主义情怀激荡精神力量》，《人民日报》2018 年 9 月 18 日。

③ 习近平：《在纪念五四运动 100 周年大会上的讲话》，《人民日报》2019 年 5 月 1 日。

④ 习近平：《在纪念五四运动 100 周年大会上的讲话》，《人民日报》2019 年 5 月 1 日。

坚持爱国和爱党、爱社会主义高度统一”①。当然，爱国主义在任何时代都不是一个空洞的口号，其在理论上带有普遍性和规律性，但在实践上又反映出具体性和可操作性。这种具体性和可操作性在根本上表现为与这个时代实践主题的契合性。也就是说，新时代爱国主义必须以“我们正在做的事情”为着眼点，引导全国各族人民弘扬爱国主义精神，激励人民矢志奋斗，在奋斗中增进爱国情感，提升国家认同，将爱国情、强国志、报国行自觉融入坚持和发展中国特色社会主义事业、建设社会主义现代化强国、实现中华民族伟大复兴的奋斗之中。因此，从一定意义上说，爱国主义精神也是一种实干精神。正如习近平总书记所指出的那样：“全面建成小康社会要靠实干，基本实现现代化要靠实干，实现中华民族伟大复兴要靠实干。”② 可见，新时代正确国家观理应反映激励人们矢志奋斗提升国家认同的爱国奋斗精神。

新时代正确国家观是在把握大势中找准自身定位的世界眼光与国际胸怀。随着政治多极化、经济全球化、社会信息化、文化多样化深入发展，当今世界已成为你中有我、我中有你的命运共同体，各国之间利益高度融合，相互依存度不断加深。但与此同时，保护主义、单边主义、民族主义等逆全球化浪潮甚嚣尘上，霸权主义愈益凸显，世界人民正不同程度地经受着治理赤字、信任赤字、和平赤字、发展赤字的困扰。面对这些全球性难题，没有任何一个国家能够独善其身。新时代，中国站在“两个百年目标”的历史交汇点上，发展的机遇和挑战前所未有，传统国家间冲突、对抗的冷战思维与零和博弈观念愈发陈旧，也愈益失效。因此，新的时代条件要求我们以一种更具世界眼光与国际胸怀的国家观来审视国家发展特别是当前的国际关系。所谓世界眼光，就是顺应时代发展，主动将中国的发展摆进世界发展大

① 习近平：《在纪念五四运动 100 周年大会上的讲话》，《人民日报》2019 年 5 月 1 日。
② 《十八大以来重要文献选编》（上），中央文献出版社 2014 年版，第 549 页。

势之中以更好地找准自身发展定位。所谓国际胸怀，就是摆正大国身份，主动将自身利益与他国关切相联系，积极承担国际责任，为世界发展贡献中国智慧和中国方案。正是在这种正确国家观的指导下，中国始终坚持走和平发展道路，大力倡导并推动构建“人类命运共同体”，开启“一带一路”建设；始终强调“大就要有大的样子”①，并认为“中国应当对于人类有较大的贡献”②。将中国共产党定位于“是为中国人民谋幸福的政党，也是为人类进步事业而奋斗的政党”③，将“中国共产党始终把为人类作出新的更大的贡献作为自己的使命”④，认为“中国人民不仅要自己过上好日子，还追求天下大同”⑤。

最后，在讲解社会主义核心价值观与马克思主义价值理论的过程中还应避免陷入“效用价值论”的误区。马克思主义哲学价值论是马克思主义价值理论与社会主义核心价值观的理论基础。在讲授马克思主义哲学价值论时，切忌片面强调对象、事物的“有用性”，从而陷入“效用价值论”，而重点在于引导学生去发现事物“本有”的价值，去发现与体认世界的善和美，确立马克思主义关于社会与人全面发展的价值理想。马克思曾对“价值效用论”进行了深刻的批判，他指出：“私有制使我们变得如此愚蠢而片面，以致一个对象，只有当它为我们拥有的时候，就是说，当它对我们来说作为资本而存在，或者它被我们直接占有，被我们吃、喝、穿、住等等的时候，简言之，在它被我们使用的时候，才是我们的……因此，一切肉体的和

① 《习近平在十九届中共中央政治局常委同中外记者见面时强调　新时代要有新气象更要有新作为中国人民生活一定会一年更比一年好》，《人民日报》2017年10月26日。

② 习近平：《在纪念孙中山先生诞辰150周年大会上的讲话》，人民出版社2016年版，第12页。

③ 《决胜全面小康社会　夺取新时代中国特色社会主义伟大胜利——在中国共产党第十九次全国代表大会上的报告》，人民出版社2017年版，第57页。

④ 《决胜全面小康社会　夺取新时代中国特色社会主义伟大胜利——在中国共产党第十九次全国代表大会上的报告》，人民出版社2017年版，第57页。

⑤ 《习近平会见联合国秘书长古特雷斯》，《人民日报》2019年4月27日。

精神的感觉都被这一切感觉的单纯异化即拥有的感觉所代替。人的本质只能被归结为这种绝对的贫困，这样它才能够从自身产生出它的内在丰富性。”①也正是从这种批判出发，马克思建构起了自己的以人的全面自由发展为归依的核心价值观。

① 《马克思恩格斯文集》第1卷，人民出版社2009年版，第189—190页。

第五章　社会主义核心价值观融入“概论”课教学

2006年，在《中共中央关于构建社会主义和谐社会若干重大问题的决定》（以下简称《决定》）中第一次提出社会主义核心价值体系，并对社会主义核心价值体系的主要内容作了相应阐释。该《决定》指出：“建设社会主义核心价值体系，形成全民族奋发向上的精神力量和团结和睦的精神纽带。马克思主义指导思想，中国特色社会主义共同理想，以爱国主义为核心的民族精神和以改革创新为核心的时代精神，社会主义荣辱观，构成社会主义核心价值体系的基本内容。”① 按照社会主义核心价值体系的内容安排，中国特色社会主义共同理想是社会主义核心价值体系的主题。而从追求中国特色社会主义共同理想实现的过程来看，其恰好是马克思主义中国化的过程；从实践中国特色社会主义共同理想的成果来看，其恰好是马克思主义中国化的两大理论成果。无论从哪个角度看，中国特色社会主义共同理想既与社会主义核心价值体系，也与“概论”课本身存在着密切联系，而社会主义核心价值观又反映了社会主义核心价值体系的基本内容，是对社会主义核心价值体系的凝练。因此，将社会主义核心价值观的培育和践行融入“概

① 《十六大以来重要文献选编》（下），中央文献出版社2008年版，第661页。

论”课教学是思想政治理论课的题中应有之义。

一、“概论”课重在引导青年大学生树立共同理想坚定“四个自信”

“05方案”对“概论”课程的基本内容作出了明确规定，指出“概论”课要“着重讲授中国共产党把马克思主义基本原理与中国实际相结合的历史进程，充分反映马克思主义中国化的三大理论成果，帮助学生系统掌握毛泽东思想、邓小平理论和‘三个代表’重要思想基本原理，坚定在党的领导下走中国特色社会主义道路的理想信念”①。“20方案”对“概论”课的内容进一步深化，指出“概论”课“主要讲授中国共产党把马克思主义基本原理同中国具体实际相结合产生的马克思主义中国化的两大理论成果，帮助学生理解毛泽东思想、邓小平理论、‘三个代表’重要思想、科学发展观、习近平新时代中国特色社会主义思想是一脉相承又与时俱进的科学体系，引导学生深刻理解中国共产党为什么能、马克思主义为什么行、中国特色社会主义为什么好，坚定‘四个自信’”②。虽然“概论”课教材自07年第一版实施以来，已经进行了多次修订，马克思主义中国化的理论成果及思想政治理论课程名字也有了新的概括，但“概论”课的基本目标和内容仍然一以贯之。2021年版“概论”课教材就明确指出：“开设‘毛泽东思想和中国特色社会主义理论体系概论’，是为了使大学生对马克思主义中国化进程中形成的理论成果有更加准确的把握；对中国共产党领导人民进行的革

① 教育部思想政治工作司：《加强和改进大学生思想政治教育重要文献选编：1978—2014》，知识产权出版社2015年版，第298页。

② 《中共中央宣传部　教育部关于印发〈新时代学校思想政治理论课改革创新实施方案〉的通知》2021年1月1日，见http：//www.gov.cn/zhengce/zhengceku/2021-01/01/content_5576046.htm。

命、建设、改革的历史进程、历史变革、历史成就有更加深刻的认识；对中国共产党在新时代坚持的基本理论、基本路线、基本方略有更加透彻的理解；对运用马克思主义立场、观点和方法认识问题、分析问题和解决问题能力的提升有更加切实的帮助。”① “概论”课着重讲授的是中国共产党把马克思主义基本原理与中国实际相结合的历史进程，充分反映马克思主义中国化的理论成果，目的在于使学生系统掌握中国化马克思主义形成和发展的历史进程，掌握毛泽东思想和中国特色社会主义理论体系的基本内容和精神实质，不断增强中国特色社会主义道路自信、理论自信、制度自信、文化自信，坚定中国特色社会主义理想信念。在四个自信中，文化自信是更为深沉、更为持久的自信，而文化自信的根本在于核心价值观自信。因此，在“概论”课教学中，就是要引导青年大学生在掌握马克思主义中国化进程及其理论成果的同时，认识到中国特色社会主义伟大实践就是中国共产党领导中国人民追求中国特色社会主义共同理想的过程，引导青年大学生认识到社会主义核心价值观在中国人民追求共同理想、促进马克思主义中国化的伟大进程中所起到的作用，进而引导青年大学生树立共同理想，坚定“四个自信”。

（一）马克思主义中国化的过程是中国人民追求共同理想的实践过程

根据“概论”课的基本要求，“概论”课教材由三部分十四章组成。第一部分共四章，集中阐述毛泽东思想；第二部分共三章，分别阐述邓小平理论、“三个代表”重要思想、科学发展观；第三部分共七章，主要阐述习近平新时代中国特色社会主义思想的主要内容。这三个部分“以马克思

① 本书编写组：《毛泽东思想和中国特色社会主义理论体系概论（2021 年版）》，高等教育出版社 2021 年版，第 6 页。

主义中国化为主线，集中阐述了马克思主义中国化理论成果的主要内容、精神实质、历史地位和指导意义，充分反映了中国共产党不断推进马克思主义基本原理与中国具体实际相结合、同中华优秀传统文化相结合的历史进程和基本经验；以马克思主义中国化最新成果为重点，全面把握中国特色社会主义进入新时代，系统阐述习近平新时代中国特色社会主义思想的主要内容和历史地位，充分反映实现全面建设社会主义现代化强国、中华民族伟大复兴中国梦的战略部署。”① “概论”课主要阐述马克思主义中国化的理论成果，但同时也反映马克思主义中国化的实践过程，也正是在马克思主义中国化的实践过程中逐渐形成了马克思主义中国化的两大理论成果。2018 年版“概论”课教材不仅很好地阐述了马克思主义中国化的理论成果，也重点凸显了近代以来中国共产党领导全国各族人民站起来、富起来、强起来伟大进程，是理论逻辑与历史逻辑的统一。马克思主义中国化的过程既是中国特色社会主义的形成过程，也是中国共产党领导中国人民追求共同理想的过程。

从广义上说，中国特色社会主义就是中国共产党百年来，把马克思主义基本原理同中国实际相结合、同中华优秀传统文化相结合，独立自主走自己的路，以革命、建设经验为基础，在改革开放中逐渐开创和发展的适合中国国情、富有中国特色的社会主义道路、理论、制度、文化的总称。江泽民曾指出：“鸦片战争后，中国成为半殖民地半封建国家。中华民族面对着两大历史任务：一个是求得民族独立和人民解放；一个是实现国家繁荣富强和人民共同富裕。前一任务是为后一任务扫清障碍，创造必要的前提。”② 这两大历史任务是自中国共产党成立起就深深刻在自己旗帜上并带领各族人民奋勇追求、为之奋斗的中华民族的共同理想。这个共同理想体现在中国共产党领导中国人民闹革命、搞建设、行改革，实现从东亚病夫到站起来，继而富

① 本书编写组：《毛泽东思想和中国特色社会主义理论体系概论（2021 年版）》，高等教育出版社 2021 年版，第 6 页。

② 《江泽民文选》第二卷，人民出版社 2006 年版，第 2 页。

起来的伟大飞跃，并将继续实现强起来的伟大飞跃的过程中。[①] 现阶段我国各族人民的共同理想就是要“建设有中国特色的社会主义，把我国建设成为高度文明、高度民主的社会主义现代化国家……到本世纪末，要使我国经济达到小康水平；到下世纪中叶，接近世界发达国家水平”[②]。具体来说，就体现在中国共产党带领全国各族人民进行革命、建设、改革进而开辟中国特色社会主义道路，形成中国特色社会主义理论体系，确立中国特色社会主义制度，发展中国特色社会主义文化的过程中。

中国特色社会主义道路是实现社会主义现代化、创造人民美好生活的必由之路。中国特色社会主义作为一项伟大事业，实践是其首要基础。实践就是要回答如何做的问题，也就是道路问题，而道路问题又是党在革命、建设、改革过程中面临的第一位的问题。毛泽东就曾指出：“革命党是群众的向导，在革命中未有革命党领错了路而革命不失败的。”[③] 因此，党在革命、建设、改革的各个历史时期，始终坚持从中国的实际出发，探索并形成了符合中国实际的独特道路。

新民主主义革命时期，在党的领导下实现了马克思主义与中国实际的第一次结合，开辟了“农村包围城市，武装夺取政权”的革命道路。正是在这条道路的正确引领下，取得了新民主主义革命的胜利，建立了新中国。社会主义改造时期，中国共产党坚持社会主义工业化与社会主义改造同时并举，在积极引导、逐步过渡的方针原则的指导下，成功走出了一条对农业、手工业和资本主义工商业进行和平改造的社会主义改造之路。社会主义建设时期，以毛泽东同志为核心的第一代中央领导集体敏锐地关注到苏联模式暴露出来的问题，提出要“以苏为鉴”，致力于实现马克思主义与中国实际的

---

① 习近平：《在纪念马克思诞辰200周年大会上的讲话》，《人民日报》2018年5月5日。

② 《十二大以来重要文献选编》（下），人民出版社1988年版，第1178页。

③ 《毛泽东选集》第一卷，人民出版社1991年版，第3页。

第二次结合，开始探索适合中国实际的社会主义建设道路。虽然在探索过程中遭遇了严重曲折，但“党在社会主义建设中取得的独创性理论成果和巨大成就，为新的历史时期开创中国特色社会主义提供了宝贵经验、理论准备、物质基础”①。

改革开放新时期，以邓小平同志为核心的第二代中央领导集体深刻总结正反两方面经验，“把马克思主义的普遍真理同我国的具体实际结合起来，走自己的道路，建设有中国特色的社会主义”②，成功开创了中国特色社会主义。以江泽民同志为核心的第三代中央领导集体在国内外形势十分复杂、世界社会主义出现严重曲折的严峻考验面前捍卫了中国特色社会主义，并将其成功推向了21世纪。以胡锦涛同志为总书记的党中央抓住重要战略机遇期，在全面建设小康社会进程中推进实践创新、理论创新、制度创新，在新的历史起点上，成功地坚持和发展了中国特色社会主义。党的十七大第一次将中国特色社会主义道路概括为：“中国特色社会主义道路，就是在中国共产党领导下，立足基本国情，以经济建设为中心，坚持四项基本原则，坚持改革开放，解放和发展社会生产力，巩固和完善社会主义制度，建设社会主义市场经济、社会主义民主政治、社会主义先进文化、社会主义和谐社会，建设富强民主文明和谐的社会主义现代化国家。”③ 党的十八大以来，以习近平同志为核心的党中央接续奋斗，推动中国特色社会主义进入了新时代，并在十七大中国特色社会主义道路内涵的基础上增加了建设社会主义生态文明、促进人的全面发展、逐步实现全体人民共同富裕等内容。④ 中国特色社会主义道路既坚持了科学社会主义的基本原则，又根据中国实际赋予了其鲜明的中国特色，是一条完全正确的道路。“在当代中国，坚持中国特色

---

① 《十八大以来重要文献选编》（上），中央文献出版社2014年版，第8页。

② 《十二大以来重要文献选编》（上），人民出版社1986年版，第3页。

③ 《十七大以来重要文献选编》（上），中央文献出版社2009年版，第9页。

④ 参见《十八大以来重要文献选编》（上），中央文献出版社2014年版，第9页。

社会主义道路，就是真正坚持社会主义。”①

中国特色社会主义理论体系是指导党和人民实现中华民族伟大复兴的正确理论。马克思主义认为，实践决定认识，认识来源于实践，实践是认识发展的动力，同时，认识对实践又有反作用，科学理论能够给予实践活动以正确的指导。列宁曾强调：“没有革命的理论，就不会有革命的运动。”② 在探索中国特色社会主义道路过程中，一方面必然产生新的理论，另一方面又需要理论的创新来推动实践的发展。

在改革开放初期，以邓小平同志为核心的第二代中央领导集体坚持解放思想、实事求是，抓住“什么是社会主义，怎样建设社会主义”这个核心问题，在改革开放面临问题而徘徊不前的关键时刻，敢于突破僵局，大胆进行理论创新，对社会主义建设的阶段、任务、动力、条件、布局和国际环境等重大问题都进行了系统的回答，构建了建设有中国特色的社会主义理论的轮廓，即邓小平理论。在实行改革开放和发展社会主义市场经济的条件下，以江泽民为核心的第三代中央领导集体进一步回答了建设什么样的社会主义、怎样建设社会主义，建设什么样的党、怎样建设党的重大问题，形成了“三个代表”重要思想。进入新世纪，在新的历史起点上，以胡锦涛为总书记的党中央继续探索和回答什么是社会主义、怎样建设社会主义，建设什么样的党、怎样建设党，实现什么样的发展、怎样发展等重大理论和实际问题，形成了科学发展观。党的十七大，明确指出：“改革开放以来我们取得一切成绩和进步的根本原因，归结起来就是：开辟了中国特色社会主义道路，形成了中国特色社会主义理论体系。”③ 并且第一次将中国特色社会主义理论体系概括为：“包括邓小平理论、‘三个代表’重要思想以及科学发

① 《十七大以来重要文献选编》（上），中央文献出版社 2009 年版，第 98 页。

② 《列宁专题文集　论无产阶级政党》，人民出版社 2009 年版，第 39 页。

③ 《十七大以来重要文献选编》（上），中央文献出版社 2009 年版，第 45 页。

展观等重大战略思想在内的科学理论体系。”① 党的十八大以来，以习近平同志为核心的党中央面对国内外形势变化和我国各项事业发展给我们提出的重大时代课题，从理论和实践结合上系统回答了新时代坚持和发展什么样的中国特色社会主义、怎样坚持和发展中国特色社会主义，形成了习近平新时代中国特色社会主义思想，丰富和完善了中国特色社会主义理论体系。

中国特色社会主义理论体系，坚持和发展了马克思列宁主义、毛泽东思想，凝结了几代中国共产党人带领人民不懈探索实践的智慧和心血，是马克思主义中国化的最新成果，是党最宝贵的政治和精神财富，是全国各族人民团结奋斗的共同思想基础。“在当代中国，坚持中国特色社会主义理论体系，就是真正坚持马克思主义。”②

中国特色社会主义制度是当代中国发展进步的根本制度保障。在党领导人民推动中国特色社会主义伟大实践的过程中，一方面及时把成功的实践经验上升为理论，形成了中国特色社会主义理论体系；另一方面又用这个理论体系来指导新的中国特色社会主义实践。同时，还把实践中已见成效的方针政策及时上升为党和国家的制度，从而在经济、政治、文化、社会、生态文明等各个领域形成了一整套相互衔接、相互联系的制度体系，即中国特色社会主义制度。

2011 年 7 月 1 日，胡锦涛在纪念建党 90 周年大会上的讲话中，首次提出了中国特色社会主义制度的概念。党的十八大对中国特色社会主义制度的内涵作了全面阐释。“中国特色社会主义制度，就是人民代表大会制度的根本政治制度，中国共产党领导的多党合作和政治协商制度、民族区域自治制度以及基层群众自治制度等基本政治制度，中国特色社会主义法律体系，公有制为主体、多种所有制经济共同发展的基本经济制度，以及建立在这些制

① 《十七大以来重要文献选编》（上），中央文献出版社 2009 年版，第 9 页。

② 《十七大以来重要文献选编》（上），中央文献出版社 2009 年版，第 9 页。

度基础上的经济体制、政治体制、文化体制、社会体制等各项具体制度。”①

中国特色社会主义制度包括三个层次：第一层次是根本政治制度；第二层次是基本政治制度和基本经济制度；第三层次是建立在前两者基础之上的各项具体制度或体制机制。根本政治制度和基本政治、经济制度在整个制度体系中居于主导地位，决定着我国的社会性质和发展目标；具体制度或体制机制则是根本政治制度和基本政治、经济制度的具体表现形式和实现形式。三个层次的制度在目标方向上是一致的，良好的具体制度或体制机制促使中国特色社会主义制度与实践之间不仅能保持适当的张力，充分体现其灵活性，又能为制度与实践的良性互动搭建起信息沟通的桥梁，既从根本上保障中国特色社会主义制度的社会主义性质，又充分适应中国特色社会主义伟大实践的要求。

中国特色社会主义文化是激励全党全国各族人民奋勇前进的强大精神力量。实现中华民族伟大复兴，既需要强大的物质力量，也需要强大的精神力量。改革开放以来，一方面，党和政府带领全国各族人民以经济建设为中心，大力发展生产力，丰富物质生活，为社会主义现代化奠定物质基础；另一方面，又始终注重发展社会主义文化，力求为社会主义现代化提供精神动力。

改革开放之初，中国共产党就创造性地提出了建设社会主义精神文明的战略任务，确立了“两手抓、两手都要硬”的战略方针。党的十五大提出“有中国特色社会主义的文化”的概念，并指出，“建设有中国特色社会主义的文化，就是以马克思主义为指导，以培育有理想、有道德、有文化、有纪律的公民为目标，发展面向现代化、面向世界、面向未来的，民族的科学的大众的社会主义文化”②。党的十六大正式提出“中国特色社会主义文

① 《十八大以来重要文献选编》（上），中央文献出版社 2014 年版，第 10 页。

② 《十五大以来重要文献选编》（上），人民出版社 2000 年版，第 19 页。

化”① 的概念。党的十七大则对推动社会主义文化大发展大繁荣进行了总体布局，并提出建设社会主义核心价值体系的战略任务。

党的十八大以来，习近平总书记在“三个自信”的基础上提出“文化自信”，认为，“增强文化自觉和文化自信，是坚定道路自信、理论自信、制度自信的题中应有之义”②。党的十九大进一步提出：“文化自信是一个国家、一个民族发展中更基本、更深沉、更持久的力量。”③ 并在此基础上，对中国特色社会主义文化的内涵进行了具体阐释，指出：“中国特色社会主义文化，源自于中华民族五千多年文明历史所孕育的中华优秀传统文化，熔铸于党领导人民在革命、建设、改革中创造的革命文化和社会主义先进文化，根植于中国特色社会主义伟大实践。发展中国特色社会主义文化，就是以马克思主义为指导，坚守中华文化立场，立足当代中国现实，结合当今时代条件，发展面向现代化、面向世界、面向未来的，民族的科学的大众的社会主义文化，推动社会主义精神文明和物质文明协调发展。要坚持为人民服务、为社会主义服务，坚持百花齐放、百家争鸣，坚持创造性转化、创新性发展，不断铸就中华文化新辉煌。”④ “一个国家、一个民族不能没有灵魂”⑤，中国特色社会主义文化就是当代中国之魂，为中国特色社会主义伟大事业提供了强大的精神力量。

道路、理论、制度、文化形成于马克思主义中国化的过程之中，又共同支撑着中华民族伟大复兴中国梦的实现。可以说，人们追求共同理想的过程与马克思主义中国化的过程就是合二为一、一体两面的过程。

---

① 《十六大以来重要文献选编》（上），中央文献出版社 2005 年版，第 29 页。

② 习近平：《在文艺工作座谈会上的讲话》，人民出版社 2015 年版，第 25 页。

③ 习近平：《决胜全面建成小康社会　夺取新时代中国特色社会主义伟大胜利——在中国共产党第十九次全国代表大会上的报告》，人民出版社 2017 年版，第 23 页。

④ 习近平：《决胜全面建成小康社会　夺取新时代中国特色社会主义伟大胜利——在中国共产党第十九次全国代表大会上的报告》，人民出版社 2017 年版，第 41 页。

⑤ 《习近平在看望参加政协会议的文艺界社科界委员时强调　坚定文化自信把握时代脉搏聆听时代声音　坚持以精品奉献人民用明德引领风尚》，《人民日报》2019 年 3 月 5 日。

（二）社会主义核心价值观是中国特色社会主义共同理想的价值表达

“理想信念是共产党人精神上的‘钙’，理想信念坚定，骨头就硬，没有理想信念，或理想信念不坚定，精神上就会‘缺钙’，就会得‘软骨病’。”① 人民有信仰，国家有力量，民族有希望。不仅人要有理想信念，整个国家和社会也应如此。习近平总书记就曾指出：“如果一个社会没有共同理想，没有共同目标，没有共同价值观，整天乱哄哄的，那就什么事也办不成。我国有 13 亿多人，如果弄成那样一个局面，就不符合人民利益，也不符合国家利益。实现‘两个一百年’奋斗目标，需要全社会方方面面同心干，需要全国各族人民心往一处想、劲往一处使。”② 所谓共同理想，就是能够给人以希望，凝聚人心，集中体现“我国工人、农民、知识分子和其他劳动者、爱国者的利益和愿望，是保证全体人民在政治上、道义上和精神上团结一致，克服任何困难，争取胜利的强大的精神武器。”③ 邓小平曾说：“光靠物质条件，我们的革命和建设都不可能胜利。过去我们党无论怎样弱小，无论遇到什么困难，一直有强大的战斗力，因为我们有马克思主义和共产主义的信念。有了共同的理想，也就有了铁的纪律。”④ 现阶段我国各族人民的共同理想就如中共中央委员会致农工党第十六次全国代表大会的贺词中所说的那样：“决胜全面建成小康社会，夺取新时代中国特色社会主义伟大胜利，实现中华民族伟大复兴的中国梦，是中国共产党和各民主党派的共

---

① 《十八大以来重要文献选编》（上），中央文献出版社 2014 年版，第 80 页。

② 《引领网信事业发展的思想指南——习近平总书记关于网络安全和信息化工作重要论述综述》，《人民日报》2018 年 11 月 6 日。

③ 《十二大以来重要文献选编》（下），人民出版社 1988 年版，第 1178 页。

④ 《邓小平文选》第三卷，人民出版社 1993 年版，第 144 页。

同理想、共同事业、共同使命。”①

从理论上说，理想、信念、信仰等实质上是一个关涉到价值的问题。能够成为人们实践活动开始前的预设结果，并从内心深处相信并持之以恒地加以追求的东西，必定是有价值的东西。如果要对理想、信念、信仰等归类，那么他们就应该属于深层次的价值观念。中国特色社会主义共同理想，作为中华民族近代以来最伟大的梦想，“这个梦想，凝聚了几代中国人的夙愿，体现了中华民族和中国人民的整体利益，是每一个中华儿女的共同期盼”②。能够凝聚几代人为之奋斗，并由无数先烈为之献出宝贵生命的中国特色社会主义共同理想，必定有其巨大的价值。当然，这里所说的共同理想的价值，既包括其物质层面的价值，也包括精神层面的价值。比如，习近平总书记在十九大报告中就将实现中国特色社会主义共同理想具体分为了两步：“第一个阶段，从二〇二〇年到二〇三五年，在全面建成小康社会的基础上，再奋斗十五年，基本实现社会主义现代化……第二个阶段，从二〇三五年到本世纪中叶，在基本实现现代化的基础上，再奋斗十五年，把我国建成富强民主文明和谐美丽的社会主义现代化强国。”③ 而要实现每一个阶段的目标，对其物质层面的建设成效都有一定的要求。在第一阶段要求“我国经济实力、科技实力将大幅跃升，跻身创新型国家前列；人民平等参与、平等发展权利得到充分保障，法治国家、法治政府、法治社会基本建成，各方面制度更加完善，国家治理体系和治理能力现代化基本实现；社会文明程度达到新的高度，国家文化软实力显著增强，中华文化影响更加广泛深入；人民生活更为宽裕，中等收入群体比例明显提高，城乡区域发展差距和居民生活水平差距

① 《中国共产党中央委员会致中国农工民主党第十六次全国代表大会的贺词》，《人民日报》2017 年 11 月 28 日。

② 《十八大以来重要文献选编》（上），中央文献出版社 2014 年版，第 84 页。

③ 习近平：《决胜全面建成小康社会　夺取新时代中国特色社会主义伟大胜利——在中国共产党第十九次全国代表大会上的报告》，人民出版社 2017 年版，第 28—29 页。

显著缩小，基本公共服务均等化基本实现，全体人民共同富裕迈出坚实步伐；现代社会治理格局基本形成，社会充满活力又和谐有序；生态环境根本好转，美丽中国目标基本实现”①。在第二阶段则要求“我国物质文明、政治文明、精神文明、社会文明、生态文明将全面提升，实现国家治理体系和治理能力现代化，成为综合国力和国际影响力领先的国家，全体人民共同富裕基本实现，我国人民将享有更加幸福安康的生活，中华民族将以更加昂扬的姿态屹立于世界民族之林”②。无疑，这些物质层面的建设要求，必将引起人们生活的显著变化，给人们带来可见的利益。也正是因为这个共同理想代表着中华民族的整体利益，它才足以把全体中国人民凝聚起来，朝着共同的目标而努力奋斗。

中国特色社会主义共同理想在物质层面的价值集中体现为中华民族全体成员的整体利益，进而激发人们为着共同的理想目标而努力奋斗，这就涉及精神层面的价值。而精神层面的价值，最为核心的就是价值观问题。有什么样的价值观、价值观念，就会有什么样的理想、信念、信仰。马克思、恩格斯等马克思主义理论家和无产阶级革命家之所以愿意倾其一生为共产主义理想而奋斗，首先就在于他们树立了科学的世界观、人生观、价值观。人们的价值目标、价值追求决定着价值标准，决定着人们的价值取向。理想、信念、信仰是人们最高的价值目标和价值追求。所以，理想、信念、信仰在人们的全部精神生活中居于核心的地位。在当代中国，中国特色社会主义共同理想是全党和全国各族人民的共同理想，是建设中国特色社会主义伟大事业的目标指向。

从内涵来看，中国特色社会主义包含了中国特色社会主义道路、中国特

---

① 习近平：《决胜全面建成小康社会　夺取新时代中国特色社会主义伟大胜利——在中国共产党第十九次全国代表大会上的报告》，人民出版社 2017 年版，第 28—29 页。

② 习近平：《决胜全面建成小康社会　夺取新时代中国特色社会主义伟大胜利——在中国共产党第十九次全国代表大会上的报告》，人民出版社 2017 年版，第 29 页。

色社会主义理论、中国特色社会主义制度和中国特色社会主义文化。党的十九大报告明确指出：“中国特色社会主义是改革开放以来党的全部理论和实践的主题，是党和人民历尽千辛万苦、付出巨大代价取得的根本成就。”① 那么，发展社会主义先进文化与培育社会主义核心价值观，也就理应是这个“全部理论和实践的主题”的有机组成部分。中国特色社会主义既为社会主义先进文化建设提供了统一思想、凝聚共识的奋斗目标和精神动力，也为培育和践行社会主义核心价值观提供了旗帜鲜明的时代主题和前进方向。社会主义核心价值观是社会主义先进文化的内核，培育和践行社会主义核心价值观是对发展社会主义先进文化丰富内容的集中展示，也是发展社会主义先进文化区别于其他文化发展的核心要素。中国特色社会主义共同理想，其实也是社会主义先进文化与社会主义核心价值观共同的理论和实践主题，而社会主义核心价值观本身就是这个共同理想在价值上的一种表达。相对于中国特色社会主义理想更多地从物质层面来表达未来社会的规划和蓝图，社会主义核心价值观则蕴含了国家、社会、个人在价值层面的目标追求，充分表达了我们要建成什么样的国家、建设什么样的社会、培育什么样的公民等价值目标。从这个目标来说，社会主义核心价值观与中国特色社会主义共同理想是根本一致的，社会主义核心价值观就是中国特色社会主义共同理想在价值层面的另一种表达。

坚持中国特色社会主义，是发展社会主义先进文化与培育社会主义核心价值观的共同理想目标。在面对世界百年未有之大变局的当代中国，更需要一个共同理想来凝聚人心，更需要一个能够反映全国各族人民共同认同的价值观“最大公约数”②，即社会主义核心价值观。这就要求我们把培育和践

① 习近平：《决胜全面建成小康社会　夺取新时代中国特色社会主义伟大胜利——在中国共产党第十九次全国代表大会上的报告》，人民出版社 2017 年版，第 16 页。

② 习近平：《青年要自觉践行社会主义核心价值观——在北京大学师生座谈会上的讲话》，人民出版社 2014 年版，第 4 页。

行社会主义核心价值观与实现共同理想结合起来。这一要求，根本上就是要我们将培育和践行社会主义核心价值观融入我们正在做的事情。成熟而又合理的核心价值观，就应该如同习近平总书记所指出的那样，“同这个民族、这个国家的人民正在进行的奋斗相结合，同这个民族、这个国家需要解决的时代问题相适应”①。因为实现中华民族伟大复兴中国梦凝聚着几代中国人的夙愿，而当前正在进行的伟大斗争、建设的伟大工程、推进的伟大事业都是为了实现这个伟大梦想。

从另一种角度来说，要实现中国特色社会主义共同理想就要坚信我们的理想信念是在科学的理论指导下而形成的科学的理想，就是要学习马克思主义、坚持马克思主义指导思想，“学习和实践马克思主义关于人类社会发展规律的思想，把共产主义远大理想同中国特色社会主义共同理想统一起来、同我们正在做的事情统一起来，坚定中国特色社会主义道路自信、理论自信、制度自信、文化自信，坚守共产党人的理想信念”②。

（三）坚定“四个自信”就是要从根本上坚定“社会主义核心价值观自信”

中国特色社会主义共同理想的实现必然离不开中国特色社会主义的伟大实践。“改革开放以来我们取得一切成绩和进步的根本原因，归结起来就是：开辟了中国特色社会主义道路，形成了中国特色社会主义理论体系，确立了中国特色社会主义制度，发展了中国特色社会主义文化。”③ 也就是说，一方面，在建设中国特色社会主义的过程中形成了中国特色社会主义道路、

① 习近平：《青年要自觉践行社会主义核心价值观——在北京大学师生座谈会上的讲话》，人民出版社 2014 年版，第 8 页。

② 习近平：《在纪念马克思诞辰 200 周年大会上的讲话》，人民出版社 2018 年版，第 16—17 页。

③ 《中国共产党章程》，《人民日报》2017 年 10 月 29 日。

理论、制度、文化，另一方面，中国特色社会主义的建设也必将继续依靠中国特色社会主义道路、理论、制度、文化的发展和完善。中国特色社会主义共同理想也必将在坚持和完善中国特色社会主义道路、理论、制度、文化中得以实现。“概论”课就是要在讲清楚马克思主义中国化实践过程及其理论成果的同时，引导青年大学生树立共同理想，坚定“四个自信”。

习近平总书记在哲学社会科学工作座谈会上强调指出：“我们说要坚定中国特色社会主义道路自信、理论自信、制度自信，说到底是要坚定文化自信。”① 在“四个自信”中，“文化自信，是更基础、更广泛、更深厚的自信，是更基本、更深沉、更持久的力量”②。“坚定文化自信，是事关国运兴衰、事关文化安全、事关民族精神独立性的大问题……历史和现实反复表明，一个国家、一个民族只有对自身文化理想、文化价值充满信心，对自身文化生命力、创造力充满信心，才能有定力、有勇气、有活力。一个抛弃或者背叛了自己历史文化的民族，不仅不可能发展起来，而且很可能上演一幕幕历史悲剧。”③ 新时代，中国文化自信首先表现为对中国特色社会主义文化的自信。这种自信既源于5000多年中华优秀传统文化为其奠定的“深厚基础”④，又源于革命文化和社会主义先进文化为其提供的“坚强基石”⑤。其次，新时代文化自信本质上表现为对中国特色社会主义伟大实践的自信。改革开放以来，中国特色社会主义伟大实践促使我国在全方面、各领域取得了举世瞩目的成就。“我国国内生产总值由3679亿元增长到2017年的82.7万亿元，年均实际增长9.5%，远高于同期世界经济2.9%左右的年均增速……占世界生产总值的比重由改革开放之初的1.8%上升到15.2%，多年

---

① 习近平：《在哲学社会科学工作座谈会上的讲话》，人民出版社2016年版，第17页。

② 《习近平谈治国理政》第二卷，外文出版社2017年版，第349页。

③ 《习近平新时代中国特色社会主义思想三十讲》，学习出版社2018年版，第194—195页。

④ 《习近平新时代中国特色社会主义思想三十讲》，学习出版社2018年版，第195页。

⑤ 《习近平新时代中国特色社会主义思想三十讲》，学习出版社2018年版，第195页。

来对世界经济增长贡献率超过30%。”① 这些成就为我们坚定文化自信提供了“强大支撑”②。若问“当今世界，要说哪个政党、哪个国家、哪个民族能够自信的话，那中国共产党、中华人民共和国、中华民族是最有理由自信的”③。

“价值观念在一定社会的文化中是起中轴作用的，文化的影响力首先是价值观念的影响力。”④ 从现实来看，文化的影响力集中表现为对人们润物无声的感化，潜移默化的熏陶，甚至全方位地渗透到人们的生活方式和行为习惯之中，成功的文化影响一定是转化为某种价值观念的影响，是人们日用而不觉的价值观念的影响。与国家的经济实力相对应，文化的这种影响力可以被称为软实力，这种软实力，“从根本上说，取决于其核心价值观的生命力、凝聚力、感召力”⑤，它所发挥出来的影响力，就是核心价值观的影响力。因此，核心价值观是“决定文化性质和方向的最深层次因素”⑥。在这种理念的指导下，某些西方国家总是企图凭借经济的强势和技术的先进，通过文化工业和产品消费将其价值观、意识形态、生活方式等施加于非西方国家，并且已经产生了较为明显的效果。有学者指出：“在全世界的文化商品中出现了明显的趋同现象和标准化……从服装到食品、到音乐、到电影电视、到建筑（这里仅局限在人们通常包含在‘文化的’范围内的内容）莫不如是，而一个不容忽视的事实是，某些时装、品牌、品位和实践现在都开始具有全球化的倾向了，他们现在在世界各地实际上已经是随处可见了。”⑦

---

① 习近平：《在庆祝改革开放40周年大会上的讲话》，《人民日报》2018年12月19日。

② 《习近平新时代中国特色社会主义思想三十讲》，学习出版社2018年版，第196页。

③ 《十八大以来重要文献选编》（上），中央文献出版社2014年版，第459页。

④ 《习近平关于社会主义文化建设论述摘编》，中央文献出版社2017年版，第105页。

⑤ 《习近平关于社会主义文化建设论述摘编》，中央文献出版社2017年版，第203—204页。

⑥ 《习近平关于社会主义文化建设论述摘编》，中央文献出版社2017年版，第203—204页。

⑦ ［英］约翰·汤姆林森：《全球化与文化》，郭英剑译，南京大学出版社2002年版，第120页。

也有学者直接将这种现象称为文化帝国主义，指出：“它的目的，不是征服国土，也不是控制经济生活，而是征服和控制人心，以此为手段而改变两国的强权关系”①。

社会主义核心价值观凝聚着中华民族最核心的精神品质，也承载着我们民族的理想和信念，是当代中国最广泛、最深厚的价值基础。发展社会主义先进文化的根本使命就是弘扬和践行社会主义核心价值观，社会主义核心价值观既是我们文化自信的源泉，也是我们坚持文化自信需要努力奋斗的根本使命。中国特色社会主义进入新时代，在推进伟大事业，实现伟大梦想的过程中必然要进行具有许多新的历史特点的伟大斗争。其中，“意识形态工作面临的内外环境更趋复杂，境外敌对势力加大渗透和西化力度，境内一些组织和个人不断变换手法，制造思想混乱，与我争夺人心”②。而以社会主义核心价值观为中轴，开展文化建设，提升文化自信则是新时代树立和坚持正确文化观的必然选择。为此，既要注重思想文化领域的意识形态工作，强调意识形态的极端重要性，牢牢掌握意识形态工作领导权，又要积极培育和践行社会主义核心价值观，致力于落细落小落实，让社会主义核心价值观像空气一样存在，以核心价值观自信提升文化自信，更要注重加强思想道德建设，繁荣发展社会主义文艺事业，推动文化事业和文化产业发展。

二、以马克思主义中国化为主题推动社会主义核心价值观融入

“概论”课2021年版教材仍然延续2018年版教材的编写体例，按照历

---

① ［美］汉斯·摩根索：《国际纵横策论》，卢明华等译，上海译文出版社1995年版，第90页。

② 《习近平关于社会主义文化建设论述摘编》，中央文献出版社2017年版，第35页。

史发展的逻辑，分为三个板块的内容，从整体上看，遵循着中国共产党领导人民实现站起来、富起来、强起来的历史逻辑。“概论”课一方面展现了马克思主义中国化的历史过程，另一方面又全面阐释了马克思主义中国化的两大理论成果。但无论是马克思主义中国化的历史过程还是其两大理论成果，始终离不开马克思主义中国化这个主题。一部中国共产党领导中国人民闹革命、搞建设、行改革的历史，就是一部探索马克思主义中国化的历史，中国共产党人把马克思主义基本原理与中国具体实际和时代特征相结合，形成了既一脉相承又各具特点的两大理论成果。也正是在马克思主义中国化两大理论成果的指导下，中国取得了民主革命的胜利，社会主义建设和改革也取得了举世瞩目的成就。“概论”课就是要通过对马克思主义中国化历史过程及其两大理论成果的讲授，引导青年大学生认识在中国共产党领导下开创、形成的中国特色社会主义道路、理论、制度、文化的正确性，唯有坚定“四个自信”，才能助力中华民族伟大复兴中国梦的实现。社会主义核心价值观是中国特色社会主义文化的核心，以中国特色社会主义共同理想为主题，是中国特色社会主义共同理想的价值表达。因此，社会主义核心价值观融入“概论”课就应该以马克思主义中国化为主题，不仅要将其融入马克思主义中国化的历史逻辑之中，也要融入对“我们正在做的事情”的阐释之中，更要融入对重大理论与现实问题的回应之中。

（一）将社会主义核心价值观融入马克思主义中国化的历史逻辑之中

社会主义核心价值观虽然是在党的十八大上正式提出来的，但并不意味着社会主义核心价值观是在一夜之间冒出来的一个新事物，它的概念的提出，内涵的孕育、形成、丰富等都有一个逐步发展的过程。也就是说，社会主义核心价值观有一个历史形成的过程，它凝聚了几代中国共产党人在追求民族独立和人民解放、国家繁荣富强和人民共同富裕过程中的集体智慧，它与马克思主义中国化的实践过程融为一体。在此过程中也集中体现了中国共产党领导中华民族实现从东亚病夫到站起来的伟大飞跃，继而实现从站起来到富起来的伟大飞跃，并且最终必将实现从富起来到强起来的伟大飞跃。站起来、富起来、强起来不仅是马克思主义中国化的历史逻辑，也是社会主义核心价值观形成、发展的历史逻辑。因此，“概论”课讲清楚马克思主义中国化的历史逻辑，其实质也是在讲清楚社会主义核心价值观形成发展的历史逻辑。

站起来，主要是指在近代半殖民地半封建社会中取得民族独立的地位，是一个政治上的标准。纵观人类历史，没有任何一个民族和国家是在被压迫、被殖民的状态下实现自身强大的。那么，从整个国家和民族的角度出发，站起来其实就是民族独立，拥有独立的国家主权。而从人民的角度来看，则是摆脱帝国主义、封建主义、官僚资本主义的剥削和压迫，建立一个人民当家作主的新中国。站起来的过程与马克思主义中国化的过程及取得第一个马克思主义中国化理论成果的过程是高度统一的。在以毛泽东同志为主要代表的中国共产党人的共同努力下，“经过北伐、土地革命、抗日战争和解放战争，推翻了帝国主义、封建主义、官僚资本主义三座大山，中国人民从此站起来了”①。胡锦涛在庆祝中华人民共和国成立60周年时曾指出，毛泽东主席在天安门城楼向世界庄严宣告中华人民共和国成立之时，就代表着“中国人民从此站起来了，具有五千多年文明历史的中华民族从此进入了发展进步的历史新纪元”②。在“站起来”阶段的主要任务是实现民族独立和人民解放。在这个阶段，以毛泽东同志为主要代表的中国共产党人以马克思主义为指导，将马克思主义普遍真理与中国革命的具体实际相结合，历经千辛万苦，从中国革命的实践中探索出一条适合中国的革命道路，取得了新民

① 《江泽民文选》第二卷，人民出版社2006年版，第3页。

② 《胡锦涛文选》第三卷，人民出版社2016年版，第270页。

主主义革命的胜利，建立了人民当家作主的新中国，奠定了新中国成立以来取得所有成就的制度基础。在此过程中也形成了马克思主义中国化的第一个理论成果——毛泽东思想。新中国成立后，以毛泽东为核心的党的第一代领导集体领导全国各族人民进行社会主义改造，开展社会主义建设。面对苏联模式暴露出来的问题，毛泽东提出要“以苏为鉴”，致力于实现马克思主义与中国实际的第二次结合，开始探索适合中国特点的社会主义建设道路，促进毛泽东思想的进一步成熟和发展。“党在社会主义建设中取得的独创性理论成果和巨大成就，为新的历史时期开创中国特色社会主义提供了宝贵经验、理论准备、物质基础”①。

“毛泽东思想”是“概论”课的第一部分内容，包括四章，即“毛泽东思想及其历史地位”“新民主主义革命理论”“社会主义改造理论”“社会主义建设道路初步探索的理论成果”。虽然“概论”课教材是按照马克思主义中国化的理论成果来呈现的。第一章到第四章呈现了毛泽东思想的主要内容，但在讲授的过程中不仅要从理论上讲清楚毛泽东思想的主要内容，更要结合近代以来中华民族重新“站起来”的历史过程，讲清楚我们是在马克思主义思想的指导下站起来的，其根本目的是要建立一个人民当家作主的社会主义中国。对于国际社会来说，站起来表明我们中华民族获得了独立；对于中国人民来说，站起来则代表着实现了解放。也就是说，“站起来”这个阶段主要蕴含着我们要建立一个什么样的国家、人民在这个国家中的地位如何等价值性问题，这是社会主义核心价值观要回答的首要问题。正确回答这些问题，就要从价值层面回答我们要建设的是社会主义的新中国而不是资本主义的新中国。包括回答清楚我们的革命是在中国共产党领导下，以马克思主义为指导，为了建设社会主义新中国的新民主主义革命，我们的革命理论既不是民主革命和社会主义革命之间隔着一道“万里长城”的“二次革命

① 《十八大以来重要文献选编》（上），中央文献出版社 2014 年版，第 8 页。

论”，也不是混淆民主革命和社会主义革命的界限进而抹杀两者之间的区别，主张“毕其功于一役”的“一次革命论”。

富起来，主要是从经济角度来考察新中国建设的过程，是一个经济标准，也是考察人民生活的核心要素。近代中国深受帝国主义、封建主义的压迫和剥削，并且长期处于半殖民地半封建社会，没有经过资本主义社会的充分发展，社会主义新中国建立在经济文化较为落后的旧中国基础之上。一穷二白的新中国不仅面临站起来的任务，更有富起来的任务，因为只有富起来才能更好地站起来，才能站稳。因此，富起来，主要是指从经济角度改变经济文化落后的状况，首先解决人们的生存、温饱问题，继而迈向小康生活。小康生活是人们迈向富起来的第一步。而从国际对比来说，改变贫穷落后的面貌，告别低收入国家，进入中等发达国家行列是富起来的基本要求。正如邓小平所说的那样：“现在虽说我们也在搞社会主义，但事实上不够格。只有到了下世纪中叶，达到了中等发达国家的水平，才能说真的搞了社会主义，才能理直气壮地说社会主义优于资本主义。现在我们正在向这个路上走。”①

“概论”课的第二部分是“邓小平理论、‘三个代表’重要思想、科学发展观”。这三个理论成果既代表马克思主义中国化在改革开放新时期的实践过程，也是这个实践过程所取得的重要理论成果。面对改革开放初期的社会现实，邓小平指出：“什么叫社会主义，什么叫马克思主义？我们过去对这个问题的认识不是完全清醒的。”② 同时，邓小平又指出：“什么是社会主义，如何建设社会主义。我们的经验教训有许多条，最重要的一条，就是要搞清楚这个问题。”③ 并且认为最重要的一条就是要发展生产力，“如果说我们建国以后有缺点，那就是对发展生产力有某种忽略……贫穷不是社会主

① 《邓小平文选》第三卷，人民出版社 1993 年版，第 225 页。
② 《邓小平文选》第三卷，人民出版社 1993 年版，第 63—64 页。
③ 《邓小平文选》第三卷，人民出版社 1993 年版，第 116 页。

义，更不是共产主义”①。“不发展生产力，不提高人民的生活水平，不能说是符合社会主义要求的。”②“社会主义的任务很多，但根本一条就是发展生产力”③。因此，在改革开放新时期最为显著的就是要解决“富起来”的问题。但在这个过程中，由于国门初开各种思想文化的激荡交流，各种西方社会思潮的消极影响鱼贯而来，在思想政治教育上的失误导致20世纪80年代末春夏之交的政治风波，党的领导受到一定影响。以江泽民为核心的党的第三代中央领导集体进一步回答了什么是社会主义、怎样建设社会主义，建设什么样的党、怎样建设党的重大问题，形成了“三个代表”重要思想。进入新世纪，在新的历史起点上，以胡锦涛为总书记的党中央继续探索和回答什么是社会主义、怎样建设社会主义，建设什么样的党、怎样建设党，实现什么样的发展、怎样发展等重大理论和实际问题，形成了科学发展观。思想政治理论课教师在阐释这三大理论成果时，要讲清楚无论是回答什么是社会主义、怎样建设社会主义，还是回答建设什么样的党、怎样建设党，又或是实现什么样的发展、怎样发展，其实质都是要解决富起来的问题。2001年，中国GDP排名世界第六，2005年超越法国，世界排名第五；2006年超越英国，世界排名第四；2007年超越德国，世界排名第三；2010年超越日本，世界排名第二。2021年7月1日，习近平总书记在庆祝中国共产党成立100周年大会上庄严宣告：“经过全党全国各族人民持续奋斗，我们实现了第一个百年奋斗目标，在中华大地上全面建成了小康社会，历史性地解决了绝对贫困问题，正在意气风发向着全面建成社会主义现代化强国的第二个百年奋斗目标迈进。”④ 在讲授“富起来”阶段的实践过程及理论成果时，也要讲

① 《邓小平文选》第三卷，人民出版社1993年版，第63—64页。

② 《邓小平文选》第三卷，人民出版社1993年版，第116页。

③ 《邓小平文选》第三卷，人民出版社1993年版，第137页。

④ 习近平：《在庆祝中国共产党成立100周年大会上的讲话》，人民出版社2021年版，第2页。

清楚中国共产党带领人民追求国家繁荣富强和人民共同富裕的价值理想。将这个价值理想的讲解融入改革开放以来社会主义初级阶段的基本路线之中，融入社会主义现代化建设的“三位”“四位”“五位”一体的布局之中。

强起来，是相对于国家的整体实力、综合实力而言要得到更大发展，这是一个国际标准，是考察一个国家国际地位的核心要素。强起来，可以从两方面来理解。一方面，国内纵向比较，毫无疑问，现在的中国比过去的中国更强大；另一方面，国际横向比较，我们也可以看到新中国成立以来，我国国际地位的提升。要真正强起来，在当前来讲就是要进入世界强国之列，虽然现在我们国家总体 GDP 处于世界第二，甚至按照购买力平价的原则来比较，早已超过美国，但“我国仍处于并将长期处于社会主义初级阶段的基本国情没有变，我国是世界最大发展中国家的国际地位没有变”①。因此，党的十八大以来，以习近平同志为核心的党中央面对国内外形势变化和我国各项事业发展给我们提出的重大时代课题，从理论和实践结合上系统回答了新时代坚持和发展什么样的中国特色社会主义、怎样坚持和发展中国特色社会主义，形成了习近平新时代中国特色社会主义思想，就是要集中解决中国强起来的问题。党的十九大报告中提到了 12 个强国目标，包括制造强国、科技强国、质量强国、航天强国、网络强国、交通强国、海洋强国、贸易强国、文化强国、体育强国、教育强国、人才强国。

“概论”课第三部分“习近平新时代中国特色社会主义思想”共七章，全面阐述了以习近平同志为核心的党中央建设社会主义现代化强国的理论体系。实现中华民族伟大复兴是中国共产党矢志不渝的历史使命，每个时期有每个时期的重点任务，而新时代最为突出任务就是“强起来”。面对世界百年未有之大变局，站在实现“两个百年目标”的历史交汇点上，中国越接近世界舞台的中心，越接近中华民族伟大复兴的目标，面临的障碍就越多、

① 习近平：《决胜全面建成小康社会　夺取新时代中国特色社会主义伟大胜利——在中国共产党第十九次全国代表大会上的报告》，人民出版社 2017 年版，第 12 页。

越大。近年来，以美国为代表的西方国家，眼见中国在各方面取得巨大成就，就越发加紧对中国的打压，毫不掩饰地对中国单方面展开调查，动则制裁打压，甚至打起贸易战、网络战、舆论战、意识形态战等，目的就是要阻止中国实现现代化。在“概论”课中讲授习近平新时代中国特色社会主义思想时，既要讲清楚当前我们面临危机，更要讲清楚面对危机我们要如何规划蓝图，突破重围，实现目标。简言之，就是要讲清楚我们要如何坚持和发展中国特色社会主义，推进国家治理体系和治理能力现代化。而这其中的关键又是要讲清楚中国特色社会主义道路、理论、制度、文化的重要性和正确性，引导青年大学生坚定“四个自信”。而“四个自信”中文化自信又是更基础、更广泛、更深厚的自信，其中核心价值观自信又是文化自信的根本。因此，要强起来，除了经济上、军事上等强起来之外，文化上特别是核心价值观上的强起来更为关键更为重要。

最后，要正确理解站起来、富起来、强起来的关系。这三个阶段只是对中国共产党带领人民闹革命、搞建设、行改革以及马克思主义中国化过程的一个大致的划分，绝不是截然分开的三个阶段。站起来需要富起来、强起来，只有富起来、强起来才能站得更稳；站起来是富起来、强起来的前提，也只有强起来才能保证长久地站起来和富起来。即使今后强起来了，仍然有一个站起来的问题。比如，现阶段，虽然中国的社会主义建设取得了巨大成就，但是在有些人眼里中国这也不行，那也不行，这就是典型的还没有“站起来”的心态。要改变这种状态，只是从现实的经济成果等方面入手还无法改变现状，重点是改变这些人的心理状态，根本是改变其价值观。

（二）将社会主义核心价值观融入对“我们正在做的事情”的阐释之中

改革开放取得一切成绩和进步的根本原因，归结起来就是，“开辟了中国特色社会主义道路，形成了中国特色社会主义理论体系，确立了中国特色社会主义制度，发展了中国特色社会主义文化”①，即开创并坚持和发展了中国特色社会主义。“中国特色社会主义是改革开放以来党的全部理论和实践的主题”②，进入新时代后，坚持和发展中国特色社会主义仍然是当今时代需要给予回答的重大课题。党的十九大报告指出：“十八大以来，国内外形势变化和我国各项事业发展都给我们提出了一个重大时代课题，这就是必须从理论和实践结合上系统回答新时代坚持和发展什么样的中国特色社会主义、怎样坚持和发展中国特色社会主义。”③ 而围绕这个重大时代课题，“我们党坚持以马克思列宁主义、毛泽东思想、邓小平理论、‘三个代表’重要思想、科学发展观为指导，坚持解放思想、实事求是、与时俱进、求真务实，坚持辩证唯物主义和历史唯物主义，紧密结合新的时代条件和实践要求，以全新的视野深化对共产党执政规律、社会主义建设规律、人类社会发展规律的认识，进行艰辛理论探索，取得重大理论创新成果，形成了新时代中国特色社会主义思想”④。也就是说，习近平新时代中国特色社会主义思想是围绕“新时代坚持和发展什么样的中国特色社会主义、怎样坚持和发展中国特色社会主义”这样一个重大的时代课题而展开的，是马克思主义中国化的最新成果，是中国特色社会主义理论体系的重要组成部分，“是当代中国马克思主义、二十一世纪马克思主义，是中华文化和中国精神的时代精华，实现了马克思主义中国化新的飞跃”⑤。

党的十九大宣告中国特色社会主义进入新时代，为我国发展指明了新的

① 《中国共产党章程》，《人民日报》2017 年 10 月 29 日。

② 《习近平谈治国理政》第二卷，外文出版社 2017 年版，第 59 页。

③ 习近平：《决胜全面建成小康社会　夺取新时代中国特色社会主义伟大胜利——在中国共产党第十九次全国代表大会上的报告》，人民出版社 2017 年版，第 18 页。

④ 习近平：《决胜全面建成小康社会　夺取新时代中国特色社会主义伟大胜利——在中国共产党第十九次全国代表大会上的报告》，人民出版社 2017 年版，第 18—19 页。

⑤ 《中共中央关于党的百年奋斗重大成就和历史经验的决议》，人民出版社 2021 年版，第 26 页。

历史方位，并阐述道：这个新时代“是承前启后、继往开来、在新的历史条件下继续夺取中国特色社会主义伟大胜利的时代，是决胜全面建成小康社会、进而全面建设社会主义现代化强国的时代，是全国各族人民团结奋斗、不断创造美好生活、逐步实现全体人民共同富裕的时代，是全体中华儿女勠力同心、奋力实现中华民族伟大复兴中国梦的时代，是我国日益走近世界舞台中央、不断为人类作出更大贡献的时代”①。在十九大报告中，第二部分的标题就明确指出“新时代中国共产党的历史使命”，即实现中华民族伟大复兴。虽然实现中华民族伟大复兴是近代以来中华民族最伟大的梦想，中国共产党自成立之日起就将其作为自己的历史使命，团结带领广大人民进行了艰苦卓绝的斗争。但“今天，我们比历史上任何时期都更接近、更有信心和能力实现中华民族伟大复兴的目标”②。一个时期有一个时期的任务，一代人有一代人的期许。革命年代，主要任务是取得民主革命胜利，求得民族独立和人民解放，建设一个新中国，进而在全世界面前宣布中华民族从此站起来了。改革开放年代，随着世界主题转变为和平与发展，面对国际国内的和平稳定环境，邓小平所提出“发展才是硬道理”，进而将小康、全面小康、社会主义现代化等目标提上日程，就是要实现“富起来”的目标。但邓小平同时也指出，“发展起来以后的问题不比不发展时少”③。比如，近年来日益呈现出来的环境问题、国家安全问题、意识形态冲突问题等。美国针对中国发起的贸易战就是中国发展起来之后面临的问题。那如何来化解这些问题呢？这就是我们当下应该做也正在做的事情——实现中华民族伟大复兴的中国梦，即把我国建设成为富强民主文明和谐美丽的社会主义现代化强

① 习近平：《决胜全面建成小康社会　夺取新时代中国特色社会主义伟大胜利——在中国共产党第十九次全国代表大会上的报告》，人民出版社 2017 年版，第 10—11 页。

② 习近平：《决胜全面建成小康社会　夺取新时代中国特色社会主义伟大胜利——在中国共产党第十九次全国代表大会上的报告》，人民出版社 2017 年版，第 15 页。

③ 中共中央文献研究室编，冷溶、汪作玲主编：《邓小平年谱（1975—1997）》下卷，中央文献出版社 2004 年版，第 1364 页。

国。也就是要从大国变成强国。

“行百里者半九十。中华民族伟大复兴，绝不是轻轻松松、敲锣打鼓就能实现的。”① 为此，全党必须在实现中华民族伟大复兴中国梦这个伟大梦想的指引下，进行伟大斗争、建设伟大工程、推进伟大事业。可见，实现中华民族伟大复兴这个伟大梦想的艰巨性和复杂性。虽然我们很明确，我们要做的事情或者现在正在做的事情最终都是为了实现中华民族伟大复兴的中国梦，但“我们正在做的事情”究竟具体是什么呢？十九大报告指出，坚持和发展中国特色社会主义是新时代的重大课题，但这其中又包括“新时代坚持和发展中国特色社会主义的总目标、总任务、总体布局、战略布局和发展方向、发展方式、发展动力、战略步骤、外部条件、政治保证等基本问题，并且要根据新的实践对经济、政治、法治、科技、文化、教育、民生、民族、宗教、社会、生态文明、国家安全、国防和军队、‘一国两制’和祖国统一、统一战线、外交、党的建设等各方面作出理论分析和政策指导，以利于更好坚持和发展中国特色社会主义”②。完成这些事情的进程，实质上就是中国共产党领导人民治国理政的过程，具体来说就是我们的制度成熟定型的过程，也是推进国家治理体系和治理能力现代化的过程。

党的十八届三中全会第一次提出：“全面深化改革的总目标是完善和发展中国特色社会主义制度，推进国家治理体系和治理能力现代化。”③ 这相当于为新时代党的治国理政定下了主题，就是为了更好地坚持和完善中国特色社会主义，推进国家治理体系和治理能力现代化。党的十九届四中全会明确指出：“坚持和完善中国特色社会主义制度、推进国家治理体系和治理能力现代化的总体目标是，到我们党成立一百年时，在各方面制度更加成熟更

---

① 习近平：《决胜全面建成小康社会　夺取新时代中国特色社会主义伟大胜利——在中国共产党第十九次全国代表大会上的报告》，人民出版社 2017 年版，第 15 页。

② 习近平：《决胜全面建成小康社会　夺取新时代中国特色社会主义伟大胜利——在中国共产党第十九次全国代表大会上的报告》，人民出版社 2017 年版，第 18 页。

③ 《十八大以来重要文献选编》（上），中央文献出版社 2014 年版，第 512 页。

加定型上取得明显成效；到二〇三五年，各方面制度更加完善，基本实现国家治理体系和治理能力现代化；到新中国成立一百年时，全面实现国家治理体系和治理能力现代化，使中国特色社会主义制度更加巩固、优越性充分展现。”① 这个进程与十九大报告提出的实现中华民族伟大复兴的进程完全一致。那么，我们在“概论”课讲授实现中华民族伟大复兴的进程时，就可以以此为抓手，将“坚持和完善中国特色社会主义制度　推进国家治理体系和治理能力现代化”作为我们正在做的事情来加以分析。

培育和践行社会主义核心价值观，从根本上说属于思想政治教育工作。思想政治教育所阐释的理论要能够掌握学生，不但要具有科学性，更为重要的是要具有现实的针对性与说服力，防止“两张皮”。这就要求社会主义核心价值观教育要融入“我们正在做的事情”之中，也就是融入“坚持和完善中国特色社会主义制度　推进国家治理体系和治理能力现代化”之中。

就治理体系而言，国家治理体系本质上表现为“国家治理制度体系主导、国家治理行动体系和价值体系与之匹配、紧密相连、三位一体的系统”②。也就是说，国家治理体系应该包括国家治理的制度体系、行动体系和价值体系三大部分。制度体系是政治权力确立和运行的规则，行动体系是政治权力主体与公民权利主体之间的双向互动体系，价值体系则是政治权力确立、维护和运行的思想理念、价值规范和道德规范的总体构成。中国特色社会主义制度体系本身就是建立在社会主义核心价值观所蕴含的方向和目标基础之上，并且以这种方向和目标来指引人们的行动，进而构成行动体系。如果社会主义核心价值观仅以思想、观念的形态存在，那么，其价值方向和目标就只能以倡议和号召的形式存在，对人们的行为还不能完全形成强制性

① 《中共中央关于坚持和完善中国特色社会主义制度　推进国家治理体系和治理能力现代化若干重大问题的决定》，人民出版社 2019 年版，第 5—6 页。

② 王浦劬：《全面准确深入把握全面深化改革的总目标》，《中国高校社会科学》2014 年第 1 期。

的要求，就不能将社会主义核心价值观的要求转化为行动。因此，我们说要将社会主义核心价值观融入法治建设，形成法律规范。那么，“概论”课在讲授中国特色社会主义的发展方向、发展方式、发展动力、战略步骤、外部条件、政治保证等问题时，就应深入讲解其背后的价值意蕴，引导学生从我们正在做的一些具体事情中去理解社会主义核心价值观。

就治理能力而言，国家治理能力就是落实制度并进一步发展完善制度的执行能力。制度体系、行动体系应与其价值体系具有内在一致性，价值体系作为系统的价值内核，辐射、渗透和体现于制度体系和行动体系之中，并在根本上规定着制度体系和行动体系的性质和方向。从“静态”角度讲，作为当代中国社会思想观念领域“最大公约数”的价值共识，社会主义核心价值观的培育和践行要扎根于中国特色社会主义建设的伟大实践，关键是要依托国家治理体系的制度支持和保障。也就是说，社会主义核心价值观要融入制度建设，制度体系的内容要体现社会主义核心价值观的价值方向、价值标准和价值目标。从“动态”角度讲，社会主义核心价值观要融入制度的“制”性之中，融入程度的高低，融入效果的好坏决定着治理能力的强弱。这就是体现在制度体系的“制”性之中，具体则通过“禁止”“许可”“激励”“惩戒”“保障”“防范”等形式体现出来。凡是符合社会主义核心价值观要求的，在现实中就应该给予“许可”“激励”和“保障”，反之则应以加以“禁止”“防范”和“惩戒”。

（三）将社会主义核心价值观融入对重大理论与现实问题的回应之中

“概论”课重点阐释马克思主义中国化的过程及其理论成果，而马克思主义中国化的实质就是马克思主义普遍真理与中国实际相结合，目的就在于解决中国在推进革命、建设、改革中遇到的实际问题。也就是说，马克思主义中国化的过程自始至终都与“我们正在做的事情”相结合。那么，“概论”课教学也必须要结合现实，避免空洞说教，拒绝书斋式的理论推演，着力运用马克思主义的立场观点方法来分析、解决在坚持和完善中国特色社会主义制度，推进国家治理体系和治理能力现代化过程中遇到的重大理论问题与现实问题。正如毛泽东所说：“如果有了正确的理论，只是把它空谈一阵，束之高阁，并不实行，那末，这种理论再好也是没有意义的。”① 马克思主义中国化就是要用马克思主义之“矢”射中国革命、建设和改革之“的”。邓小平也曾说：“学马列要精，要管用的。”② 社会主义核心价值观已经深度融入国家治理体系并在党的治国理政实践中起着不可替代的作用，自然也面临着国家治理体系和治理能力现代化过程中所遇到的重大理论问题与现实问题。一种价值观要成为人们日用而不觉的生活元素，那就必须要能够解决问题，即“管用”。因此，社会主义核心价值观的培育和践行要取得良好效果，就应该避免理论上的空洞说教，主动融入对重大理论与现实问题的回应之中。

2021 年版“概论”课教材的三个部分都对应着马克思主义中国化在不同时期所取得的理论成果，对这些理论成果进行讲解、阐释的时候要求做到理论的彻底性，而理论的彻底就是抓住事物的根本，这个“根本”，从一定程度上来说就是要管用，要能够解决问题。要么讲清理论问题，解决学生的思想困惑；要么以理论回应现实，解释现实问题并给出解决办法。将社会主义核心价值观融入“概论”课就是要在回应重大理论问题和现实问题的过程中阐明马克思主义中国化的本质，目的就是解决中国的实际问题，根本目标就在于实现中华民族伟大复兴，引导青年大学生深刻认识中国特色社会主义所蕴含的价值目标和价值取向。在此，所谓重大理论问题和现实问题，主要是指在马克思主义中国化与坚持和完善中国特色社会主义制度推进国家治

① 《毛泽东选集》第一卷，人民出版社 1991 年版，第 292 页。

② 《邓小平文选》第三卷，人民出版社 1993 年版，第 382 页。

理体系和治理能力现代化过程中所需要澄清、回应的一些理论观点、错误思潮，以及一些需要从理论层面进行阐释的重大决定、实践活动等。按照“概论”课的三个部分，在讲授的过程中可以重点涉及一些理论和现实问题。比如：在“毛泽东思想”部分，在讲解毛泽东思想的主要内容时就应该有意识地回应近年来社会中沉渣泛起的“非毛化”思潮，引导学生正确区分毛泽东思想与毛泽东的思想，运用历史分析方法正确评价毛泽东同志。在“邓小平理论、‘三个代表’重要思想、科学发展观”部分要有意识地讲清楚改革开放的必要性和必然性，直面新中国成立前30年的曲折探索，讲清楚改革开放前后两个时段的关系，讲清楚中国特色社会主义道路、理论、制度、文化等的发展过程，引导学生认清在中国特色社会主义发展过程中出现的新自由主义、宪政民主、“普世价值”等错误思潮，坚信中国特色道路、理论、制度、文化的正确性。在“习近平新时代中国特色社会主义思想”部分，要有意识地引导学生认识世情、国情、党情，让学生认识到世界百年未有之大变局，我们所肩负的历史使命与任务，将党和国家绘就的宏伟蓝图展现给学生，教育学生树立科学的历史观、民族观、国家观、文化观，坚定“四个自信”。但在这三个部分的内容中，要始终讲清楚社会主义方向和性质，特别是中国特色社会主义的根本性质，也要讲清楚坚持党的领导是中国特色社会主义的根本特征。

要讲清楚“中国特色社会主义是社会主义，不是别的什么主义”①。中国特色社会主义从根本上坚持了科学社会主义的基本原则，是将马克思主义基本原理与中国实际相结合，并在指导社会主义现代化建设的具体实践中形成的科学社会主义在中国的具体样态，是马克思主义中国化与中国实践的马克思主义化相统一的过程，也是科学社会主义的共性与个性辩证统一于中国社会主义建设伟大实践的必然结果。马克思主义认为，事物的根本性质取决

---

① 习近平：《关于坚持和发展中国特色社会主义的几个问题》，《求是》2019年第7期。

于它的主要矛盾的主要方面。中国特色社会主义既坚持了科学社会主义的基本原则，又具有丰富的中国特色，但归根结底是社会主义，而不是别的什么主义。从社会主义发展阶段来看，中国特色社会主义是与世界社会主义发展500多年中其他5个阶段既一脉相承又独立发展的阶段，在其本质上仍是社会主义。说其一脉相承，是指中国特色社会主义始终坚持了科学社会主义的基本原则不动摇。“科学社会主义基本原则不能丢，丢了就不是社会主义。”① 在坚持和发展中国特色社会主义的过程中，我们始终坚持共产党的领导和无产阶级专政；始终坚持公有制为主体、按劳分配和坚持共同富裕；始终坚持以马克思主义为指导思想；始终坚持解放和发展生产力等科学社会主义的基本原则。正是科学社会主义的这些基本原则，决定了中国特色社会主义的社会主义性质。视其为独立发展阶段，是指中国特色社会主义在坚持科学社会主义基本原则的基础上又根据中国社会主义建设实际赋予了鲜明的中国特色。在坚持科学社会主义基本原则的基础上，我们既不是教条式地“照本宣科”，也不是另起炉灶地“另搞一套”，更不是改旗易帜地“倒行逆施”，而是突出强调继承、发展、创新，形成了中国特色的道路、理论、制度、文化。中国特色社会主义正是在科学社会主义的这种理论逻辑和中国社会发展历史逻辑的辩证统一中逐渐形成和发展起来的，“是根植于中国大地、反映中国人民意愿、适应中国和时代发展进步要求的科学社会主义”②。中国特色社会主义道路、理论、制度、文化，就是科学社会主义的基本原则在新时代的集中体现，是科学社会主义基本原则的中国化和时代化。在当代中国，坚持中国特色社会主义道路、理论、制度、文化，就是坚持科学社会主义基本原则，就是坚持社会主义。面对各种质疑中国特色社会主义根本性质的舆论，我们必须保持头脑清醒，认识到对马克思主义的运用必然有一个具体化的过程。在当代中国，运用马克思主义就必然要推进马克思主义中国

① 习近平：《关于坚持和发展中国特色社会主义的几个问题》，《求是》2019年第7期。
② 习近平：《关于坚持和发展中国特色社会主义的几个问题》，《求是》2019年第7期。

化、时代化、大众化。从这个角度讲，中国特色社会主义就是马克思主义基本原理具体运用的必然结果。因此，绝不能将中国特色社会主义称作“资本社会主义”“国家资本主义”“新官僚资本主义”。必须认清他们的错误实质，“他们要么是认识误区，要么就是想将中国特色社会主义拉回老路”①。

要讲清楚坚持中国共产党的领导是中国特色社会主义的最根本特征。中国特色社会主义是科学社会主义的理论逻辑与中国发展历史逻辑的辩证统一，是对中国社会主义现代化建设实践的现实反映，在政治、经济、社会、文化、生态文明等领域都独具特征，但“中国共产党的领导是中国特色社会主义最本质的特征”②。

首先，中国共产党领导人民开创了中国特色社会主义，没有中国共产党的领导，就没有中国特色社会主义。中国特色社会主义不是从天上掉下来的，更不是靠别人恩赐得来的，而是“在改革开放 40 年的伟大实践中得来的，是在中华人民共和国成立近 70 年的持续探索中得来的，是在我们党领导人民进行伟大社会革命 97 年的实践中得来的”③。但归根结底，是党领导人民历经千辛万苦、付出各种代价才得以开创的。近代以来，中华民族面临着争取民族独立、人民解放和谋求国家富强、人民幸福两大历史任务。农民阶级、地主阶级、民族资产阶级都为此作了伟大的尝试，但历史证明，唯有无产阶级才能担此重任，唯有社会主义才能救中国。中国共产党领导中国人民先后取得了新民主主义革命、社会主义革命的胜利，建立了新中国，确立了社会主义制度，对社会主义建设进行了积极探索。在社会主义建设方面提出了许多正确理论，由于受“左”倾错误思想的影响，这些正确理论没有得到很好的实施，社会主义建设遭受了重大损失，但却为中国特色社会主义

---

① 习近平：《关于坚持和发展中国特色社会主义的几个问题》，《求是》2019 年第 7 期。

② 《十八大以来重要文献选编》（中），中央文献出版社 2016 年版，第 398 页。

③ 《以时不我待只争朝夕的精神投入工作　开创新时代中国特色社会主义事业新局面》，《人民日报》2018 年 1 月 6 日。

的开创提供了宝贵经验、理论准备和物质基础。① “文化大革命”结束后，以邓小平同志为核心的第二代中央领导集体果断停止“以阶级斗争为纲”的错误路线，冲破思想束缚，实行拨乱反正，恢复和重新确立了党的实事求是思想路线，作出改革开放的决定。在改革开放新时期，中国共产党积极总结正反两方面经验，坚持以经济建设为中心，进一步回答什么是社会主义、怎样建设社会主义的问题。从党的十二大第一次提出“建设有中国特色的社会主义”② 起，我党一方面重新运用以毛泽东同志为核心的第一代中央领导集体曾经提出但没有得到很好实施的那些正确理论，另一方面结合中国实际大力进行理论创新。邓小平就曾指出：“三中全会以后，我们就是恢复毛泽东同志的那些正确的东西嘛……现在我们还是把毛泽东同志已经提出、但是没有做的事情做起来。”③ 党的十二届三中全会在毛泽东提出的利用价值规律、发展商品经济等理论的基础上提出，要“建立自觉运用价值规律的计划体制，发展社会主义商品经济”④。党的十三大提出了“有中国特色的社会主义道路”和“建设有中国特色的社会主义理论”，并从十二个方面对其进行了理论概括，提出“社会主义初级阶段”的概念以及党在社会主义初级阶段的基本路线。初步形成了建设有中国特色的社会主义理论的轮廓，标志中国特色社会道路的初步开辟。纵观历史，没有中国共产党的领导，就没有新民主主义革命的胜利及新中国的成立，也就没有社会主义制度的确立，更没有在此基础上进行社会主义建设的有益探索。虽然在此过程中，“我们党也犯过严重错误，但是错误总还是由我们党自己纠正的，不是别的力量来纠正的”⑤，没有党的领导，就没有改革开放，自然也不会有中国特

① 《十八大以来重要文献选编》（上），中央文献出版社 2014 年版，第 8 页。
② 《十二大以来重要文献选编》（上），人民出版社 1986 年版，第 3 页。
③ 《邓小平文选》第二卷，人民出版社 1994 年版，第 300 页。
④ 《十二大以来重要文献选编》（中），人民出版社 1986 年版，第 567 页。
⑤ 《邓小平文选》第二卷，人民出版社 1994 年版，第 267 页。

色社会主义。

其次，中国共产党领导人民坚持和发展了中国特色社会主义，没有中国共产党的领导，中国特色社会主义就不是社会主义。中国共产党在中国特色社会主义伟大事业推进过程中始终扮演着开创者、推动者、引领者的角色，是中国特色社会主义事业的领导核心。“中国特色社会主义是改革开放以来党的全部理论和实践的主题”①，改革开放的发展过程也是坚持和发展中国特色社会主义的过程。中国特色社会主义伟大事业的每一步推进，其理论的每一次发展和创新都是在党的领导下完成的，没有中国共产党的领导，中国特色社会主义就不会得到坚持，更不会得到发展，甚至会改变其社会主义方向，犯下无可挽回的颠覆性错误。自党的十二大以来，每次党的代表大会，都是在党的领导下坚持和发展中国特色社会主义的真实写照。党的十三大到十九大，大会标题的主题词中都直接包含着“中国特色社会主义”。党的十四大在十三大建设有中国特色的社会主义的理论轮廓基础之上，提出了“邓小平同志建设有中国特色社会主义理论”②。党的十五大进一步将其概括为“邓小平理论”。③ 党的十六大直接以更为简洁的“中国特色社会主义”精练地表述了中国共产党领导的伟大事业，并且第一次提出“中国特色社会主义道路”的概念。党的十七大第一次阐述了中国特色社会主义道路的内涵，并提出“中国特色社会主义理论体系”，形成了中国特色社会主义“道路—理论体系”的二重解释维度。党的十八大进一步提出并阐释了“中国特色社会主义制度”，形成了中国特色社会主义“道路—理论体系—制度”三位一体的内涵结构。党的十九大郑重宣布中国特色社会主义进入新时代，并更进一步提出“中国特色社会主义文化”，将中国特色社会主义的内涵结构由三位一体上升为四位一体，更加全面地阐释了中国特色社会主义

---

① 《习近平谈治国理政》第二卷，外文出版社 2017 年版，第 59 页。
② 《十四大以来重要文献选编》（上），人民出版社 1996 年版，第 1 页。
③ 《十五大以来重要文献选编》（上），人民出版社 2000 年版，第 9 页。

的内涵。坚持和发展中国特色社会主义的过程，并不是一帆风顺的，始终面临着“左”和右的影响。“左”主要表现为凡事都要问一问姓“资”姓“社”，甚至把坚持和发展中国特色社会主义看成是发展资本主义，看成是对传统马克思主义的一种修正。右主要表现为资产阶级自由化思潮的影响，20世纪80年代后期的学潮和政治风波就是右的具体表现。“右可以葬送社会主义，‘左’也可以葬送社会主义。”① 幸运的是，在中国共产党的坚强领导下，我们不仅以极大的政治勇气，顶住各方压力，解放思想、拨乱反正，坚决地实行改革开放，开创了中国特色社会主义；还秉持坚定的政治立场，与各种否定党的领导、否定社会主义的倾向作坚决的斗争，在国际国内形势急剧变化的关键时刻捍卫了中国特色社会主义。当今世界，民主社会主义、福利社会主义等虽然标榜自己是社会主义，但其本质却是资本主义，其根本原因就在于这些国家的无产阶级政党从来没有获得过领导权。是否坚持无产阶级政党的领导也是区别科学社会主义与其他形形色色社会主义的标准。因此，“共产党的领导，这个丢不得，一丢就是动乱局面，或者是不稳定状态”②，“是否坚持社会主义道路和党的领导是个要害”③。改革开放以来，正是在党的坚强领导下，才能一方面避免“左”的影响，以防被拉回老路，另一方面又避免右的影响，以防止走上邪路，从而确保中国特色社会主义的社会主义性质。在当代中国，只有坚持中国共产党的领导，才能坚定地沿着中国特色社会主义道路前进。没有中国共产党的领导，中国特色社会主义必将滑向“资本社会主义”“国家资本主义”“新官僚资本主义”，即资本主义，就不能称其为社会主义。

最后，唯有中国共产党能够继续领导中国特色社会主义伟大事业，将其推向前进，最终实现中华民族伟大复兴中国梦。当前，我们比历史上任何时

---

① 《邓小平文选》第三卷，人民出版社1993年版，第375页。
② 《邓小平文选》第三卷，人民出版社1993年版，第252页。
③ 《邓小平文选》第三卷，人民出版社1993年版，第311页。

期都接近中华民族伟大复兴的目标，越是接近目标，面临的新情况新问题越多、矛盾和困难越多、风险和挑战越多，阻力和压力也会越来越大，这就越需要一个强有力的政党来领导团结人民，推进伟大事业、实现伟大梦想。当代中国，唯有中国共产党能够继续领导中国特色社会主义伟大事业，将其推向前进，最终实现中华民族伟大复兴中国梦。中国共产党是当代中国最高的政治力量，是中国特色社会主义事业的领导核心。面对日益复杂的国际国内形势，唯有中国共产党能够以富有远见的战略眼光谋篇布局，带领全国各族人民不断战胜困难、化解危机、开创新局面。五四运动以来的中国，“除了中国共产党，根本不存在另外一个像列宁所说的联系广大劳动群众的党”①。“没有大于中国共产党的政治力量或其他什么力量。党政军民学，东西南北中，党是领导一切的，是最高的政治领导力量。”② 作为拥有 9500 多万名党员、领导着具有 14 多亿人口的大国、具有重大全球影响力的世界第一大执政党，在中国特色社会主义伟大事业中始终处于总揽全局、协调各方的领导核心地位，领导社会主义现代化建设取得了巨大成就。“脱贫攻坚战取得了全面胜利，现行标准下 9899 万农村贫困人口全部脱贫，832 个贫困县全部摘帽，12.8 万个贫困村全部出列，区域性整体贫困得到解决，完成了消除绝对贫困的艰巨任务，创造了又一个彪炳史册的人间奇迹。”③ 当代中国，唯有中国共产党能够领导中国的社会主义现代化事业。坚持和发展中国特色社会主义是一项伟大的事业，需要集中全国各族人民的力量共同努力才能达成目标。而当代中国，唯有中国共产党始终得到广大人民的拥护，具有凝聚全国人民围绕目标共同努力的优势，这是中国共产党能够长期执政的决定性因素。“在国家治理体系的大棋局中，党中央是坐镇中军帐的‘帅’，车马炮各展其长，一盘棋大局分明。如果中国出现了各自为政、一盘散沙的局

① 《邓小平文选》第二卷，人民出版社 1994 年版，第 170 页。

② 《习近平关于社会主义政治建设论述摘编》，中央文献出版社 2017 年版，第 31 页。

③ 习近平：《在全国脱贫攻坚总结表彰大会上的讲话》，《人民日报》2021 年 2 月 26 日。

面，不仅我们确定的目标不能实现，而且必定会产生灾难性后果。”① 这个优势也决定了中国特色社会主义伟大事业只有在中国共产党的领导下才能取得胜利，中华民族才能实现中华民族伟大复兴的中国梦。马克思、恩格斯曾明确指出：“共产党人不是同其他工人政党相对立的特殊政党……他们没有任何同整个无产阶级的利益不同的利益……在无产阶级和资产阶级的斗争所经历的各个发展阶段上，共产党人始终代表整个运动的利益。”② 中国共产党无论在革命、建设还是改革过程中都始终代表着广大人民的利益，以全心全意为人民服务为宗旨，以人民对美好生活的向往为方向，努力践行为人民谋幸福、为民族谋复兴的初心和使命。这也是中国共产党区别于其他政党的关键性因素，是中国共产党能够领导中国特色社会主义取得新的伟大胜利的根本原因。

① 《习近平关于社会主义政治建设论述摘编》，中央文献出版社 2017 年版，第 31 页。

② 《马克思恩格斯选集》第 1 卷，人民出版社 2012 年版，第 413 页。

结　语

从本质上说，高校思想政治理论课是开展价值观教育，完成学校教育立德树人根本任务的关键课程。在众多价值观念当中，社会主义核心价值观居于中心和主导地位，是反映全国各族人民共同认同的价值观“最大公约数”①，对其他价值观念有着引领、凝聚的功能，加之社会主义核心价值观的抽象性，唯有以“融入”的方式体现于思想政治理论课教学之中，才能发挥其良好的育人效果。纵观在已有研究成果中出现的同质性和低效率研究现象，本书认为：在社会主义核心价值观融入高校思想政治理论课教学的过程中，虽然在教学方式方法上的创新很重要，但更为根本的是要坚持“内容为王”，围绕社会主义核心价值观的培育和践行，要重点做好教材体系转化为教学体系的研究。通过从整体性的视角研究社会主义核心价值观融入高校思想政治理论课教学，余以为在以下几个方面有一些新意。

第一，着眼于思想政治理论课整体，从各门思想政治理论课的具体情况出发，开展社会主义核心价值观的融入研究，避免了就单独某一门高校思想政治理论课开展研究的片面性。

---

① 《十八大以来重要文献选编》（中），中央文献出版社 2016 年版，第 3 页。

第二，着重从社会主义核心价值观融入高校思想政治理论课的内在逻辑入手，重点研究在社会主义核心价值观引领下教材体系如何转化为教学体系，避免了仅从具体操作层面开展研究而导致的低效率重复。

第三，结合各门高校思想政治理论课的教学目标、教学重点开展社会主义核心价值观的融入研究，从社会主义核心价值观的整体性融入出发，既整体融入每一门课程，也整体融入高校思想政治理论课程体系，避免了现实高校思想政治理论课教学中某些课程对社会主义核心价值观教育的忽视。

无论是社会主义核心价值观教育还是思想政治理论课教学都是一门大学问，由于实践经验和学术水平还有限，因此，研究不可避免地存在着一些局限性。

第一，本书注重讨论高校思想政治理论课课堂教学，侧重于研究社会主义核心价值观如何融入高校思想政治理论课的教学体系，而对社会主义核心价值观融入高校思想政治理论课的实践教学还有待进一步研究，在未来的研究中需要加强和深化。

第二，虽说“内容为王”，高校思想政治理论课的教学体系至关重要，但教学的方式方法创新是具体操作层面的要素，在高校思想政治理论课教学中处于“最后一公里”的关键地位，关涉教学体系作用的具体发挥，也关涉社会主义核心价值观教育实效性。本书虽没有把教学的方式方法作为重点研究对象，但教学方式方法却是社会主义核心价值观融入高校思想政治理论课教学研究的一个不可缺失的问题，在未来的学习和工作中需要经常性关注这个问题，在实践中不断积累教学经验以补全此研究的缺憾。

另外，通过本书的研究，也发现了一些值得持续关注并深化研究的主题，比如：各门思想政治理论课的教材体系究竟应当如何转化为教学体系，社会主义核心价值观教育融入高校思想政治理论课教学的过程中究竟有些什么样行之有效的方式方法，核心价值观自信在社会主义核心价值观培育和践行中的作用……这些问题在坚持和发展中国特色社会主义，推进国家治理体系和治理能力过程中具有极其重要的理论价值和实践意义，还有待进一步的深化研究，也是我今后在教学与研究工作中应该持续思考的问题。

参考文献

《马克思恩格斯选集》第 1 卷，人民出版社 2012 年版。

《马克思恩格斯选集》第 2 卷，人民出版社 2012 年版。

《马克思恩格斯选集》第 3 卷，人民出版社 2012 年版。

《马克思恩格斯选集》第 4 卷，人民出版社 2012 年版。

《马克思恩格斯文集》第 1—10 卷，人民出版社 2009 年版。

《列宁专题文集　论马克思主义》，人民出版社 2009 年版。

《列宁专题文集　论社会主义》，人民出版社 2009 年版。

《列宁专题文集　论辩证唯物主义和历史唯物主义》，人民出版社 2009 年版。

《列宁专题文集　论无产阶级政党》，人民出版社 2009 年版。

《毛泽东选集》第一卷，人民出版社 1991 年版。

《毛泽东选集》第二卷，人民出版社 1991 年版。

《毛泽东选集》第三卷，人民出版社 1991 年版。

《毛泽东选集》第四卷，人民出版社 1991 年版。

《毛泽东文集》第七卷，人民出版社 1999 年版。

《毛泽东文集》第八卷，人民出版社 1999 年版。

《周恩来选集》（下），人民出版社 1984 年版。

《邓小平文选》第二卷，人民出版社 1994 年版。

《邓小平文选》第三卷，人民出版社 1993 年版。

《江泽民文选》第二卷，人民出版社 2006 年版。

《胡锦涛文选》第三卷，人民出版社 2016 年版。

《十二大以来重要文献选编》（上），中央文献出版社 1986 年版。

《十二大以来重要文献选编》（中），中央文献出版社 1986 年版。

《十二大以来重要文献选编》（下），中央文献出版社 1988 年版。

《十三大以来重要文献选编》（上），中央文献出版社 1991 年版。

《十四大以来重要文献选编》（上），中央文献出版社 1996 年版。

《十五大以来重要文献选编》（上），中央文献出版社 2000 年版。

《十五大以来重要文献选编》（下），中央文献出版社 2003 年版。

《十六大以来重要文献选编》（上），中央文献出版社 2005 年版。

《十六大以来重要文献选编》（下），中央文献出版社 2008 年版。

《十七大以来重要文献选编》（上），中央文献出版社 2009 年版。

《十八大以来重要文献选编》（上），中央文献出版社 2014 年版。

《十八大以来重要文献选编》（中），中央文献出版社 2016 年版。

《十八大以来重要文献选编》（下），中央文献出版社 2018 年版。

《十九大以来重要文献选编》（上），中央文献出版社 2019 年版。

《十九大以来重要文献选编》（中），中央文献出版社 2021 年版。

《建国以来重要文献选编》第 10 册，中央文献出版社 1994 年版。

习近平：《摆脱贫困》，福建人民出版社 1992 年版。

《习近平谈治国理政》第一卷，外文出版社 2018 年版。

《习近平谈治国理政》第二卷，外文出版社 2017 年版。

《习近平谈治国理政》第三卷，外文出版社 2020 年版。

《全国党史工作会议在京举行》，《人民日报》2010 年 7 月 22 日。

习近平：《在纪念毛泽东同志诞辰 120 周年座谈会上的讲话》，人民出版社 2013 年版。

习近平：《出席第三届核安全峰会并访问欧洲四国和联合国教科文组织总部、欧盟总部时的演讲》，人民出版社 2014 年版。

《习近平关于全面深化改革论述摘编》，中央文献出版社 2014 年版。

习近平：《青年要自觉践行社会主义核心价值观——在北京大学师生座谈会上的讲话》，人民出版社 2014 年版。

习近平：《在文艺工作座谈会上的讲话》，人民出版社 2015 年版。

《习近平在中共中央政治局第二十九次集体学习时强调　大力弘扬伟大爱国主义精神　为实现中国梦提供精神支柱》，《人民日报》2015 年 12 月 31 日。

习近平：《在哲学社会科学工作座谈会上的讲话》，人民出版社 2016 年版。

习近平：《在全国党校工作会议上的讲话》，人民出版社 2016 年版。

习近平：《在中国文联十大、中国作协九大开幕式上的讲话》，人民出版社 2016 年版。

《习近平总书记系列重要讲话读本》，学习出版社、人民出版社 2016 年版。

习近平：《在纪念孙中山先生诞辰 150 周年大会上的讲话》，人民出版社 2016 年版。

《沿用好办法改进老办法探索新办法——三论学习贯彻习近平总书记高校思想政治工作会议讲话》，《人民日报》2016 年 12 月 11 日。

《习近平关于社会主义文化建设论述摘编》，中央文献出版社 2017 年版。

《习近平关于社会主义政治建设论述摘编》，中央文献出版社 2017 年版。

习近平：《决胜全面建成小康社会　夺取新时代中国特色社会主义伟大

胜利——在中国共产党第十九次全国代表大会上的报告》，人民出版社 2017 年版。

《习近平在十九届中共中央政治局常委同中外记者见面时强调 新时代要有新气象更要有新作为中国人民生活一定会一年更比一年好》，《人民日报》2017 年 10 月 26 日。

《习近平会见清华大学经济管理学院顾问委员会海外委员和中方企业家委员》，《人民日报》2017 年 10 月 31 日。

《中国共产党中央委员会致中国农工民主党第十六次全国代表大会的贺词》，《人民日报》2017 年 11 月 28 日。

《习近平新时代中国特色社会主义思想三十讲》，学习出版社 2018 年版。

《以时不我待只争朝夕的精神投入工作 开创新时代中国特色社会主义事业新局面》，《人民日报》2018 年 1 月 6 日。

习近平：《在纪念马克思诞辰 200 周年大会上的讲话》，《人民日报》2018 年 5 月 5 日。

习近平：《在中央外事工作会议上强调 坚持以新时代中国特色社会主义外交思想为指导 努力开创中国特色大国外交新局面》，《人民日报》2018 年 6 月 24 日。

《习近平在同团中央新一届领导班子成员集体谈话时强调代表广大青年赢得广大青年依靠广大青年让广大青年敢于有梦勇于追梦勤于圆梦》，《人民日报》2018 年 7 月 3 日。

《习近平在全国宣传思想工作会议上强调 举旗帜聚民心育新人兴文化展形象更好完成新形势下宣传思想工作使命任务》，《人民日报》2018 年 8 月 23 日。

习近平：《在全国教育大会上强调 坚持中国特色社会主义教育发展道路 培养德智体美劳全面发展的社会主义建设者和接班人》，《人民日报》

2018年9月11日。

《让爱国主义情怀激荡精神力量》，《人民日报》2018年9月18日。

《引领网信事业发展的思想指南——习近平总书记关于网络安全和信息化工作重要论述综述》，《人民日报》2018年11月6日。

习近平：《在庆祝改革开放40周年大会上的讲话》，《人民日报》2018年12月19日。

习近平：《在纪念五四运动100周年大会上的讲话》，人民出版社2019年版。

习近平：《关于坚持和发展中国特色社会主义的几个问题》，《求是》2019年第7期。

《习近平在看望参加政协会议的文艺界社科界委员时强调　坚定文化自信把握时代脉搏聆听时代声音　坚持以精品奉献人民用明德引领风尚》，《人民日报》2019年3月5日。

李克强：《政府工作报告——二〇一九年三月五日在第十三届全国人民代表大会第二次会议上》，《人民日报》2019年3月17日。

《习近平主持召开学校思想政治理论课教师座谈会强调　用新时代中国特色社会主义思想铸魂育人　贯彻党的教育方针落实立德树人根本任务》，《人民日报》2019年3月19日。

《习近平会见联合国秘书长古特雷斯》，《人民日报》2019年4月27日。

《中共中央办公厅　国务院办公厅印发〈关于深化新时代学校思想政治理论课改革创新的若干意见〉》，《人民日报》2019年8月15日。

习近平：《在参观“伟大历程　辉煌成就——庆祝中华人民共和国成立70周年大型成就展”时强调》，《人民日报》2019年9月24日。

《中共中央关于坚持和完善中国特色社会主义制度　推进国家治理体系和治理能力现代化若干重大问题的决定》，人民出版社2019年版。

《国家主席习近平发表二〇二〇年新年贺词》，《人民日报》2020年1

月 1 日。

习近平:《在“不忘初心、牢记使命”主题教育总结大会上的讲话》,《人民日报》2020 年 1 月 9 日。

李克强:《政府工作报告——2020 年 5 月 22 日在第十三届全国人民代表大会第三次会议上》,《人民日报》2020 年 5 月 22 日。

刘云山:《着力培育和践行社会主义核心价值观》,《求是》2014 年第 2 期。

刘奇葆:《在第十一届中国公民道德论坛上强调　推动社会主义核心价值观内化于心外化于行》,《人民日报》2014 年 3 月 3 日。

[英] 爱德华·霍利特·卡尔:《历史是什么?》,吴柱存译,商务印书馆 1981 年版。

[苏联] 图加林诺夫:《马克思主义中的价值论》,齐友等译,中国人民大学出版社 1989 年版。

[苏联] 莱纳:《历史教学中发展学生的思维能力》,白月桥译,教育科学出版社 1989 年版。

[美] 汉斯·摩根索:《国际纵横策论》,卢明华等译,上海译文出版社 1995 年版。

李泽厚、刘再复:《告别革命——回望 20 世纪中国·序》,香港天地图书有限公司 1995 年版。

[法] 埃米尔·涂尔干:《社会分工论》,渠东译,生活·读书·新知三联书店 2000 年版。

[英] 约翰·汤姆林森:《全球化与文化》,郭英剑译,南京大学出版社 2002 年版。

冯建军:《生命与教育》,教育科学出版社 2004 年版。

《加强和改进大学生思想政治教育重要文献选编(1978—2008)》,中国人民大学出版 2008 年版。

刘建军：《文明与意识形态》，中华书局 2011 年版。

［美］戴维·伊斯顿：《政治生活的系统分析》，王浦劬主译，人民出版社 2012 年版。

梁启超：《清代学术概论》，东方出版社 2012 年版。

孙志海等：《马克思主义原理中的价值议程》，江苏人民出版社 2014 年版。

教育部思想政治工作司：《加强和改进大学生思想政治教育重要文献选编：1978—2014》，知识产权出版社 2015 年版。

冯刚：《探索思想政治教育发展的内生动力》，人民出版社 2017 年版。

本书编写组：《思想道德修养与法律基础：2021 年版》，高等教育出版社 2021 年版。

本书编写组：《马克思主义基本原理概论：2021 年版》，高等教育出版社 2021 年版。

本书编写组：《毛泽东思想和中国特色社会主义理论体系概论：2021 年版》，高等教育出版社 2018 年版。

本书编写组：《中国近现代史纲要：2021 年版》，高等教育出版社 2021 年版。

孙其昂：《关于思想政治教育本质的探讨》，《南京师大学报（社会科学版）》2002 年第 9 期。

张骥、张爱丽：《论社会主义核心价值体系与我国意识形态安全》，《社会主义研究》2007 年第 6 期。

郭文亮：《正确处理“中国近现代史纲要”教学中的几个问题》，《思想理论教育》2007 年第 19 期。

胡敏中：《论价值共识》，《哲学研究》2008 年第 7 期。

石书臣：《思想政治教育概念的学科梳理和探讨》，《思想教育研究》2008 年第 8 期。

任晓伟、陈答才:《准确把握“中国近现代史纲要”课程的特征》,《思想理论教育》2008 年第 9 期。

王先俊:《“中国近现代史纲要”教学中应注意的若干问题》,《思想理论教育》2008 年第 19 期。

侯丹娟:《关于思想政治教育本质的再思考》,《学校党建与思想教育》2010 年第 3 期。

骆郁廷:《思想政治教育的本质在于思想掌握群众》,《马克思主义研究》2012 年第 9 期。

王学俭、郭绍均:《思想政治教育本质问题再探讨》,《教学与研究》2012 年第 12 期。

高奇琦、段钢:《对历史的自觉自信是抵制历史虚无主义的基石》,《求是》2013 年第 1 期。

吴潜涛:《〈思想道德修养与法律基础〉教材修订说明及教学建议》,《思想理论教育导刊》2013 年第 9 期。

王浦劬:《全面准确深入把握全面深化改革的总目标》,《中国高校社会科学》2014 年第 1 期。

武东生:《马克思主义理论关于思想政治教育本质的基本观念》,《教学与研究》2014 年第 2 期。

王双群:《社会主义核心价值观融入思想政治理论课的教学方式研究》,《学校党建与思想教育》2014 年第 7 期。

袁久红:《以社会主义核心价值观统领思想政治理论课教学改革论略——以“马克思主义基本原理概论”课为例》,《思想理论教育》2014 年第 9 期。

张苗苗:《思想政治教育的本质是核心价值观教育》,《教学与研究》2014 年第 10 期。

冯秀军、王淼:《培育和践行社会主义核心价值观的几个基本问题》,

《教学与研究》2014 年第 8 期。

刘建军：《核心价值观统领具体价值规范》，《中国社会科学报》2014 年 12 月 1 日。

曹群、郑永廷：《社会主义核心价值观贯穿高校思想政治理论课教学的要义》，《思想理论教育导刊》2015 年第 2 期。

薛明珠、陈树文：《社会主义核心价值观融入高校思想政治理论课的思考》，《北京交通大学学报（社会科学版）》2015 年第 3 期。

陶倩：《社会主义核心价值观融入思政课教学的规律思考》，《思想政治课研究》2015 年第 4 期。

陈锡喜：《关于社会主义核心价值观教育贯穿高校思想政治理论课教学全过程的思考》，《思想理论教育》2015 年第 6 期。

邵银、余华：《思想政治理论课教学中开展社会主义核心价值观教育的侧重点》，《思想理论教育》2015 年第 6 期。

周琪：《社会主义核心价值观融入高校思想政治理论课的三个转向及实现》，《思想教育研究》2015 年第 12 期。

刘建军：《高校培育和践行社会主义核心价值观的四个步骤》，《思想教育研究》2016 年第 3 期。

宫丽：《社会主义核心价值观培育贯穿于思想政治理论课教学的几点思考》，《思想理论教育导刊》2016 年第 4 期。

孙叶飞、马建青：《使社会主义核心价值观成为思政课课堂之魂——以“思想道德修养与法律基础”课教学改革为例》，《思想理论教育导刊》2016 年第 5 期。

肖贵清、武传鹏：《社会主义核心价值观融入高校思想政治理论课的重要意义及其路径》，《思想教育研究》2017 年第 3 期。

贾凯：《社会主义核心价值观融入“纲要”课程研究》，《高校马克思主义理论研究》2017 年第 4 期。

吴俊：《社会主义核心价值观融入“基础”课教学探究》，《高校马克思主义研究》2017 年第 4 期。

陶火生：《社会主义核心价值观融入“马克思主义基本原理概论”课教学探析》，《思想理论教育导刊》2017 年第 4 期。

黄明理：《社会主义核心价值观能成为信仰吗》，《新华日报》2017 年 4 月 6 日。

黄坤明：《培育和践行社会主义核心价值观》，《人民日报》2017 年 11 月 17 日。

本教材编写组：《〈思想道德与法治（2021 年版）〉修订说明和教学建议》，《思想理论教育导刊》2021 年第 9 期。

本教材编写组：《〈中国近现代史纲要（2021 年版）〉修订说明和教学建议》，《思想理论教育导刊》2021 年第 9 期。

本教材编写组：《〈马克思主义基本原理（2021 年版）〉修订说明和教学建议》，《思想理论教育导刊》2021 年第 9 期。

本教材编写组：《〈毛泽东思想和中国特色社会主义理论体系概论（2021 年版）〉修订说明和教学建议》，《思想理论教育导刊》2021 年第 9 期。

朱琳：《社会主义核心价值观融入“基础”课教学要义探析》，《思想理论教育导刊》2018 年第 6 期。

张树焕：《“中国近现代史纲要”课程教学贯串“四个选择”的再思考》，《思想教育研究》2018 年第 5 期。

曹中秋：《社会主义核心价值观融入高校思想政治理论课的思考》，《学校党建与思想政治教育》2018 年第 8 期。

许兆昌：《深刻认识历史叙事的价值》，《人民日报》2018 年 10 月 15 日。

曾荻、向楠：《关于“马克思主义基本原理概论”课程教学体系的思考》,《思想政治教育研究》2019 年第 2 期。

陈金龙:《论思想政治理论课改革创新的路向之政治性和学理性相统一》,《思想理论教育导刊》2019 年第 6 期。

刘建军:《怎样才能上好高校思想政治理论课》,《求是》2019 年第 8 期。

田鹏颖:《高校思想政治理论课要坚持政治性和学理性相统一》,《中国高等教育》2019 年第 9 期。

[俄] 尤·亚·尼基福罗夫:《意识形态与历史》,李晓华译,《世界社会主义研究》2019 年第 11 期。

李海青:《正确理解我国国家治理体系的显著优势》,《光明日报》2019 年 12 月 30 日。

骆郁廷:《"小我"与"大我":价值引领的根本问题》,《马克思主义研究》2019 年第 12 期。

William K. Cummings, etc. (eds.). The Revival of Values Education in Asia and the West [C]. Oxford: Pergamon Press, 1989.

School Curriculum and Assessment Authority. The National Forum for Values in Education and the Community [R]. Final Report and Recommendations. London: SCAA, 1996.

M. Taylor. (eds.). Values Education in Europe: a Comparative Overview of a Survey of 26 Countries in 1993 [C]. Dundee: Scottish Consultative Council on The Curriculum, 1993.

W. Brezinka. Beliefs. Morals, and Education [M]. Aldershot. Uk: Avebury. Translated by James Stuart Brice, 1994.

J. M. Halstead, M. Taylor. (eds.). Values in Education and Educationg in Values [M]. London: The Falmer Press, 1996.

William K. Cummings, Maria Teresa T. & John Hawkins (eds.). Values Education for Dynamic Societies: Individualism or Collectivism [C] . Hong Kong: The University of Hong Kong, 2001.

DEST. Joint Statement by the Prime Minister and the Minister for Education, Science and Training. The Australian Government's Agenda for Schools: Achievement through Choice and Opportunity [R] . June 12, 2004.

DEST. National Framework for Values Edu-cation in Australian Schools [R]. Canberra, ACT: Department of Education, Science and Training, 2005.

Torsten Husen. Values Education and Citizenship Education in Modern Society [A] . In Cheng H. M. Roger (eds.). Values Education for Citizens in the New Century [C] . Hong kong: The Chinese University Press, 2006.

Shirley Pendlebury and Penny Enslin. Values Education after Apartheidn In D. N. Aspin and J. D. Chapman (eds.). Values Education and Lifelong Learning [C] . The Netherlands: Spinger, 2007.

D. Aspin, D. Chapman (eds.) . Values Education and Lifelong Learning [M] . The Netherlands: Spinger, 2007.

T. Lovat, R. Toomey & N. Clement (eds.) . International Research Handbook on Values Education and Student Wellbeing [C] . Dordrecht: The Netherlands: Springer, 2010.

T. Lovat, K. Dally, N. Clement, R. Toomey (eds.). Values Pedagogy and Student Achievement——Contemporary Research Evidence [C] . Dordrecht: The Netherlands: springer, 2011.

后　　记

临近著作出版，着手整理后记，时间又把我拉回了两年前，坐在电脑前写博士后出站报告的“致谢”的情景犹如发生在昨日。虽然已经出站两年，但在清华园的日子，更确切地说是在肖老师身边的时光是此生最最难忘的时光。出站后，我住得离老师特别近，我们的小区只隔着一条马路，但由于疫情，加上老师平时工作非常繁忙，我也很少能够有机会去拜访老师，但幸运的是老师经常会通过电话或微信给予及时的鼓励和帮助。

习近平总书记说：“一个人遇到好老师是人生的幸运。”① 毫无疑问，我是非常非常幸运的，在我的求学各个阶段都幸遇良师指导。我的硕导罗洪铁教授、博导彭庆红教授在我学习、工作、生活的每个阶段都给予了无微不至的照顾、高屋建瓴的点拨。至今仍然深刻地记得，2018 年的夏天，两位导师的呕心沥血、合力托举，我当铭记一生，感谢两位导师。

本书是我的博士后出站报告，能够得以完成并出版要特别感谢我的博后导师肖贵清教授。与肖老师相识于 2013 年，自此之后，肖老师就一直关注、关心着我的学习和生活。经彭老师推荐，也感恩肖老师不弃，2018 年夏天正式拜入师门。入门之后近距离感受肖老师的为人、为学、处世之道，再一

① 习近平：《做党和人民满意的好老师：同北京师范大学师生代表座谈时的讲话》，人民出版社 2014 年版，第 4 页。

次深感自己的幸运。在学术上，老师作为学界著名的马克思主义理论大家，治学态度严谨、学术水平高超，受人尊敬和钦佩，也时刻激励着我认真专研、不舍探求。博士后期间不论是学术论文、课题申报，还是出站报告的撰写，肖老师都给予了极大的关心、指导和帮助。老师虽然工作繁多，却常常舍弃休息的时间，当面交流论文写作，深夜反馈论文修改意见，甚至在出差的飞机上也不忘为我修改论文。在生活中，肖老师在学生面前又扮演着父亲的角色，和蔼可亲、平易近人，总是给予学生无微不至的关怀，大到人生规划，小到生活琐事都有来自肖老师的指导。我的博士后出站报告依托于肖老师的教育部人文社科重点研究基地清华大学高校德育研究中心重大项目："社会主义核心价值观融入思想政治理论课教学研究"，从报告的框架、撰写，到报告逻辑、行文、语言表述等，肖老师都一一进行指导。每每回想起与肖老师在一起的点点滴滴，感动就涌上心头。在此，唯有感谢、感恩老师，立志努力学习和工作，以优异的成绩来向老师汇报。

当然，必须要感谢的还有清华大学和北京理工大学。清华大学为我提供了接触大师、接触前沿的机会和平台，在清华马院学习工作的两年收获巨大，看到了清华学子们追求真理、锲而不舍的学习精神，感受了清华教师们的治学态度，融入了清华师生们的学术氛围，理解了清华办学治学的大情怀大格局，为我的工作奠定了良好基础。感谢清华马院所有老师为我完成博士后工作提供的帮助。北京理工大学在我刚刚踏上工作岗位的时候给予了极大的帮助和指导。本书能够得以顺利出版，要特别感谢北京理工大学"青年教师学术启动计划"和北京理工大学马克思主义学院出版基金的资助。

最后，还要感谢师门的各位师兄弟姐妹及我的家人。感谢你们的全程陪伴和支持，每每遇到困难，你们总是无私地、不计回报地给予帮助，谢谢你们！在此，要特别感谢人民出版社邓浩迪老师对此书出版的全过程指导，工作中充分体现了邓老师的专业素养和敬业精神，没有邓老师的帮助，我想出版这事儿还得推后较长一段时间。感谢大家。未来路阻且远长，惟愿携手共进取！

“天波易谢，寸暑难留。”未来的学习工作之路仍然远长，也愿自己珍惜时光，不忘来路，努力拼搏，敢于梦想、敢于胜利。

李　洁

2022 年 7 月 16 日于八家嘉园

责任编辑：邓浩迪
封面设计：汪　莹

图书在版编目(CIP)数据

社会主义核心价值观融入高校思想政治理论课教学研究/李洁 著. —北京：人民出版社,2022.9
ISBN 978-7-01-024832-5

Ⅰ.①社…　Ⅱ.①李…　Ⅲ.①高等学校-思想政治教育-教学研究-中国
Ⅳ.①G641

中国版本图书馆 CIP 数据核字(2022)第 102526 号

社会主义核心价值观融入高校思想政治理论课教学研究

SHEHUIZHUYI HEXIN JIAZHIGUAN RONGRU GAOXIAO SIXIANG ZHENGZHI LILUNKE JIAOXUE YANJIU

李　洁　著

人民出版社 出版发行
(100706　北京市东城区隆福寺街 99 号)

北京汇林印务有限公司印刷　新华书店经销

2022 年 9 月第 1 版　2022 年 9 月北京第 1 次印刷
开本:710 毫米×1000 毫米 1/16　印张:15.75
字数:225 千字

ISBN 978-7-01-024832-5　定价:88.00 元

邮购地址 100706　北京市东城区隆福寺街 99 号
人民东方图书销售中心　电话 (010)65250042　65289539